Collection of Education Assistance
Policy and Law

教育资助
法律政策汇编

中华全国总工会权益保障部　编

中国工人出版社

图书在版编目（CIP）数据

教育资助法律政策汇编 / 中华全国总工会权益保障部编.
—北京：中国工人出版社，2017.8
ISBN 978-7-5008-6774-6

Ⅰ.①教… Ⅱ.①中… Ⅲ.①教育法律—政策—汇编—中国
②教育工作—文件—汇编—中国 Ⅳ.①G520

中国版本图书馆CIP数据核字（2017）第184699号

教育资助法律政策汇编

出 版 人 芮宗金
责任编辑 赵晨羽
责任校对 孙迺伟
责任印制 栾征宇
出版发行 中国工人出版社
地　　址 北京市东城区鼓楼外大街45号 邮编：100120
网　　址 http://www.wp-china.com
电　　话 （010）62005043（总编室） （010）62005039（出版物流部）
（010）82075935（工会与劳动关系分社）
发行热线 （010）62004002 （010）82081553（传真）
经　　销 各地书店
印　　刷 北京中印联印务有限公司
开　　本 700毫米×1000毫米 1/16
印　　张 25
字　　数 350千字
版　　次 2017年8月第1版 2017年8月第1次印刷
定　　价 58.00元

前　言

教育，乃人类文明延续之基础。解决贫困之道四重目标：保障基本生活以生存；创业以根本脱困；避免贫困边缘群体陷落；阻断贫困代际传递。教育恰是阻断贫困代际传递的根本。

工会之金秋助学，助困难职工子女教育已逾十二载，点亮百万困难家庭未来，成就诸多贫困子女梦想，成果斐然，惠泽千里，悉在成蹊。然，体会工会改革深意，重制度保障，强协同功能，今年创新金秋助学机制，做实项目，叫响品牌，放大社会效应，以更多资源供给，解决职工子女上学需求。

协同。工会乃党和职工之桥梁纽带，协同政府解决职工之难事，是工会社会协同之重要内涵。职工子女教育有“三难”：困难职工子女上学难，农民工子女融入城市难，职工上班与子女放学“时间差”托管难。工会助学应以需求为导向，以解决“三难”为目标，融入教育资助体系以协同。

制度。解决问题根本在于制度保障，国家教育资助，体系建设已完善，奖、助、贷、勤、减、免，诸多途径汇聚，然，困难家庭未知而不晓申请，工会应综合集成制度，落实衔接于政策，精准匹配至需求，突出制度保障主渠道之作用。

资源。整合社会资源过程，即放大社会效应过程；工会之优势，在于枢纽型优势。协同社会资源之助学，一则汇聚公益的慈善资源、企业的社会责任、社会成员的互助等诸多资源，集中于教育之上；二则社会互助将全社会资源予以对接，互助过程乃思维沟通过程；三则是提升贫困家庭价值观念，畅通其信息渠道。

载体。助学亦是系统工程，离不开三要素：制度、机制、技术。制度为根本，机制为载体，技术是工具。线上之“大数据”、“云计算”智能管理，决策科学，信息畅通；线下之工会扁平化，上下协同，社会组织联动，资源集成。是为窥助学之一斑，而知服务职工体系之全貌。

贯全总党组、书记处精神，彻制度保障之理念，权益保障部同中国工人出版社编撰社会救助、教育资助、职工福利等制度汇编，供服务职工实务中学习交流、汲取所需。本书是其第一部，由粟斌同志定框架，栾樾、张素华同志理思路，苏文帅、初素辉、赵虎同志审内容，吕洁、顾茜同志梳理资料，中国劳动关系学院学生处丁建安同志整理编辑。

编　者

2017 年 7 月

目录

法律法规类

政策文件类

（一）高校学生资助政策

（二）中职学生资助政策

（三）普通高中学生资助政策

（四）义务教育学生资助政策

（五）学前教育资助政策

社会公益组织类

【法律法规类】

中华人民共和国教育法

（1995 年 3 月 18 日第八届全国人民代表大会第三次会议通过　根据 2009 年 8 月 27 日第十一届全国人民代表大会常务委员会第十次会议《关于修改部分法律的决定》第一次修正　根据 2015 年 12 月 27 日第十二届全国人民代表大会常务委员会第十八次会议《关于修改〈中华人民共和国教育法〉的决定》第二次修正）

第一章　总　则

第一条　为了发展教育事业，提高全民族的素质，促进社会主义物质文明和精神文明建设，根据宪法，制定本法。

第二条　在中华人民共和国境内的各级各类教育，适用本法。

第三条　国家坚持以马克思列宁主义、毛泽东思想和建设有中国特色社会主义理论为指导，遵循宪法确定的基本原则，发展社会主义的教育事业。

第四条　教育是社会主义现代化建设的基础，国家保障教育事业优先发展。

全社会应当关心和支持教育事业的发展。

全社会应当尊重教师。

第五条　教育必须为社会主义现代化建设服务、为人民服务，必须与生产劳动和社会实践相结合，培养德、智、体、美等方面全面发展的社会主义建设者和接班人。

第六条　教育应当坚持立德树人，对受教育者加强社会主义核心价值观教育，增强受教育者的社会责任感、创新精神和实践能力。

国家在受教育者中进行爱国主义、集体主义、中国特色社会主义的教育，进行理想、道德、纪律、法治、国防和民族团结的教育。

第七条　教育应当继承和弘扬中华民族优秀的历史文化传统，吸收人类文明发展的一切优秀成果。

第八条 教育活动必须符合国家和社会公共利益。

国家实行教育与宗教相分离。任何组织和个人不得利用宗教进行妨碍国家教育制度的活动。

第九条 中华人民共和国公民有受教育的权利和义务。

公民不分民族、种族、性别、职业、财产状况、宗教信仰等，依法享有平等的受教育机会。

第十条 国家根据各少数民族的特点和需要，帮助各少数民族地区发展教育事业。

国家扶持边远贫困地区发展教育事业。

国家扶持和发展残疾人教育事业。

第十一条 国家适应社会主义市场经济发展和社会进步的需要，推进教育改革，推动各级各类教育协调发展、衔接融通，完善现代国民教育体系，健全终身教育体系，提高教育现代化水平。

国家采取措施促进教育公平，推动教育均衡发展。

国家支持、鼓励和组织教育科学研究，推广教育科学研究成果，促进教育质量提高。

第十二条 国家通用语言文字为学校及其他教育机构的基本教育教学语言文字，学校及其他教育机构应当使用国家通用语言文字进行教育教学。

民族自治地方以少数民族学生为主的学校及其他教育机构，从实际出发，使用国家通用语言文字和本民族或者当地民族通用的语言文字实施双语教育。

国家采取措施，为少数民族学生为主的学校及其他教育机构实施双语教育提供条件和支持。

第十三条 国家对发展教育事业做出突出贡献的组织和个人，给予奖励。

第十四条 国务院和地方各级人民政府根据分级管理、分工负责的原则，领导和管理教育工作。

中等及中等以下教育在国务院领导下，由地方人民政府管理。

高等教育由国务院和省、自治区、直辖市人民政府管理。

第十五条 国务院教育行政部门主管全国教育工作，统筹规划、协调管理全国的教育事业。

县级以上地方各级人民政府教育行政部门主管本行政区域内的教育工作。

县级以上各级人民政府其他有关部门在各自的职责范围内，负责有关的教育工作。

第十六条 国务院和县级以上地方各级人民政府应当向本级人民代表大会或者其常务委员会报告教育工作和教育经费预算、决算情况，接受监督。

第二章 教育基本制度

第十七条 国家实行学前教育、初等教育、中等教育、高等教育的学校教育制度。

国家建立科学的学制系统。学制系统内的学校和其他教育机构的设置、教育形式、修业年限、招生对象、培养目标等，由国务院或者由国务院授权教育行政部门规定。

第十八条 国家制定学前教育标准，加快普及学前教育，构建覆盖城乡，特别是农村的学前教育公共服务体系。

各级人民政府应当采取措施，为适龄儿童接受学前教育提供条件和支持。

第十九条 国家实行九年制义务教育制度。

各级人民政府采取各种措施保障适龄儿童、少年就学。

适龄儿童、少年的父母或者其他监护人以及有关社会组织和个人有义务使适龄儿童、少年接受并完成规定年限的义务教育。

第二十条 国家实行职业教育制度和继续教育制度。

各级人民政府、有关行政部门和行业组织以及企业事业组织应当采取措施，发展并保障公民接受职业学校教育或者各种形式的职业培训。

国家鼓励发展多种形式的继续教育，使公民接受适当形式的政治、经济、文化、科学、技术、业务等方面的教育，促进不同类型学习成果的互认和衔接，推动全民终身学习。

第二十一条 国家实行国家教育考试制度。

国家教育考试由国务院教育行政部门确定种类，并由国家批准的实施教育考试的机构承办。

第二十二条 国家实行学业证书制度。

经国家批准设立或者认可的学校及其他教育机构按照国家有关规定，颁发学历证书或者其他学业证书。

第二十三条 国家实行学位制度。

学位授予单位依法对达到一定学术水平或者专业技术水平的人员授予相应的学位，颁发学位证书。

第二十四条 各级人民政府、基层群众性自治组织和企业事业组织应当采取各种措施，开展扫除文盲的教育工作。

按照国家规定具有接受扫除文盲教育能力的公民，应当接受扫除文盲的教育。

第二十五条 国家实行教育督导制度和学校及其他教育机构教育评估制度。

第三章 学校及其他教育机构

第二十六条 国家制定教育发展规划，并举办学校及其他教育机构。

国家鼓励企业事业组织、社会团体、其他社会组织及公民个人依法举办学校及其他教育机构。

国家举办学校及其他教育机构，应当坚持勤俭节约的原则。

以财政性经费、捐赠资产举办或者参与举办的学校及其他教育机构不得设立为营利性组织。

第二十七条 设立学校及其他教育机构，必须具备下列基本条件：

（一）有组织机构和章程；

（二）有合格的教师；

（三）有符合规定标准的教学场所及设施、设备等；

（四）有必备的办学资金和稳定的经费来源。

第二十八条 学校及其他教育机构的设立、变更和终止，应当按照国家有关规定办理审核、批准、注册或者备案手续。

第二十九条 学校及其他教育机构行使下列权利：

（一）按照章程自主管理；

（二）组织实施教育教学活动；

（三）招收学生或者其他受教育者；

（四）对受教育者进行学籍管理，实施奖励或者处分；

（五）对受教育者颁发相应的学业证书；

（六）聘任教师及其他职工，实施奖励或者处分；

（七）管理、使用本单位的设施和经费；

（八）拒绝任何组织和个人对教育教学活动的非法干涉；

（九）法律、法规规定的其他权利。

国家保护学校及其他教育机构的合法权益不受侵犯。

第三十条 学校及其他教育机构应当履行下列义务：

（一）遵守法律、法规；

（二）贯彻国家的教育方针，执行国家教育教学标准，保证教育教学质量；

（三）维护受教育者、教师及其他职工的合法权益；

（四）以适当方式为受教育者及其监护人了解受教育者的学业成绩及其他有关情况提供便利；

（五）遵照国家有关规定收取费用并公开收费项目；

（六）依法接受监督。

第三十一条 学校及其他教育机构的举办者按照国家有关规定，确定其所举办的学校或者其他教育机构的管理体制。

学校及其他教育机构的校长或者主要行政负责人必须由具有中华人民共和国国籍、在中国境内定居、并具备国家规定任职条件的公民担任，其任免按照国家有关规定办理。学校的教学及其他行政管理，由校长负责。

学校及其他教育机构应当按照国家有关规定，通过以教师为主体的教职工代表大会等组织形式，保障教职工参与民主管理和监督。

第三十二条 学校及其他教育机构具备法人条件的，自批准设立或者登记注册之日起取得法人资格。

学校及其他教育机构在民事活动中依法享有民事权利，承担民事责任。

学校及其他教育机构中的国有资产属于国家所有。

学校及其他教育机构兴办的校办产业独立承担民事责任。

第四章 教师和其他教育工作者

第三十三条 教师享有法律规定的权利，履行法律规定的义务，忠诚于人民的教育事业。

第三十四条 国家保护教师的合法权益，改善教师的工作条件和生活条件，提高教师的社会地位。

教师的工资报酬、福利待遇，依照法律、法规的规定办理。

第三十五条 国家实行教师资格、职务、聘任制度，通过考核、奖励、培养和培训，提高教师素质，加强教师队伍建设。

第三十六条 学校及其他教育机构中的管理人员，实行教育职员制度。

学校及其他教育机构中的教学辅助人员和其他专业技术人员，实行专业技术职务聘任制度。

第五章 受教育者

第三十七条 受教育者在入学、升学、就业等方面依法享有平等权利。

学校和有关行政部门应当按照国家有关规定，保障女子在入学、升学、就业、授予学位、派出留学等方面享有同男子平等的权利。

第三十八条 国家、社会对符合入学条件、家庭经济困难的儿童、少年、青年，提供各种形式的资助。

第三十九条 国家、社会、学校及其他教育机构应当根据残疾人身心特性和需要实施教育，并为其提供帮助和便利。

第四十条 国家、社会、家庭、学校及其他教育机构应当为有违法犯罪行为的未成年人接受教育创造条件。

第四十一条 从业人员有依法接受职业培训和继续教育的权利和义务。

国家机关、企业事业组织和其他社会组织，应当为本单位职工的学习和培训提供条件和便利。

第四十二条 国家鼓励学校及其他教育机构、社会组织采取措施，为公民接受终身教育创造条件。

第四十三条 受教育者享有下列权利：

（一）参加教育教学计划安排的各种活动，使用教育教学设施、设备、图书资料；

（二）按照国家有关规定获得奖学金、贷学金、助学金；

（三）在学业成绩和品行上获得公正评价，完成规定的学业后获得相应的学业证书、学位证书；

（四）对学校给予的处分不服向有关部门提出申诉，对学校、教师侵犯其人身权、财产权等合法权益，提出申诉或者依法提起诉讼；

（五）法律、法规规定的其他权利。

第四十四条 受教育者应当履行下列义务：

（一）遵守法律、法规；

（二）遵守学生行为规范，尊敬师长，养成良好的思想品德和行为习惯；

（三）努力学习，完成规定的学习任务；

（四）遵守所在学校或者其他教育机构的管理制度。

第四十五条 教育、体育、卫生行政部门和学校及其他教育机构应当完善体育、卫生保健设施，保护学生的身心健康。

第六章 教育与社会

第四十六条 国家机关、军队、企业事业组织、社会团体及其他社会组织和个人，应当依法为儿童、少年、青年学生的身心健康成长创造良好的社会环境。

第四十七条 国家鼓励企业事业组织、社会团体及其他社会组织同高等学校、中等职业学校在教学、科研、技术开发和推广等方面进行多种形式的合作。

企业事业组织、社会团体及其他社会组织和个人，可以通过适当形式，支持学校的建设，参与学校管理。

第四十八条 国家机关、军队、企业事业组织及其他社会组织应当为学校组织的学生实习、社会实践活动提供帮助和便利。

第四十九条 学校及其他教育机构在不影响正常教育教学活动的前提下，应当积极参加当地的社会公益活动。

第五十条 未成年人的父母或者其他监护人应当为其未成年子女或者其他被监护人受教育提供必要条件。

未成年人的父母或者其他监护人应当配合学校及其他教育机构，对其未成年子女或者其他被监护人进行教育。

学校、教师可以对学生家长提供家庭教育指导。

第五十一条 图书馆、博物馆、科技馆、文化馆、美术馆、体育馆（场）等社会公共文化体育设施，以及历史文化古迹和革命纪念馆（地），应当对教师、学生实行优待，为受教育者接受教育提供便利。

广播、电视台（站）应当开设教育节目，促进受教育者思想品德、文化和科学技术素质的提高。

第五十二条 国家、社会建立和发展对未成年人进行校外教育的设施。

学校及其他教育机构应当同基层群众性自治组织、企业事业组织、社会团体相互配合，加强对未成年人的校外教育工作。

第五十三条 国家鼓励社会团体、社会文化机构及其他社会组织和个人开展有益于受教育者身心健康的社会文化教育活动。

第七章 教育投入与条件保障

第五十四条 国家建立以财政拨款为主、其他多种渠道筹措教育经费为辅的体制，逐步增加对教育的投入，保证国家举办的学校教育经费的稳定来源。

企业事业组织、社会团体及其他社会组织和个人依法举办的学校及其他教育机构，办学经费由举办者负责筹措，各级人民政府可以给予适当支持。

第五十五条 国家财政性教育经费支出占国民生产总值的比例应当随着国民经济的发展和财政收入的增长逐步提高。具体比例和实施步骤由国务院规定。

全国各级财政支出总额中教育经费所占比例应当随着国民经济的发展逐步提高。

第五十六条 各级人民政府的教育经费支出，按照事权和财权相统一的原则，在财政预算中单独列项。

各级人民政府教育财政拨款的增长应当高于财政经常性收入的增长，并使按在校学生人数平均的教育费用逐步增长，保证教师工资和学生人均公用经费逐步增长。

第五十七条 国务院及县级以上地方各级人民政府应当设立教育专项资金，重点扶持边远贫困地区、少数民族地区实施义务教育。

第五十八条 税务机关依法足额征收教育费附加，由教育行政部门统筹管理，主要用于实施义务教育。

省、自治区、直辖市人民政府根据国务院的有关规定，可以决定开征用于教育的地方附加费，专款专用。

第五十九条 国家采取优惠措施，鼓励和扶持学校在不影响正常教育教学的前提下开展勤工俭学和社会服务，兴办校办产业。

第六十条 国家鼓励境内、境外社会组织和个人捐资助学。

第六十一条 国家财政性教育经费、社会组织和个人对教育的捐赠，必须用于教育，不得挪用、克扣。

第六十二条 国家鼓励运用金融、信贷手段，支持教育事业的发展。

第六十三条 各级人民政府及其教育行政部门应当加强对学校及其他教育机构教育经费的监督管理，提高教育投资效益。

第六十四条 地方各级人民政府及其有关行政部门必须把学校的基本建设纳入城乡建设规划，统筹安排学校的基本建设用地及所需物资，按照国家有关规定实行优先、优惠政策。

第六十五条 各级人民政府对教科书及教学用图书资料的出版发行，对教学仪器、设备的生产和供应，对用于学校教育教学和科学研究的图书资料、教学仪器、设备的进口，按照国家有关规定实行优先、优惠政策。

第六十六条 国家推进教育信息化，加快教育信息基础设施建设，利用信息技术促进优质教育资源普及共享，提高教育教学水平和教育管理水平。

县级以上人民政府及其有关部门应当发展教育信息技术和其他现代化教学方式，有关行政部门应当优先安排，给予扶持。

国家鼓励学校及其他教育机构推广运用现代化教学方式。

第八章　教育对外交流与合作

第六十七条 国家鼓励开展教育对外交流与合作，支持学校及其他教育机构引进优质教育资源，依法开展中外合作办学，发展国际教育服务，培养国际化人才。

教育对外交流与合作坚持独立自主、平等互利、相互尊重的原则，不得违反中国法律，不得损害国家主权、安全和社会公共利益。

第六十八条 中国境内公民出国留学、研究、进行学术交流或者任教，依照国家有关规定办理。

第六十九条　中国境外个人符合国家规定的条件并办理有关手续后，可以进入中国境内学校及其他教育机构学习、研究、进行学术交流或者任教，其合法权益受国家保护。

第七十条　中国对境外教育机构颁发的学位证书、学历证书及其他学业证书的承认，依照中华人民共和国缔结或者加入的国际条约办理，或者按照国家有关规定办理。

第九章　法律责任

第七十一条　违反国家有关规定，不按照预算核拨教育经费的，由同级人民政府限期核拨；情节严重的，对直接负责的主管人员和其他直接责任人员，依法给予处分。

违反国家财政制度、财务制度，挪用、克扣教育经费的，由上级机关责令限期归还被挪用、克扣的经费，并对直接负责的主管人员和其他直接责任人员，依法给予处分；构成犯罪的，依法追究刑事责任。

第七十二条　结伙斗殴、寻衅滋事，扰乱学校及其他教育机构教育教学秩序或者破坏校舍、场地及其他财产的，由公安机关给予治安管理处罚；构成犯罪的，依法追究刑事责任。

侵占学校及其他教育机构的校舍、场地及其他财产的，依法承担民事责任。

第七十三条　明知校舍或者教育教学设施有危险，而不采取措施，造成人员伤亡或者重大财产损失的，对直接负责的主管人员和其他直接责任人员，依法追究刑事责任。

第七十四条　违反国家有关规定，向学校或者其他教育机构收取费用的，由政府责令退还所收费用；对直接负责的主管人员和其他直接责任人员，依法给予处分。

第七十五条　违反国家有关规定，举办学校或者其他教育机构的，由教育行政部门或者其他有关行政部门予以撤销；有违法所得的，没收违法所得；对直接负责的主管人员和其他直接责任人员，依法给予处分。

第七十六条　学校或者其他教育机构违反国家有关规定招收学生的，由教育行政部门或者其他有关行政部门责令退回招收的学生，退还所收费用；对学校、其他教育机构给予警告，可以处违法所得五倍以下罚款；情节严重的，责令停止相关招生资格一年以上三年以下，直至撤销招生资格、吊销办学许可证；对直接负责的主管人员和其他直接责任人员，依法给予处分；构成犯罪的，依法追究刑事责任。

第七十七条 在招收学生工作中徇私舞弊的，由教育行政部门或者其他有关行政部门责令退回招收的人员；对直接负责的主管人员和其他直接责任人员，依法给予处分；构成犯罪的，依法追究刑事责任。

第七十八条 学校及其他教育机构违反国家有关规定向受教育者收取费用的，由教育行政部门或者其他有关行政部门责令退还所收费用；对直接负责的主管人员和其他直接责任人员，依法给予处分。

第七十九条 考生在国家教育考试中有下列行为之一的，由组织考试的教育考试机构工作人员在考试现场采取必要措施予以制止并终止其继续参加考试；组织考试的教育考试机构可以取消其相关考试资格或者考试成绩；情节严重的，由教育行政部门责令停止参加相关国家教育考试一年以上三年以下；构成违反治安管理行为的，由公安机关依法给予治安管理处罚；构成犯罪的，依法追究刑事责任：

（一）非法获取考试试题或者答案的；

（二）携带或者使用考试作弊器材、资料的；

（三）抄袭他人答案的；

（四）让他人代替自己参加考试的；

（五）其他以不正当手段获得考试成绩的作弊行为。

第八十条 任何组织或者个人在国家教育考试中有下列行为之一，有违法所得的，由公安机关没收违法所得，并处违法所得一倍以上五倍以下罚款；情节严重的，处五日以上十五日以下拘留；构成犯罪的，依法追究刑事责任；属于国家机关工作人员的，还应当依法给予处分：

（一）组织作弊的；

（二）通过提供考试作弊器材等方式为作弊提供帮助或者便利的；

（三）代替他人参加考试的；

（四）在考试结束前泄露、传播考试试题或者答案的；

（五）其他扰乱考试秩序的行为。

第八十一条 举办国家教育考试，教育行政部门、教育考试机构疏于管理，造成考场秩序混乱、作弊情况严重的，对直接负责的主管人员和其他直接责任人员，依法给予处分；构成犯罪的，依法追究刑事责任。

第八十二条 学校或者其他教育机构违反本法规定，颁发学位证书、学历证书或者其他学业证书的，由教育行政部门或者其他有关行政部门宣布证书无效，责令收回或者予以没收；有违法所得的，没收违法所得；情节严重的，责令停止相关招生资格一年以上三年以下，直至撤销招生资格、颁发证书资格；对直接负责的主管人员和其他直接责任人员，依法给予处分。

前款规定以外的任何组织或者个人制造、销售、颁发假冒学位证书、学历证书或者其他学业证书，构成违反治安管理行为的，由公安机关依法给予治安管理处罚；构成犯罪的，依法追究刑事责任。

以作弊、剽窃、抄袭等欺诈行为或者其他不正当手段获得学位证书、学历证书或者其他学业证书的，由颁发机构撤销相关证书。购买、使用假冒学位证书、学历证书或者其他学业证书，构成违反治安管理行为的，由公安机关依法给予治安管理处罚。

第八十三条 违反本法规定，侵犯教师、受教育者、学校或者其他教育机构的合法权益，造成损失、损害的，应当依法承担民事责任。

第十章 附 则

第八十四条 军事学校教育由中央军事委员会根据本法的原则规定。

宗教学校教育由国务院另行规定。

第八十五条 境外的组织和个人在中国境内办学和合作办学的办法，由国务院规定。

第八十六条 本法自1995年9月1日起施行。

中华人民共和国义务教育法

（1986年4月12日第六届全国人民代表大会第四次会议通过　2006年6月29日第十届全国人民代表大会常务委员会第二十二次会议修订　根据2015年4月24日第十二届全国人民代表大会常务委员会第十四次会议《关于修改〈中华人民共和国义务教育法〉等五部法律的决定》修正）

第一章　总　则

第一条　为了保障适龄儿童、少年接受义务教育的权利，保证义务教育的实施，提高全民族素质，根据宪法和教育法，制定本法。

第二条　国家实行九年义务教育制度。

义务教育是国家统一实施的所有适龄儿童、少年必须接受的教育，是国家必须予以保障的公益性事业。

实施义务教育，不收学费、杂费。

国家建立义务教育经费保障机制，保证义务教育制度实施。

第三条　义务教育必须贯彻国家的教育方针，实施素质教育，提高教育质量，使适龄儿童、少年在品德、智力、体质等方面全面发展，为培养有理想、有道德、有文化、有纪律的社会主义建设者和接班人奠定基础。

第四条　凡具有中华人民共和国国籍的适龄儿童、少年，不分性别、民族、种族、家庭财产状况、宗教信仰等，依法享有平等接受义务教育的权利，并履行接受义务教育的义务。

第五条　各级人民政府及其有关部门应当履行本法规定的各项职责，保障适龄儿童、少年接受义务教育的权利。

适龄儿童、少年的父母或者其他法定监护人应当依法保证其按时入学接受并完成义务教育。

依法实施义务教育的学校应当按照规定标准完成教育教学任务，保证教育教学质量。

社会组织和个人应当为适龄儿童、少年接受义务教育创造良好的环境。

第六条 国务院和县级以上地方人民政府应当合理配置教育资源，促进义务教育均衡发展，改善薄弱学校的办学条件，并采取措施，保障农村地区、民族地区实施义务教育，保障家庭经济困难的和残疾的适龄儿童、少年接受义务教育。

国家组织和鼓励经济发达地区支援经济欠发达地区实施义务教育。

第七条 义务教育实行国务院领导，省、自治区、直辖市人民政府统筹规划实施，县级人民政府为主管理的体制。

县级以上人民政府教育行政部门具体负责义务教育实施工作；县级以上人民政府其他有关部门在各自的职责范围内负责义务教育实施工作。

第八条 人民政府教育督导机构对义务教育工作执行法律法规情况、教育教学质量以及义务教育均衡发展状况等进行督导，督导报告向社会公布。

第九条 任何社会组织或者个人有权对违反本法的行为向有关国家机关提出检举或者控告。

发生违反本法的重大事件，妨碍义务教育实施，造成重大社会影响的，负有领导责任的人民政府或者人民政府教育行政部门负责人应当引咎辞职。

第十条 对在义务教育实施工作中做出突出贡献的社会组织和个人，各级人民政府及其有关部门按照有关规定给予表彰、奖励。

第二章 学 生

第十一条 凡年满六周岁的儿童，其父母或者其他法定监护人应当送其入学接受并完成义务教育；条件不具备的地区的儿童，可以推迟到七周岁。

适龄儿童、少年因身体状况需要延缓入学或者休学的，其父母或者其他法定监护人应当提出申请，由当地乡镇人民政府或者县级人民政府教育行政部门批准。

第十二条 适龄儿童、少年免试入学。地方各级人民政府应当保障适龄儿童、少年在户籍所在地学校就近入学。

父母或者其他法定监护人在非户籍所在地工作或者居住的适龄儿童、少年，在其父母或者其他法定监护人工作或者居住地接受义务教育的，当地人民政府应当为其提供平等接受义务教育的条件。具体办法由省、自治区、直辖市规定。

县级人民政府教育行政部门对本行政区域内的军人子女接受义务教育予以保障。

第十三条 县级人民政府教育行政部门和乡镇人民政府组织和督促适龄儿童、少年入学，帮助解决适龄儿童、少年接受义务教育的困难，采取措施防止适龄儿童、少年辍学。

居民委员会和村民委员会协助政府做好工作，督促适龄儿童、少年入学。

第十四条 禁止用人单位招用应当接受义务教育的适龄儿童、少年。

根据国家有关规定经批准招收适龄儿童、少年进行文艺、体育等专业训练的社会组织，应当保证所招收的适龄儿童、少年接受义务教育；自行实施义务教育的，应当经县级人民政府教育行政部门批准。

第三章 学 校

第十五条 县级以上地方人民政府根据本行政区域内居住的适龄儿童、少年的数量和分布状况等因素，按照国家有关规定，制定、调整学校设置规划。新建居民区需要设置学校的，应当与居民区的建设同步进行。

第十六条 学校建设，应当符合国家规定的办学标准，适应教育教学需要；应当符合国家规定的选址要求和建设标准，确保学生和教职工安全。

第十七条 县级人民政府根据需要设置寄宿制学校，保障居住分散的适龄儿童、少年入学接受义务教育。

第十八条 国务院教育行政部门和省、自治区、直辖市人民政府根据需要，在经济发达地区设置接收少数民族适龄儿童、少年的学校（班）。

第十九条 县级以上地方人民政府根据需要设置相应的实施特殊教育的学校（班），对视力残疾、听力语言残疾和智力残疾的适龄儿童、少年实施义务教育。特殊教育学校（班）应当具备适应残疾儿童、少年学习、康复、生活特点的场所和设施。

普通学校应当接收具有接受普通教育能力的残疾适龄儿童、少年随班就读，并为其学习、康复提供帮助。

第二十条 县级以上地方人民政府根据需要，为具有预防未成年人犯罪法规定的严重不良行为的适龄少年设置专门的学校实施义务教育。

第二十一条 对未完成义务教育的未成年犯和被采取强制性教育措施的未成年人应当进行义务教育，所需经费由人民政府予以保障。

第二十二条 县级以上人民政府及其教育行政部门应当促进学校均衡发展，缩小学校之间办学条件的差距，不得将学校分为重点学校和非重点学校。学校不得分设重点班和非重点班。

县级以上人民政府及其教育行政部门不得以任何名义改变或者变相改变公办学校的性质。

第二十三条 各级人民政府及其有关部门依法维护学校周边秩序，保护学生、教师、学校的合法权益，为学校提供安全保障。

第二十四条 学校应当建立、健全安全制度和应急机制，对学生进行安全教育，加强管理，及时消除隐患，预防发生事故。

县级以上地方人民政府定期对学校校舍安全进行检查；对需要维修、改造的，及时予以维修、改造。

学校不得聘用曾经因故意犯罪被依法剥夺政治权利或者其他不适合从事义务教育工作的人担任工作人员。

第二十五条 学校不得违反国家规定收取费用，不得以向学生推销或者变相推销商品、服务等方式谋取利益。

第二十六条 学校实行校长负责制。校长应当符合国家规定的任职条件。校长由县级人民政府教育行政部门依法聘任。

第二十七条 对违反学校管理制度的学生，学校应当予以批评教育，不得开除。

第四章 教 师

第二十八条 教师享有法律规定的权利，履行法律规定的义务，应当为人师表，忠诚于人民的教育事业。

全社会应当尊重教师。

第二十九条 教师在教育教学中应当平等对待学生，关注学生的个体差异，因材施教，促进学生的充分发展。

教师应当尊重学生的人格，不得歧视学生，不得对学生实施体罚、变相体罚或者其他侮辱人格尊严的行为，不得侵犯学生合法权益。

第三十条 教师应当取得国家规定的教师资格。

国家建立统一的义务教育教师职务制度。教师职务分为初级职务、中级职务和高级职务。

第三十一条 各级人民政府保障教师工资福利和社会保险待遇，改善教师工作和生活条件；完善农村教师工资经费保障机制。

教师的平均工资水平应当不低于当地公务员的平均工资水平。

特殊教育教师享有特殊岗位补助津贴。在民族地区和边远贫困地区工作的教师享有艰苦贫困地区补助津贴。

第三十二条 县级以上人民政府应当加强教师培养工作，采取措施发展教师教育。

县级人民政府教育行政部门应当均衡配置本行政区域内学校师资力量，组织校长、教师的培训和流动，加强对薄弱学校的建设。

第三十三条 国务院和地方各级人民政府鼓励和支持城市学校教师和高等学校毕业生到农村地区、民族地区从事义务教育工作。

国家鼓励高等学校毕业生以志愿者的方式到农村地区、民族地区缺乏教师的学校任教。县级人民政府教育行政部门依法认定其教师资格，其任教时间计入工龄。

第五章　教育教学

第三十四条 教育教学工作应当符合教育规律和学生身心发展特点，面向全体学生，教书育人，将德育、智育、体育、美育等有机统一在教育教学活动中，注重培养学生独立思考能力、创新能力和实践能力，促进学生全面发展。

第三十五条 国务院教育行政部门根据适龄儿童、少年身心发展的状况和实际情况，确定教学制度、教育教学内容和课程设置，改革考试制度，并改进高级中等学校招生办法，推进实施素质教育。

学校和教师按照确定的教育教学内容和课程设置开展教育教学活动，保证达到国家规定的基本质量要求。

国家鼓励学校和教师采用启发式教育等教育教学方法，提高教育教学质量。

第三十六条 学校应当把德育放在首位，寓德育于教育教学之中，开展与学生年龄相适应的社会实践活动，形成学校、家庭、社会相互配合的思想道德教育体系，促进学生养成良好的思想品德和行为习惯。

第三十七条 学校应当保证学生的课外活动时间，组织开展文化娱乐等课外活动。社会公共文化体育设施应当为学校开展课外活动提供便利。

第三十八条 教科书根据国家教育方针和课程标准编写，内容力求精简，精选必备的基础知识、基本技能，经济实用，保证质量。

国家机关工作人员和教科书审查人员，不得参与或者变相参与教科书的编写工作。

第三十九条 国家实行教科书审定制度。教科书的审定办法由国务院教育行政部门规定。

未经审定的教科书，不得出版、选用。

第四十条 教科书价格由省、自治区、直辖市人民政府价格行政部门会同同级出版行政部门按照微利原则确定。

第四十一条 国家鼓励教科书循环使用。

第六章　经费保障

第四十二条 国家将义务教育全面纳入财政保障范围，义务教育经费由国务院和地方各级人民政府依照本法规定予以保障。

国务院和地方各级人民政府将义务教育经费纳入财政预算，按照教职工编制标准、工资标准和学校建设标准、学生人均公用经费标准等，及时足额拨付义务教育经费，确保学校的正常运转和校舍安全，确保教职工工资按照规定发放。

国务院和地方各级人民政府用于实施义务教育财政拨款的增长比例应当高于财政经常性收入的增长比例，保证按照在校学生人数平均的义务教育费用逐步增长，保证教职工工资和学生人均公用经费逐步增长。

第四十三条 学校的学生人均公用经费基本标准由国务院财政部门会同教育行政部门制定，并根据经济和社会发展状况适时调整。制定、调整学生人均公用经费基本标准，应当满足教育教学基本需要。

省、自治区、直辖市人民政府可以根据本行政区域的实际情况，制定不低于国家标准的学校学生人均公用经费标准。

特殊教育学校（班）学生人均公用经费标准应当高于普通学校学生人均公用经费标准。

第四十四条 义务教育经费投入实行国务院和地方各级人民政府根据职责共同负担，省、自治区、直辖市人民政府负责统筹落实的体制。农村义务教育所需经费，由各级人民政府根据国务院的规定分项目、按比例分担。

各级人民政府对家庭经济困难的适龄儿童、少年免费提供教科书并补助寄宿生生活费。

义务教育经费保障的具体办法由国务院规定。

第四十五条 地方各级人民政府在财政预算中将义务教育经费单列。

县级人民政府编制预算，除向农村地区学校和薄弱学校倾斜外，应当均衡安排义务教育经费。

第四十六条 国务院和省、自治区、直辖市人民政府规范财政转移支付制度，加大一般性转移支付规模和规范义务教育专项转移支付，支持和引导地方各级人民政府增加对义务教育的投入。地方各级人民政府确保将上级人民政府的义务教育转移支付资金按照规定用于义务教育。

第四十七条 国务院和县级以上地方人民政府根据实际需要，设立专项资金，扶持农村地区、民族地区实施义务教育。

第四十八条 国家鼓励社会组织和个人向义务教育捐赠，鼓励按照国家有关基金会管理的规定设立义务教育基金。

第四十九条 义务教育经费严格按照预算规定用于义务教育；任何组织和个人不得侵占、挪用义务教育经费，不得向学校非法收取或者摊派费用。

第五十条 县级以上人民政府建立健全义务教育经费的审计监督和统计公告制度。

第七章　法律责任

第五十一条　国务院有关部门和地方各级人民政府违反本法第六章的规定，未履行对义务教育经费保障职责的，由国务院或者上级地方人民政府责令限期改正；情节严重的，对直接负责的主管人员和其他直接责任人员依法给予行政处分。

第五十二条　县级以上地方人民政府有下列情形之一的，由上级人民政府责令限期改正；情节严重的，对直接负责的主管人员和其他直接责任人员依法给予行政处分：

（一）未按照国家有关规定制定、调整学校的设置规划的；

（二）学校建设不符合国家规定的办学标准、选址要求和建设标准的；

（三）未定期对学校校舍安全进行检查，并及时维修、改造的；

（四）未依照本法规定均衡安排义务教育经费的。

第五十三条　县级以上人民政府或者其教育行政部门有下列情形之一的，由上级人民政府或者其教育行政部门责令限期改正、通报批评；情节严重的，对直接负责的主管人员和其他直接责任人员依法给予行政处分：

（一）将学校分为重点学校和非重点学校的；

（二）改变或者变相改变公办学校性质的。

县级人民政府教育行政部门或者乡镇人民政府未采取措施组织适龄儿童、少年入学或者防止辍学的，依照前款规定追究法律责任。

第五十四条　有下列情形之一的，由上级人民政府或者上级人民政府教育行政部门、财政部门、价格行政部门和审计机关根据职责分工责令限期改正；情节严重的，对直接负责的主管人员和其他直接责任人员依法给予处分：

（一）侵占、挪用义务教育经费的；

（二）向学校非法收取或者摊派费用的。

第五十五条　学校或者教师在义务教育工作中违反教育法、教师法规定的，依照教育法、教师法的有关规定处罚。

第五十六条　学校违反国家规定收取费用的，由县级人民政府教育行政部门责令退还所收费用；对直接负责的主管人员和其他直接责任人员依法给予处分。

学校以向学生推销或者变相推销商品、服务等方式谋取利益的，由县级人民政府教育行政部门给予通报批评；有违法所得的，没收违法所得；对直接负责的主管人员和其他直接责任人员依法给予处分。

国家机关工作人员和教科书审查人员参与或者变相参与教科书编写的，由县级以上人民政府或者其教育行政部门根据职责权限责令限期改正，依法给予行政处分；有违法所得的，没收违法所得。

第五十七条 学校有下列情形之一的，由县级人民政府教育行政部门责令限期改正；情节严重的，对直接负责的主管人员和其他直接责任人员依法给予处分：

（一）拒绝接收具有接受普通教育能力的残疾适龄儿童、少年随班就读的；

（二）分设重点班和非重点班的；

（三）违反本法规定开除学生的；

（四）选用未经审定的教科书的。

第五十八条 适龄儿童、少年的父母或者其他法定监护人无正当理由未依照本法规定送适龄儿童、少年入学接受义务教育的，由当地乡镇人民政府或者县级人民政府教育行政部门给予批评教育，责令限期改正。

第五十九条 有下列情形之一的，依照有关法律、行政法规的规定予以处罚：

（一）胁迫或者诱骗应当接受义务教育的适龄儿童、少年失学、辍学的；

（二）非法招用应当接受义务教育的适龄儿童、少年的；

（三）出版未经依法审定的教科书的。

第六十条 违反本法规定，构成犯罪的，依法追究刑事责任。

第八章 附 则

第六十一条 对接受义务教育的适龄儿童、少年不收杂费的实施步骤，由国务院规定。

第六十二条 社会组织或者个人依法举办的民办学校实施义务教育的，依照民办教育促进法有关规定执行；民办教育促进法未作规定的，适用本法。

第六十三条 本法自2006年9月1日起施行。

中华人民共和国义务教育法实施细则

（1992年3月14日国家教育委员会令第19号公布）

第一章 总 则

第一条 根据中华人民共和国义务教育法（以下简称义务教育法）第十七条的规定，制定本细则。

第二条 义务教育法第四条所称适龄儿童、少年，是指依法应当入学至受完规定年限义务教育的年龄阶段的儿童、少年。

适龄儿童、少年接受义务教育的入学年龄和年限，以及因缓学或者其他特殊情况需延长的在校年龄，由省级人民政府依照义务教育法的规定和本地区实际情况确定。盲、聋哑、弱智儿童和少年接受义务教育的入学年龄和在校年龄可适当放宽。

第三条 实施义务教育，在国务院领导下，由地方各级人民政府负责，按省、县、乡分级管理。各级教育主管部门在本级人民政府领导下，具体负责组织、管理本行政区域内实施义务教育的工作。

第四条 省级人民政府根据本地区经济和社会发展状况，因地制宜，分阶段、有步骤地推行九年制义务教育。

第五条 实施义务教育，城市以市或者市辖区为单位组织进行；农村以县为单位组织进行，并落实到乡（镇）。工矿区、农垦区、林区等组织实施义务教育的行政区划单位，由省级人民政府规定。

第六条 承担实施义务教育任务的学校为：地方人民政府设置或者批准设置的全日制小学，全日制普通中学，九年一贯制学校，初级中等职业技术学校，各种形式的简易小学或者教学点（班或者组），盲童学校，聋哑学校，弱智儿童辅读学校

（班），工读学校等。

文艺、体育和特种工艺等单位，应当保证招收的适龄儿童、少年接受义务教育。上述单位自行实施义务教育教学工作，需经县级以上教育主管部门批准。

第二章 实施步骤

第七条 实施九年制义务教育，可以分为两个阶段。第一阶段，实施初等义务教育；第二阶段，在实施初等义务教育的基础上实施初级中等义务教育。初等教育达到义务教育法规定要求的，可直接实施初级中等义务教育。

第八条 实施义务教育，应当具备下列基本条件：

（一）与适龄儿童、少年数量相适应的校舍及其他基本教学设施；

（二）具有按编制标准配备的教师和符合义务教育法规定要求的师资来源；

（三）具有一定的经济能力，能够按照规定标准逐步配置教学仪器、图书资料和文娱、体育、卫生器材。

地方各级人民政府和其他办学单位应当积极采取措施，不断改善实施义务教育的条件。

第九条 直接实施初等义务教育有困难、需要分两步实施的，由设区的市级或者县级人民政府提出报告，报省级人民政府决定或者依照地方性法规规定办理。

第十条 各级人民政府应当努力在本世纪末普及初等义务教育。在全国大部分地区应当基本普及九年义务教育或者初级中等义务教育。

省级人民政府应当制定义务教育实施规划，规定实施义务教育的目标、完成规划期限和措施等。设区的市级或者县级人民政府应当根据省级人民政府的规划制定实施义务教育的具体方案。

第三章 就　学

第十一条 当地基层人民政府或者其授权的实施义务教育的学校至迟在新学年始业前十五天，将应当接受义务教育的儿童、少年的入学通知发给其父母或者其他监护人。适龄儿童、少年的父母或者其他监护人必须按照通知要求送子女或者其他被监护人入学。

第十二条 适龄儿童、少年需免学、缓学的，由其父母或者其他监护人提出申请，经县级以上教育主管部门或者乡级人民政府批准。因身体原因申请免学、缓学的，应当附具县级以上教育主管部门指定的医疗机构的证明。

缓学期满仍不能就学的，应当重新提出缓学申请。

第十三条 父母或者其他监护人不送其适龄子女或者其他被监护人入学的，以及其在校接受义务教育的适龄子女或者其他被监护人辍学的，在城市由市或者市辖区人民政府及其教育主管部门，在农村由乡级人民政府，采取措施，使其送子女或者其他被监护人就学。

第十四条 适龄儿童、少年到非户籍所在地接受义务教育的，经户籍所在地的县级教育主管部门或者乡级人民政府批准，可以按照居住地人民政府的有关规定申请借读。

借读的适龄儿童、少年接受义务教育的年限，以其户籍所在地的规定为准。

第十五条 对受完规定年限义务教育的儿童、少年，由学校发给完成义务教育的证书。完成义务教育证书的格式由省级教育主管部门统一制定。

受完当地规定年限义务教育获得的毕业证书或者结业证书，可视为完成义务教育的证书。

第十六条 适龄儿童、少年因学业成绩优异而提前达到与规定年限义务教育相应的初等教育或者初级中等教育毕业程度的，视为完成义务教育。

第十七条 实施义务教育的学校可收取杂费。收取杂费的标准和具体办法，由省级教育、物价、财政部门提出方案，报省级人民政府批准。已规定免收杂费的，其规定可以继续执行。

对家庭经济困难的学生，应当酌情减免杂费。

其他行政机关和学校不得违反国家有关规定，自行制定收费的项目及标准；不得向学生乱收费用。

第十八条 依照义务教育法第十条第二款规定享受助学金的贫困学生是指：初级中等学校、特殊教育学校的家庭经济困难的学生，少数民族聚居地区、经济困难地区、边远地区的小学及其他寄宿小学的家庭经济困难的学生。实行助学金制度的具体办法，由省级人民政府规定。

第四章　教育教学

第十九条　实施义务教育必须贯彻国家的教育方针，坚持社会主义方向，实行教育与生产劳动相结合，对学生进行德育、智育、体育、美育和劳动教育。

第二十条　实施义务教育的学校必须按照国务院教育主管部门发布的指导性教学计划、教学大纲和省级教育主管部门制定的教学计划，进行教育教学活动。

第二十一条　实施义务教育的学校应当选用经国务院教育主管部门审定或者其授权的省级教育主管部门审定的教科书。非经审定的教科书不得使用。但国家另有规定的除外。

第二十二条　实施义务教育学校的教育教学工作，应当适应全体学生身心发展的需要。

学校和教师不得对学生实施体罚、变相体罚或者其他侮辱人格尊严的行为；对品行有缺陷、学习有困难的儿童、少年应当给予帮助，不得歧视。

第二十三条　实施义务教育的学校可根据城乡经济、社会发展和学生自身发展的实际情况，有计划地对学生进行职业指导教育和职业预备教育或者劳动技艺教育。

第二十四条　实施义务教育的学校在教育教学和各种活动中，应当推广使用全国通用的普通话。

师范院校的教育教学和各种活动应当使用普通话。

第二十五条　民族自治地方应当按照义务教育法及其他有关法律规定组织实施本地区的义务教育。实施义务教育学校的设置、学制、办学形式、教学内容、教学用语，由民族自治地方的自治机关依照有关法律决定。

用少数民族通用的语言文字教学的学校，应当在小学高年级或者中学开设汉语文课程，也可以根据实际情况适当提前开设。

第五章　实施保障

第二十六条　实施义务教育学校的设置，由设区的市级或者县级人民政府统筹规划，合理布局。

小学的设置应当有利于适龄儿童、少年就近入学。寄宿制小学设置可适当集中。

普通初级中学和初级中等职业技术学校的设置，应当根据人口分布状况和地理条件相对集中。

盲童学校（班）的设置，由省级或者设区的市级人民政府统筹安排。聋哑学校（班）和弱智儿童辅读学校（班）的设置，由设区的市级或者县级人民政府统筹安排。

第二十七条 省级人民政府应当制订实施义务教育各类学校的经费开支定额，并制订按照学生人数平均的公用经费开支标准、教职工编制标准和校舍建设、图书资料、仪器设备配置等标准。

地方各级人民政府应当制订实施规划，使学校分期分批达到前款所列的办学条件标准，并进行检查验收。

第二十八条 地方各级人民政府设置的实施义务教育学校的事业费和基本建设投资，由地方各级人民政府负责筹措。用于义务教育的财政拨款的增长比例，应当高于财政经常性收入的增长比例，并使按在校学生人数平均的教育费用逐步增长。

社会力量举办实施义务教育学校的事业费和基本建设投资，由办学单位或者经国家批准的私人办学者负责筹措。

中央和地方财政视具体情况，对经济困难地区和少数民族聚居地区实施义务教育给予适当补助。

地方各级人民政府应当鼓励各种社会力量以及个人自愿捐资助学。

第二十九条 依法征收的教育费附加，城市的，纳入预算管理，由教育主管部门统筹安排，提出分配方案，商同级财政部门同意后，用于改善中小学办学条件；农村的，由乡级人民政府负责统筹安排，主要用于支付国家补助、集体支付工资的教师的工资，改善办学条件和补充学校公用经费等。

学校的勤工俭学收入，部分应当用于改善办学条件。

第三十条 实施义务教育各类学校的新建、改建、扩建，应当列入城乡建设总体规划，并与居住人口和义务教育实施规划相协调。

实施义务教育的学校新建、改建、扩建所需资金，在城镇由当地人民政府负责列入基本建设投资计划，或者通过其他渠道筹措；在农村由乡、村负责筹措，县级人民政府对有困难的乡、村可酌情予以补助。

第三十一条 地方各级人民政府应当采取切实措施，保证实施义务教育各类学校教科书和文具纸张按时、按质、按量供应。

第三十二条 省级人民政府应当制定规划、采取措施，加强和发展师范教育，并组织其他高等学校为实施义务教育培养师资。

盲、聋哑、弱智儿童学校的师资，由省级人民政府根据实际情况组织培养。

第三十三条 各级教育主管部门应当加强实施义务教育学校的教师培训工作，使教师的思想政治素质和业务水平达到义务教育法规定的要求。

各级人民政府应当加强培训工作，提高实施义务教育学校校长的思想政治素质和管理水平。

校长和教师的在职培训工作，由县级以上地方各级教育主管部门负责组织。

第六章　管理与监督

第三十四条 地方各级人民政府及其教育主管部门应当建立实施义务教育的目标责任制，把实施义务教育的情况作为对有关负责人员政绩考核的重要内容。

第三十五条 县级以上各级人民政府应当建立对实施义务教育的工作进行监督、指导、检查的制度。

第三十六条 实施义务教育的学校及其他机构，在实施义务教育工作上，接受当地人民政府及其教育主管部门的管理、指导和监督。

第三十七条 地方各级人民政府对为实施义务教育作出突出贡献的企业事业单位、学校、社会团体、部队、居（村）民组织和公民，给予奖励。

第七章　罚　则

第三十八条 有下列情形之一的，由地方人民政府或者有关部门依照管理权限对有关责任人给予行政处分：

（一）因工作失职未能如期实现义务教育实施规划目标的；

（二）无特殊原因，未能如期达到实施义务教育学校办学条件要求的；

（三）对学生辍学未采取必要措施加以解决的；

（四）无正当理由拒绝接收应当在该地区或者该学校接受义务教育的适龄儿童、少年就学的；

（五）将学校校舍、场地出租、出让或者移作他用，妨碍义务教育实施的；

（六）使用未经依法审定的教科书，造成不良影响的；

（七）其他妨碍义务教育实施的。

第三十九条 有下列情形之一的，由地方人民政府或者有关部门依照管理权限对有关责任人员给予行政处分；情节严重，构成犯罪的，依法追究刑事责任：

（一）侵占、克扣、挪用义务教育款项的；

（二）玩忽职守致使校舍倒塌，造成师生伤亡事故的。

第四十条 适龄儿童、少年的父母或者其他监护人未按规定送子女或者其他被监护人就学接受义务教育的，城市由市、市辖区人民政府或者其指定机构，农村由乡级人民政府，进行批评教育；经教育仍拒不送其子女或者其他被监护人就学的，可视具体情况处以罚款，并采取其他措施使其子女或者其他被监护人就学。

第四十一条 招用应当接受义务教育的适龄儿童、少年做工、经商或者从事其他雇佣性劳动的，按照国家有关禁止使用童工的规定处罚。

第四十二条 有下列行为之一的，由有关部门给予行政处分；违反《中华人民共和国治安管理处罚条例》的，由公安机关给予行政处罚；构成犯罪的，依法追究刑事责任：

（一）扰乱实施义务教育学校秩序的；

（二）侮辱、殴打教师、学生的；

（三）体罚学生情节严重的；

（四）侵占或者破坏学校校舍、场地和设备的。

第四十三条 当事人对行政处罚决定不服的，可以依照法律、法规的规定申请复议。当事人对复议决定不服的，可以依照法律、法规的规定向人民法院提起诉讼。当事人在规定的期限内不申请复议，也不向人民法院提起诉讼，又不履行处罚决定的，由作出处罚决定的机关申请人民法院强制执行，或者依法强制执行。

第八章 附 则

第四十四条 适龄儿童的入学年龄以新学年始业前达到的实足年龄为准。

第四十五条 本细则由国家教育委员会负责解释。

第四十六条 本细则自发布之日起施行。

中华人民共和国高等教育法

（1998年8月29日第九届全国人民代表大会常务委员会第四次会议通过　根据2015年12月27日第十二届人民代表大会常务委员会第十八次会议《关于修改〈中华人民共和国高等教育法〉的决定》修正）

第一章　总　则

第一条　为了发展高等教育事业，实施科教兴国战略，促进社会主义物质文明和精神文明建设，根据宪法和教育法，制定本法。

第二条　在中华人民共和国境内从事高等教育活动，适用本法。

本法所称高等教育，是指在完成高级中等教育基础上实施的教育。

第三条　国家坚持以马克思列宁主义、毛泽东思想、邓小平理论为指导，遵循宪法确定的基本原则，发展社会主义的高等教育事业。

第四条　高等教育必须贯彻国家的教育方针，为社会主义现代化建设服务、为人民服务，与生产劳动和社会实践相结合，使受教育者成为德、智、体、美等方面全面发展的社会主义建设者和接班人。

第五条　高等教育的任务是培养具有社会责任感、创新精神和实践能力的高级专门人才，发展科学技术文化，促进社会主义现代化建设。

第六条　国家根据经济建设和社会发展的需要，制定高等教育发展规划，举办高等学校，并采取多种形式积极发展高等教育事业。

国家鼓励企业事业组织、社会团体及其他社会组织和公民等社会力量依法举办高等学校，参与和支持高等教育事业的改革和发展。

第七条　国家按照社会主义现代化建设和发展社会主义市场经济的需要，根据不同类型、不同层次高等学校的实际，推进高等教育体制改革和高等教育教学改革，优化高等教育结构和资源配置，提高高等教育的质量和效益。

第八条 国家根据少数民族的特点和需要，帮助和支持少数民族地区发展高等教育事业，为少数民族培养高级专门人才。

第九条 公民依法享有接受高等教育的权利。

国家采取措施，帮助少数民族学生和经济困难的学生接受高等教育。

高等学校必须招收符合国家规定的录取标准的残疾学生入学，不得因其残疾而拒绝招收。

第十条 国家依法保障高等学校中的科学研究，文学艺术创作和其他文化活动的自由。

在高等学校中从事科学研究、文学艺术创作和其他文化活动，应当遵守法律。

第十一条 高等学校应当面向社会，依法自主办学，实行民主管理。

第十二条 国家鼓励高等学校之间、高等学校与科学研究机构以及企业事业组织之间开展协作，实行优势互补，提高教育资源的使用效益。

国家鼓励和支持高等教育事业的国际交流与合作。

第十三条 国务院统一领导和管理全国高等教育事业。

省、自治区、直辖市人民政府统筹协调本行政区域内的高等教育事业，管理主要为地方培养人才和国务院授权管理的高等学校。

第十四条 国务院教育行政部门主管全国高等教育工作，管理由国务院确定的主要为全国培养人才的高等学校。国务院其他有关部门在国务院规定的职责范围内，负责有关的高等教育工作。

第二章 高等教育基本制度

第十五条 高等教育包括学历教育和非学历教育。

高等教育采用全日制和非全日制教育形式。

国家支持采用广播、电视、函授及其他远程教育方式实施高等教育。

第十六条 高等学历教育分为专科教育、本科教育和研究生教育。

高等学历教育应当符合下列学业标准：

（一）专科教育应当使学生掌握本专业必备的基础理论、专门知识，具有从事本专业实际工作的基本技能和初步能力；

（二）本科教育应当使学生比较系统地掌握本学科、专业必需的基础理论、基本知识，掌握本专业必要的基本技能、方法和相关知识，具有从事本专业实际工作和研究工作的初步能力；

（三）硕士研究生教育应当使学生掌握本学科坚实的基础理论、系统的专业知识，掌握相应的技能、方法和相关知识，具有从事本专业实际工作和科学研究工作的能力。博士研究生教育应当使学生掌握本学科坚实宽广的基础理论、系统深入的专业知识、相应的技能和方法，具有独立从事本学科创造性科学研究工作和实际工作的能力。

第十七条 专科教育的基本修业年限为二至三年，本科教育的基本修业年限为四至五年，硕士研究生教育的基本修业年限为二至三年，博士研究生教育的基本修业年限为三至四年。非全日制高等学历教育的修业年限应当适当延长。高等学校根据实际需要，报主管的教育行政部门批准，可以对本学校的修业年限作出调整。

第十八条 高等教育由高等学校和其他高等教育机构实施。

大学、独立设置的学院主要实施本科及本科以上教育。高等专科学校实施专科教育。经国务院教育行政部门批准，科学研究机构可以承担研究生教育的任务。

其他高等教育机构实施非学历高等教育。

第十九条 高级中等教育毕业或者具有同等学力的，经考试合格，由实施相应学历教育的高等学校录取，取得专科生或者本科生入学资格。

本科毕业或者具有同等学力的，经考试合格，由实施相应学历教育的高等学校或者经批准承担研究生教育任务的科学研究机构录取，取得硕士研究生入学资格。

硕士研究生毕业或者具有同等学力的，经考试合格，由实施相应学历教育的高等学校或者经批准承担研究生教育任务的科学研究机构录取，取得博士研究生入学资格。

允许特定学科和专业的本科毕业生直接取得博士研究生入学资格，具体办法由国务院教育行政部门规定。

第二十条 接受高等学历教育的学生，由所在高等学校或者经批准承担研究生教育任务的科学研究机构根据其修业年限、学业成绩等，按照国家有关规定，发给相应的学历证书或者其他学业证书。

接受非学历高等教育的学生，由所在高等学校或者其他高等教育机构发给相应的结业证书。结业证书应当载明修业年限和学业内容。

第二十一条 国家实行高等教育自学考试制度，经考试合格的，发给相应的学历证书或者其他学业证书。

第二十二条 国家实行学位制度。学位分为学士、硕士和博士。

公民通过接受高等教育或者自学，其学业水平达到国家规定的学位标准，可以向学位授予单位申请授予相应的学位。

第二十三条 高等学校和其他高等教育机构应当根据社会需要和自身办学条件，承担实施继续教育的工作。

第三章 高等学校的设立

第二十四条 设立高等学校，应当符合国家高等教育发展规划，符合国家利益和社会公共利益。

第二十五条 设立高等学校，应当具备教育法规定的基本条件。

大学或者独立设置的学院还应当具有较强的教学、科学研究力量，较高的教学、科学研究水平和相应规模，能够实施本科及本科以上教育。大学还必须设有三个以上国家规定的学科门类为主要学科。设立高等学校的具体标准由国务院制定。

设立其他高等教育机构的具体标准，由国务院授权的有关部门或者省、自治区、直辖市人民政府根据国务院规定的原则制定。

第二十六条 设立高等学校，应当根据其层次、类型、所设学科类别、规模、教学和科学研究水平，使用相应的名称。

第二十七条 申请设立高等学校的，应当向审批机关提交下列材料：

（一）申办报告；

（二）可行性论证材料；

（三）章程；

（四）审批机关依照本法规定要求提供的其他材料。

第二十八条 高等学校的章程应当规定以下事项：

（一）学校名称、校址；

（二）办学宗旨；

（三）办学规模；

（四）学科门类的设置；

（五）教育形式；

（六）内部管理体制；

（七）经费来源、财产和财务制度；

（八）举办者与学校之间的权利、义务；

（九）章程修改程序；

（十）其他必须由章程规定的事项。

第二十九条 设立实施本科及以上教育的高等学校，由国务院教育行政部门审批；设立实施专科教育的高等学校，由省、自治区、直辖市人民政府审批，报国务院教育行政部门备案；设立其他高等教育机构，由省、自治区、直辖市人民政府教育行政部门审批。审批设立高等学校和其他高等教育机构应当遵守国家有关规定。

审批设立高等学校，应当委托由专家组成的评议机构评议。

高等学校和其他高等教育机构分立、合并、终止，变更名称、类别和其他重要事项，由本条第一款规定的审批机关审批；修改章程，应当根据管理权限，报国务院教育行政部门或者省、自治区、直辖市人民政府教育行政部门核准。

第四章　高等学校的组织和活动

第三十条 高等学校自批准设立之日起取得法人资格。高等学校的校长为高等学校的法定代表人。

高等学校在民事活动中依法享有民事权利，承担民事责任。

第三十一条 高等学校应当以培养人才为中心，开展教学、科学研究和社会服务，保证教育教学质量达到国家规定的标准。

第三十二条 高等学校根据社会需求、办学条件和国家核定的办学规模，制定招生方案，自主调节系科招生比例。

第三十三条 高等学校依法自主设置和调整学科、专业。

第三十四条 高等学校根据教学需要，自主制定教学计划、选编教材、组织实施教学活动。

第三十五条 高等学校根据自身条件，自主开展科学研究、技术开发和社会服务。

国家鼓励高等学校同企业事业组织、社会团体及其他社会组织在科学研究、技术开发和推广等方面进行多种形式的合作。

国家支持具备条件的高等学校成为国家科学研究基地。

第三十六条 高等学校按照国家有关规定，自主开展与境外高等学校之间的科学技术文化交流与合作。

第三十七条 高等学校根据实际需要和精简、效能的原则，自主确定教学、科学研究、行政职能部门等内部组织机构的设置和人员配备；按照国家有关规定，评聘教师和其他专业技术人员的职务，调整津贴及工资分配。

第三十八条 高等学校对举办者提供的财产、国家财政性资助、受捐赠财产依法自主管理和使用。

高等学校不得将用于教学和科学研究活动的财产挪作他用。

第三十九条 国家举办的高等学校实行中国共产党高等学校基层委员会领导下的校长负责制。中国共产党高等学校基层委员会按照中国共产党章程和有关规定，统一领导学校工作，支持校长独立负责地行使职权，其领导职责主要是：执行中国共产党的路线、方针、政策，坚持社会主义办学方向，领导学校的思想政治工作和德育工作，讨论决定学校内部组织机构的设置和内部组织机构负责人的人选，讨论决定学校的改革、发展和基本管理制度等重大事项，保证以培养人才为中心的各项任务的完成。

社会力量举办的高等学校的内部管理体制按照国家有关社会力量办学的规定确定。

第四十条 高等学校的校长，由符合教育法规定的任职条件的公民担任。高等学校的校长、副校长按照国家有关规定任免。

第四十一条 高等学校的校长全面负责本学校的教学、科学研究和其他行政管理工作，行使下列职权：

（一）拟订发展规划，制定具体规章制度和年度工作计划并组织实施；

（二）组织教学活动、科学研究和思想品德教育；

（三）拟订内部组织机构的设置方案，推荐副校长人选，任免内部组织机构的负责人；

（四）聘任与解聘教师以及内部其他工作人员，对学生进行学籍管理并实施奖励或者处分；

（五）拟订和执行年度经费预算方案，保护和管理校产，维护学校的合法权益；

（六）章程规定的其他职权。

高等学校的校长主持校长办公会议或者校务会议，处理前款规定的有关事项。

第四十二条 高等学校设立学术委员会，履行下列职责：

（一）审议学科建设、专业设置，教学、科学研究计划方案；

（二）评定教学、科学研究成果；

（三）调查、处理学术纠纷；

（四）调查、认定学术不端行为；

（五）按照章程审议、决定有关学术发展、学术评价、学术规范的其他事项。

第四十三条 高等学校通过以教师为主体的教职工代表大会等组织形式，依法保障教职工参与民主管理和监督，维护教职工合法权益。

第四十四条 高等学校应当建立本学校办学水平、教育质量的评价制度，及时公开相关信息，接受社会监督。

教育行政部门负责组织专家或者委托第三方专业机构对高等学校的办学水平、效益和教育质量进行评估。评估结果应当向社会公开。

第五章 高等学校教师和其他教育工作者

第四十五条 高等学校的教师及其他教育工作者享有法律规定的权利，履行法律规定的义务，忠诚于人民的教育事业。

第四十六条 高等学校实行教师资格制度。中国公民凡遵守宪法和法律，热爱教育事业，具有良好的思想品德，具备研究生或者大学本科毕业学历，有相应的教育教学能力，经认定合格，可以取得高等学校教师资格。不具备研究生或者大学本科毕业学历的公民，学有所长，通过国家教师资格考试，经认定合格，也可以取得高等学校教师资格。

第四十七条 高等学校实行教师职务制度。高等学校教师职务根据学校所承担的教学、科学研究等任务的需要设置。教师职务设助教、讲师、副教授、教授。

高等学校的教师取得前款规定的职务应当具备下列基本条件：

（一）取得高等学校教师资格；

（二）系统地掌握本学科的基础理论；

（三）具备相应职务的教育教学能力和科学研究能力；

（四）承担相应职务的课程和规定课时的教学任务。

教授、副教授除应当具备以上基本任职条件外，还应当对本学科具有系统而坚实的基础理论和比较丰富的教学、科学研究经验，教学成绩显著，论文或者著作达到较高水平或者有突出的教学、科学研究成果。

高等学校教师职务的具体任职条件由国务院规定。

第四十八条 高等学校实行教师聘任制。教师经评定具备任职条件的，由高等学校按照教师职务的职责、条件和任期聘任。

高等学校的教师的聘任，应当遵循双方平等自愿的原则，由高等学校校长与受聘教师签订聘任合同。

第四十九条 高等学校的管理人员，实行教育职员制度。高等学校的教学辅助人员及其他专业技术人员，实行专业技术职务聘任制度。

第五十条 国家保护高等学校教师及其他教育工作者的合法权益，采取措施改善高等学校教师及其他教育工作者的工作条件和生活条件。

第五十一条 高等学校应当为教师参加培训、开展科学研究和进行学术交流提供便利条件。

高等学校应当对教师、管理人员和教学辅助人员及其他专业技术人员的思想政治表现、职业道德、业务水平和工作实绩进行考核，考核结果作为聘任或者解聘、晋升、奖励或者处分的依据。

第五十二条 高等学校的教师、管理人员和教学辅助人员及其他专业技术人员，应当以教学和培养人才为中心做好本职工作。

第六章 高等学校的学生

第五十三条 高等学校的学生应当遵守法律、法规，遵守学生行为规范和学校的各项管理制度，尊敬师长，刻苦学习，增强体质，树立爱国主义、集体主义和社会主义思想，努力学习马克思列宁主义、毛泽东思想、邓小平理论，具有良好的思想品德，掌握较高的科学文化知识和专业技能。

高等学校学生的合法权益，受法律保护。

第五十四条 高等学校的学生应当按照国家规定缴纳学费。

家庭经济困难的学生，可以申请补助或者减免学费。

第五十五条 国家设立奖学金，并鼓励高等学校、企业事业组织、社会团体以及其他社会组织和个人按照国家有关规定设立各种形式的奖学金，对品学兼优的学生、国家规定的专业的学生以及到国家规定的地区工作的学生给予奖励。

国家设立高等学校学生勤工助学基金和贷学金，并鼓励高等学校、企业事业组织、社会团体以及其他社会组织和个人设立各种形式的助学金，对家庭经济困难的学生提供帮助。

获得贷学金及助学金的学生，应当履行相应的义务。

第五十六条 高等学校的学生在课余时间可以参加社会服务和勤工助学活动，但不得影响学业任务的完成。

高等学校应当对学生的社会服务和勤工助学活动给予鼓励和支持，并进行引导和管理。

第五十七条 高等学校的学生，可以在校内组织学生团体。学生团体在法律、法规规定的范围内活动，服从学校的领导和管理。

第五十八条 高等学校的学生思想品德合格，在规定的修业年限内学完规定的课程，成绩合格或者修满相应的学分，准予毕业。

第五十九条 高等学校应当为毕业生、结业生提供就业指导和服务。

国家鼓励高等学校毕业生到边远、艰苦地区工作。

第七章 高等教育投入和条件保障

第六十条 高等教育实行以举办者投入为主、受教育者合理分担培养成本、高等学校多种渠道筹措经费的机制。

国务院和省、自治区、直辖市人民政府依照教育法第五十六条的规定，保证国家举办的高等教育的经费逐步增长。

国家鼓励企业事业组织、社会团体及其他社会组织和个人向高等教育投入。

第六十一条 高等学校的举办者应当保证稳定的办学经费来源，不得抽回其投入的办学资金。

第六十二条 国务院教育行政部门会同国务院其他有关部门根据在校学生年人均教育成本，规定高等学校年经费开支标准和筹措的基本原则；省、自治区、直辖市人民政府教育行政部门会同有关部门制订本行政区域内高等学校年经费开支标准和筹措办法，作为举办者和高等学校筹措办学经费的基本依据。

第六十三条 国家对高等学校进口图书资料、教学科研设备以及校办产业实行优惠政策。高等学校所办产业或者转让知识产权以及其他科学技术成果获得的收益，用于高等学校办学。

第六十四条 高等学校收取的学费应当按照国家有关规定管理和使用，其他任何组织和个人不得挪用。

第六十五条 高等学校应当依法建立、健全财务管理制度，合理使用、严格管理教育经费，提高教育投资效益。

高等学校的财务活动应当依法接受监督。

第八章 附 则

第六十六条 对高等教育活动中违反教育法规定的，依照教育法的有关规定给予处罚。

第六十七条 中国境外个人符合国家规定的条件并办理有关手续后，可以进入中国境内高等学校学习、研究、进行学术交流或者任教，其合法权益受国家保护。

第六十八条 本法所称高等学校是指大学、独立设置的学院和高等专科学校，其中包括高等职业学校和成人高等学校。

本法所称其他高等教育机构是指除高等学校和经批准承担研究生教育任务的科学研究机构以外的从事高等教育活动的组织。

本法有关高等学校的规定适用于其他高等教育机构和经批准承担研究生教育任务的科学研究机构，但是对高等学校专门适用的规定除外。

第六十九条 本法自1999年1月1日起施行。

中华人民共和国职业教育法

（1996年5月15日第八届全国人民代表大会常务委员会第十九次会议通过 1996年5月15日中华人民共和国主席令第69号公布 自1996年9月1日起施行）

第一章 总 则

第一条 为了实施科教兴国战略，发展职业教育，提高劳动者素质，促进社会主义现代化建设，根据教育法和劳动法，制定本法。

第二条 本法适用于各级各类职业学校教育和各种形式的职业培训。国家机关实施的对国家机关工作人员的专门培训由法律、行政法规另行规定。

第三条 职业教育是国家教育事业的重要组成部分，是促进经济、社会发展和劳动就业的重要途径。国家发展职业教育，推进职业教育改革，提高职业教育质量，建立、健全适应社会主义市场经济和社会进步需要的职业教育制度。

第四条 实施职业教育必须贯彻国家教育方针，对受教育者进行思想政治教育和职业道德教育，传授职业知识，培养职业技能，进行职业指导，全面提高受教育者的素质。

第五条 公民有依法接受职业教育的权利。

第六条 各级人民政府应当将发展职业教育纳入国民经济和社会发展规划。行业组织和企业、事业组织应当依法履行实施职业教育的义务。

第七条 国家采取措施，发展农村职业教育，扶持少数民族地区、边远贫困地区职业教育的发展。

国家采取措施，帮助妇女接受职业教育，组织失业人员接受各种形式的职业教育，扶持残疾人职业教育的发展。

第八条 实施职业教育应当根据实际需要，同国家制定的职业分类和职业等级标准相适应，实行学历证书、培训证书和职业资格证书制度。

国家实行劳动者在就业前或者上岗前接受必要的职业教育的制度。

第九条 国家鼓励并组织职业教育的科学研究。

第十条 国家对在职业教育中作出显著成绩的单位和个人给予奖励。

第十一条 国务院教育行政部门负责职业教育工作的统筹规划、综合协调、宏观管理。

国务院教育行政部门、劳动行政部门和其他有关部门在国务院规定的职责范围内，分别负责有关的职业教育工作。

县级以上地方各级人民政府应当加强对本行政区域内职业教育工作的领导、统筹协调和督导评估。

第二章 职业教育体系

第十二条 国家根据不同地区的经济发展水平和教育普及程度，实施以初中后为重点的不同阶段的教育分流，建立、健全职业学校教育与职业培训并举，并与其他教育相互沟通、协调发展的职业教育体系。

第十三条 职业学校教育分为初等、中等、高等职业学校教育。

初等、中等职业学校教育分别由初等、中等职业学校实施；高等职业学校教育根据需要和条件由高等职业学校实施，或者由普通高等学校实施。其他学校按照教育行政部门的统筹规划，可以实施同层次的职业学校教育。

第十四条 职业培训包括从业前培训、转业培训、学徒培训、在岗培训、转岗培训及其他职业性培训，可以根据实际情况分为初级、中级、高级职业培训。

职业培训分别由相应的职业培训机构、职业学校实施。

其他学校或者教育机构可以根据办学能力，开展面向社会的、多种形式的职业培训。

第十五条 残疾人职业教育除由残疾人教育机构实施外，各级各类职业学校和职业培训机构及其他教育机构应当按照国家有关规定接纳残疾学生。

第十六条 普通中学可以因地制宜地开设职业教育的课程，或者根据实际需要适当增加职业教育的教学内容。

第三章 职业教育的实施

第十七条 县级以上地方各级人民政府应当举办发挥骨干和示范作用的职业学

校、职业培训机构，对农村、企业、事业组织、社会团体、其他社会组织及公民个人依法举办的职业学校和职业培训机构给予指导和扶持。

第十八条 县级人民政府应当适应农村经济、科学技术、教育统筹发展的需要，举办多种形式的职业教育，开展实用技术的培训，促进农村职业教育的发展。

第十九条 政府主管部门、行业组织应当举办或者联合举办职业学校、职业培训机构，组织、协调、指导本行业的企业、事业组织举办职业学校、职业培训机构。

国家鼓励运用现代化教学手段，发展职业教育。

第二十条 企业应当根据本单位的实际，有计划地对本单位的职工和准备录用的人员实施职业教育。

企业可以单独举办或者联合举办职业学校、职业培训机构，也可以委托学校、职业培训机构对本单位的职工和准备录用的人员实施职业教育。

从事技术工种的职工，上岗前必须经过培训；从事特种作业的职工必须经过培训，并取得特种作业资格。

第二十一条 国家鼓励事业组织、社会团体、其他社会组织及公民个人按照国家有关规定举办职业学校、职业培训机构。

境外的组织和个人在中国境内举办职业学校、职业培训机构的办法，由国务院规定。

第二十二条 联合举办职业学校、职业培训机构，举办者应当签订联合办学合同。

政府主管部门、行业组织、企业、事业组织委托学校、职业培训机构实施职业教育的，应当签订委托合同。

第二十三条 职业学校、职业培训机构实施职业教育应当实行产教结合，为本地区经济建设服务，与企业密切联系，培养实用人才和熟练劳动者。

职业学校、职业培训机构可以举办与职业教育有关的企业或者实习场所。

第二十四条 职业学校的设立，必须符合下列基本条件：

（一）有组织机构和章程；

（二）有合格的教师；

（三）有符合规定标准的教学场所、与职业教育相适应的设施、设备；

（四）有必备的办学资金和稳定的经费来源。

职业培训机构的设立，必须符合下列基本条件：

（一）有组织机构和管理制度；

（二）有与培训任务相适应的教师和管理人员；

（三）有与进行培训相适应的场所、设施、设备；

（四）有相应的经费。

职业学校和职业培训机构的设立、变更和终止，应当按照国家有关规定执行。

第二十五条 接受职业学校教育的学生，经学校考核合格，按照国家有关规定，发给学历证书。接受职业培训的学生，经培训的职业学校或者职业培训机构考核合格，按照国家有关规定，发给培训证书。

学历证书、培训证书按照国家有关规定，作为职业学校、职业培训机构的毕业生、结业生从业的凭证。

第四章 职业教育的保障条件

第二十六条 国家鼓励通过多种渠道依法筹集发展职业教育的资金。

第二十七条 省、自治区、直辖市人民政府应当制定本地区职业学校学生人数平均经费标准；国务院有关部门应当会同国务院财政部门制定本部门职业学校学生人数平均经费标准。职业学校举办者应当按照学生人数平均经费标准足额拨付职业教育经费。

各级人民政府、国务院有关部门用于举办职业学校和职业培训机构的财政性经费应当逐步增长。

任何组织和个人不得挪用、克扣职业教育的经费。

第二十八条 企业应当承担对本单位的职工和准备录用的人员进行职业教育的费用，具体办法由国务院有关部门会同国务院财政部门或者由省、自治区、直辖市人民政府依法规定。

第二十九条 企业未按本法第二十条的规定实施职业教育的，县级以上地方人民政府应当责令改正；拒不改正的，可以收取企业应当承担的职业教育经费，用于本地区的职业教育。

第三十条 省、自治区、直辖市人民政府按照教育法的有关规定决定开征的用于教育的地方附加费，可以专项或者安排一定比例用于职业教育。

第三十一条 各级人民政府可以将农村科学技术开发、技术推广的经费，适当用于农村职业培训。

第三十二条 职业学校、职业培训机构可以对接受中等、高等职业学校教育和职业培训的学生适当收取学费，对经济困难的学生和残疾学生应当酌情减免。收费办法由省、自治区、直辖市人民政府规定。

国家支持企业、事业组织、社会团体、其他社会组织及公民个人按照国家有关规定设立职业教育奖学金、贷学金，奖励学习成绩优秀的学生或者资助经济困难的学生。

第三十三条 职业学校、职业培训机构举办企业和从事社会服务的收入应当主要用于发展职业教育。

第三十四条 国家鼓励金融机构运用信贷手段，扶持发展职业教育。

第三十五条 国家鼓励企业、事业组织、社会团体、其他社会组织及公民个人对职业教育捐资助学，鼓励境外的组织和个人对职业教育提供资助和捐赠。提供的资助和捐赠，必须用于职业教育。

第三十六条 县级以上各级人民政府和有关部门应当将职业教育教师的培养和培训工作纳入教师队伍建设规划，保证职业教育教师队伍适应职业教育发展的需要。

职业学校和职业培训机构可以聘请专业技术人员、有特殊技能的人员和其他教育机构的教师担任兼职教师。有关部门和单位应当提供方便。

第三十七条 国务院有关部门、县级以上地方各级人民政府以及举办职业学校、职业培训机构的组织、公民个人，应当加强职业教育生产实习基地的建设。

企业、事业组织应当接纳职业学校和职业培训机构的学生和教师实习；对上岗实习的，应当给予适当的劳动报酬。

第三十八条 县级以上各级人民政府和有关部门应当建立、健全职业教育服务体系，加强职业教育教材的编辑、出版和发行工作。

第五章　附　则

第三十九条 在职业教育活动中违反教育法规定的，应当依照教育法的有关规定给予处罚。

第四十条 本法自 1996 年 9 月 1 日起施行。

中华人民共和国民办教育促进法

（2002 年 12 月 28 日第九届全国人民代表大会常务委员会第三十一次会议通过　根据 2013 年 6 月 29 日第十二届全国人民代表大会常务委员会第三次会议《关于修改〈中华人民共和国文物保护法〉等十二部法律的决定》第一次修正　根据 2016 年 11 月 7 日第十二届全国人民代表大会常务委员会第二十四次会议《关于修改〈中华人民共和国民办教育促进法〉的决定》第二次修正）

第一章　总　则

第一条　为实施科教兴国战略，促进民办教育事业的健康发展，维护民办学校和受教育者的合法权益，根据宪法和教育法制定本法。

第二条　国家机构以外的社会组织或者个人，利用非国家财政性经费，面向社会举办学校及其他教育机构的活动，适用本法。本法未作规定的，依照教育法和其他有关教育法律执行。

第三条　民办教育事业属于公益性事业，是社会主义教育事业的组成部分。

国家对民办教育实行积极鼓励、大力支持、正确引导、依法管理的方针。

各级人民政府应当将民办教育事业纳入国民经济和社会发展规划。

第四条　民办学校应当遵守法律、法规，贯彻国家的教育方针，保证教育质量，致力于培养社会主义建设事业的各类人才。

民办学校应当贯彻教育与宗教相分离的原则。任何组织和个人不得利用宗教进行妨碍国家教育制度的活动。

第五条　民办学校与公办学校具有同等的法律地位，国家保障民办学校的办学自主权。

国家保障民办学校举办者、校长、教职工和受教育者的合法权益。

第六条 国家鼓励捐资办学。

国家对为发展民办教育事业做出突出贡献的组织和个人，给予奖励和表彰。

第七条 国务院教育行政部门负责全国民办教育工作的统筹规划、综合协调和宏观管理。

国务院人力资源社会保障行政部门及其他有关部门在国务院规定的职责范围内分别负责有关的民办教育工作。

第八条 县级以上地方各级人民政府教育行政部门主管本行政区域内的民办教育工作。

县级以上地方各级人民政府人力资源社会保障行政部门及其他有关部门在各自的职责范围内，分别负责有关的民办教育工作。

第九条 民办学校中的中国共产党基层组织，按照中国共产党章程的规定开展党的活动，加强党的建设。

第二章 设 立

第十条 举办民办学校的社会组织，应当具有法人资格。

举办民办学校的个人，应当具有政治权利和完全民事行为能力。

民办学校应当具备法人条件。

第十一条 设立民办学校应当符合当地教育发展的需求，具备教育法和其他有关法律、法规规定的条件。

民办学校的设置标准参照同级同类公办学校的设置标准执行。

第十二条 举办实施学历教育、学前教育、自学考试助学及其他文化教育的民办学校，由县级以上人民政府教育行政部门按照国家规定的权限审批；举办实施以职业技能为主的职业资格培训、职业技能培训的民办学校，由县级以上人民政府人力资源社会保障行政部门按照国家规定的权限审批，并抄送同级教育行政部门备案。

第十三条 申请筹设民办学校，举办者应当向审批机关提交下列材料：

（一）申办报告，内容应当主要包括：举办者、培养目标、办学规模、办学层次、办学形式、办学条件、内部管理体制、经费筹措与管理使用等；

（二）举办者的姓名、住址或者名称、地址；

（三）资产来源、资金数额及有效证明文件，并载明产权；

（四）属捐赠性质的校产须提交捐赠协议，载明捐赠人的姓名、所捐资产的数额、用途和管理方法及相关有效证明文件。

第十四条 审批机关应当自受理筹设民办学校的申请之日起三十日内以书面形式作出是否同意的决定。

同意筹设的，发给筹设批准书。不同意筹设的，应当说明理由。

筹设期不得超过三年。超过三年的，举办者应当重新申报。

第十五条 申请正式设立民办学校的，举办者应当向审批机关提交下列材料：

（一）筹设批准书；

（二）筹设情况报告；

（三）学校章程、首届学校理事会、董事会或者其他决策机构组成人员名单；

（四）学校资产的有效证明文件；

（五）校长、教师、财会人员的资格证明文件。

第十六条 具备办学条件，达到设置标准的，可以直接申请正式设立，并应当提交本法第十三条和第十五条（三）、（四）、（五）项规定的材料。

第十七条 申请正式设立民办学校的，审批机关应当自受理之日起三个月内以书面形式作出是否批准的决定，并送达申请人；其中申请正式设立民办高等学校的，审批机关也可以自受理之日起六个月内以书面形式作出是否批准的决定，并送达申请人。

第十八条 审批机关对批准正式设立的民办学校发给办学许可证。

审批机关对不批准正式设立的，应当说明理由。

第十九条 民办学校的举办者可以自主选择设立非营利性或者营利性民办学校。但是，不得设立实施义务教育的营利性民办学校。

非营利性民办学校的举办者不得取得办学收益，学校的办学结余全部用于办学。

营利性民办学校的举办者可以取得办学收益，学校的办学结余依照公司法等有关法律、行政法规的规定处理。

民办学校取得办学许可证后，进行法人登记，登记机关应当依法予以办理。

第三章　学校的组织与活动

第二十条 民办学校应当设立学校理事会、董事会或者其他形式的决策机构并建立相应的监督机制。

民办学校的举办者根据学校章程规定的权限和程序参与学校的办学和管理。

第二十一条 学校理事会或者董事会由举办者或者其代表、校长、教职工代表等人员组成。其中三分之一以上的理事或者董事应当具有五年以上教育教学经验。

学校理事会或者董事会由五人以上组成，设理事长或者董事长一人。理事长、理事或者董事长、董事名单报审批机关备案。

第二十二条 学校理事会或者董事会行使下列职权：

（一）聘任和解聘校长；

（二）修改学校章程和制定学校的规章制度；

（三）制定发展规划，批准年度工作计划；

（四）筹集办学经费，审核预算、决算；

（五）决定教职工的编制定额和工资标准；

（六）决定学校的分立、合并、终止；

（七）决定其他重大事项。

其他形式决策机构的职权参照本条规定执行。

第二十三条 民办学校的法定代表人由理事长、董事长或者校长担任。

第二十四条 民办学校参照同级同类公办学校校长任职的条件聘任校长，年龄可以适当放宽。

第二十五条 民办学校校长负责学校的教育教学和行政管理工作，行使下列职权：

（一）执行学校理事会、董事会或者其他形式决策机构的决定；

（二）实施发展规划，拟订年度工作计划、财务预算和学校规章制度；

（三）聘任和解聘学校工作人员，实施奖惩；

（四）组织教育教学、科学研究活动，保证教育教学质量；

（五）负责学校日常管理工作；

（六）学校理事会、董事会或者其他形式决策机构的其他授权。

第二十六条 民办学校对招收的学生，根据其类别、修业年限、学业成绩，可以根据国家有关规定发给学历证书、结业证书或者培训合格证书。

对接受职业技能培训的学生，经政府批准的职业技能鉴定机构鉴定合格的，可以发给国家职业资格证书。

第二十七条 民办学校依法通过以教师为主体的教职工代表大会等形式，保障教职工参与民主管理和监督。

民办学校的教师和其他工作人员，有权依照工会法，建立工会组织，维护其合法权益。

第四章 教师与受教育者

第二十八条 民办学校的教师、受教育者与公办学校的教师、受教育者具有同等的法律地位。

第二十九条 民办学校聘任的教师，应当具有国家规定的任教资格。

第三十条 民办学校应当对教师进行思想品德教育和业务培训。

第三十一条 民办学校应当依法保障教职工的工资、福利待遇和其他合法权益，并为教职工缴纳社会保险费。

国家鼓励民办学校按照国家规定为教职工办理补充养老保险。

第三十二条 民办学校教职工在业务培训、职务聘任、教龄和工龄计算、表彰奖励、社会活动等方面依法享有与公办学校教职工同等权利。

第三十三条 民办学校依法保障受教育者的合法权益。

民办学校按照国家规定建立学籍管理制度，对受教育者实施奖励或者处分。

第三十四条 民办学校的受教育者在升学、就业、社会优待以及参加先进评选等方面享有与同级同类公办学校的受教育者同等权利。

第五章 学校资产与财务管理

第三十五条 民办学校应当依法建立财务、会计制度和资产管理制度，并按照国家有关规定设置会计账簿。

第三十六条 民办学校对举办者投入民办学校的资产、国有资产、受赠的财产以及办学积累，享有法人财产权。

第三十七条 民办学校存续期间，所有资产由民办学校依法管理和使用，任何组织和个人不得侵占。

任何组织和个人都不得违反法律、法规向民办教育机构收取任何费用。

第三十八条 民办学校收取费用的项目和标准根据办学成本、市场需求等因素确定，向社会公示，并接受有关主管部门的监督。

非营利性民办学校收费的具体办法，由省、自治区、直辖市人民政府制定；营利性民办学校的收费标准，实行市场调节，由学校自主决定。

民办学校收取的费用应当主要用于教育教学活动、改善办学条件和保障教职工待遇。

第三十九条 民办学校资产的使用和财务管理受审批机关和其他有关部门的监督。

民办学校应当在每个会计年度结束时制作财务会计报告，委托会计师事务所依法进行审计，并公布审计结果。

第六章 管理与监督

第四十条 教育行政部门及有关部门应当对民办学校的教育教学工作、教师培训工作进行指导。

第四十一条 教育行政部门及有关部门依法对民办学校实行督导，建立民办学校信息公示和信用档案制度，促进提高办学质量；组织或者委托社会中介组织评估办学水平和教育质量，并将评估结果向社会公布。

第四十二条 民办学校的招生简章和广告，应当报审批机关备案。

第四十三条 民办学校侵犯受教育者的合法权益，受教育者及其亲属有权向教育行政部门和其他有关部门申诉，有关部门应当及时予以处理。

第四十四条 国家支持和鼓励社会中介组织为民办学校提供服务。

第七章 扶持与奖励

第四十五条 县级以上各级人民政府可以设立专项资金，用于资助民办学校的发展，奖励和表彰有突出贡献的集体和个人。

第四十六条 县级以上各级人民政府可以采取购买服务、助学贷款、奖助学金和出租、转让闲置的国有资产等措施对民办学校予以扶持；对非营利性民办学校还可以采取政府补贴、基金奖励、捐资激励等扶持措施。

第四十七条 民办学校享受国家规定的税收优惠政策；其中，非营利性民办学校享受与公办学校同等的税收优惠政策。

第四十八条 民办学校依照国家有关法律、法规，可以接受公民、法人或者其他组织的捐赠。

国家对向民办学校捐赠财产的公民、法人或者其他组织按照有关规定给予税收优惠，并予以表彰。

第四十九条 国家鼓励金融机构运用信贷手段，支持民办教育事业的发展。

第五十条 人民政府委托民办学校承担义务教育任务，应当按照委托协议拨付相应的教育经费。

第五十一条 新建、扩建非营利性民办学校，人民政府应当按照与公办学校同等原则，以划拨等方式给予用地优惠。新建、扩建营利性民办学校，人民政府应当按照国家规定供给土地。

教育用地不得用于其他用途。

第五十二条 国家采取措施，支持和鼓励社会组织和个人到少数民族地区、边远贫困地区举办民办学校，发展教育事业。

第八章 变更与终止

第五十三条 民办学校的分立、合并，在进行财务清算后，由学校理事会或者董事会报审批机关批准。

申请分立、合并民办学校的，审批机关应当自受理之日起三个月内以书面形式答复；其中申请分立、合并民办高等学校的，审批机关也可以自受理之日起六个月内以书面形式答复。

第五十四条 民办学校举办者的变更，须由举办者提出，在进行财务清算后，经学校理事会或者董事会同意，报审批机关核准。

第五十五条 民办学校名称、层次、类别的变更，由学校理事会或者董事会报审批机关批准。

申请变更为其他民办学校，审批机关应当自受理之日起三个月内以书面形式答复；其中申请变更为民办高等学校的，审批机关也可以自受理之日起六个月内以书面形式答复。

第五十六条 民办学校有下列情形之一的，应当终止：

（一）根据学校章程规定要求终止，并经审批机关批准的；

（二）被吊销办学许可证的；

（三）因资不抵债无法继续办学的。

第五十七条 民办学校终止时，应当妥善安置在校学生。实施义务教育的民办学校终止时，审批机关应当协助学校安排学生继续就学。

第五十八条 民办学校终止时，应当依法进行财务清算。

民办学校自己要求终止的，由民办学校组织清算；被审批机关依法撤销的，由审批机关组织清算；因资不抵债无法继续办学而被终止的，由人民法院组织清算。

第五十九条 对民办学校的财产按照下列顺序清偿：

（一）应退受教育者学费、杂费和其他费用；

（二）应发教职工的工资及应缴纳的社会保险费用；

（三）偿还其他债务。

非营利性民办学校清偿上述债务后的剩余财产继续用于其他非营利性学校办学；营利性民办学校清偿上述债务后的剩余财产，依照公司法的有关规定处理。

第六十条 终止的民办学校，由审批机关收回办学许可证和销毁印章，并注销登记。

第九章　法律责任

第六十一条 民办学校在教育活动中违反教育法、教师法规定的，依照教育法、教师法的有关规定给予处罚。

第六十二条 民办学校有下列行为之一的，由县级以上人民政府教育行政部门、人力资源社会保障行政部门或者其他有关部门责令限期改正，并予以警告；有违法所得的，退还所收费用后没收违法所得；情节严重的，责令停止招生、吊销办学许可证；构成犯罪的，依法追究刑事责任：

（一）擅自分立、合并民办学校的；

（二）擅自改变民办学校名称、层次、类别和举办者的；

（三）发布虚假招生简章或者广告，骗取钱财的；

（四）非法颁发或者伪造学历证书、结业证书、培训证书、职业资格证书的；

（五）管理混乱严重影响教育教学，产生恶劣社会影响的；

（六）提交虚假证明文件或者采取其他欺诈手段隐瞒重要事实骗取办学许可证的；

（七）伪造、变造、买卖、出租、出借办学许可证的；

（八）恶意终止办学、抽逃资金或者挪用办学经费的。

第六十三条 县级以上人民政府教育行政部门、人力资源社会保障行政部门或者其他有关部门有下列行为之一的，由上级机关责令其改正；情节严重的，对直接负责的主管人员和其他直接责任人员，依法给予处分；造成经济损失的，依法承担赔偿责任；构成犯罪的，依法追究刑事责任：

（一）已受理设立申请，逾期不予答复的；

（二）批准不符合本法规定条件申请的；

（三）疏于管理，造成严重后果的；

（四）违反国家有关规定收取费用的；

（五）侵犯民办学校合法权益的；

（六）其他滥用职权、徇私舞弊的。

第六十四条 违反国家有关规定擅自举办民办学校的，由所在地县级以上地方人民政府教育行政部门或者人力资源社会保障行政部门会同同级公安、民政或者工商行政管理等有关部门责令停止办学、退还所收费用，并对举办者处违法所得一倍以上五倍以下罚款；构成违反治安管理行为的，由公安机关依法给予治安管理处罚；构成犯罪的，依法追究刑事责任。

第十章 附 则

第六十五条 本法所称的民办学校包括依法举办的其他民办教育机构。

本法所称的校长包括其他民办教育机构的主要行政负责人。

第六十六条 境外的组织和个人在中国境内合作办学的办法，由国务院规定。

第六十七条 本法自2003年9月1日起施行。1997年7月31日国务院颁布的《社会力量办学条例》同时废止。

【政策文件类】

（一）高校学生资助政策

国务院办公厅转发教育部、财政部、人民银行、银监会关于进一步完善国家助学贷款工作若干意见的通知

（2004 年 6 月 12 日　国办发〔2004〕51 号）

各省、自治区、直辖市人民政府，国务院各部委、各直属机构：

教育部、财政部、人民银行、银监会《关于进一步完善国家助学贷款工作的若干意见》已经国务院同意，现转发给你们，请认真贯彻执行。

附件：

关于进一步完善国家助学贷款工作的若干意见

国家助学贷款是党中央、国务院在社会主义市场经济条件下，利用金融手段完善我国普通高校资助政策体系，加大对普通高校经济困难学生资助力度所采取的一项重大措施。这项工作取得了明显成效，受到广大经济困难学生和社会有关方面的普遍欢迎。但由于多种原因，国家助学贷款工作还没有达到预定目标，存在一些突出问题，需要切实加以改进和完善。

推进并加强国家助学贷款工作，应坚持“方便贷款、防范风险”的原则，进一步理顺国家、高校、学生、银行之间的经济关系，健全国家助学贷款管理体制，改革贷款审批和发放办法，强化普通高校和银行的管理职责，完善还贷约束机制和风

险防范机制，确保国家助学贷款工作持续、健康发展，基本满足普通高校经济困难学生的需要，最大限度地降低国家助学贷款风险。现就进一步完善国家助学贷款工作提出如下意见：

一、进一步完善国家助学贷款政策

（一）改革财政贴息方式。改变目前在整个贷款合同期间内，对学生贷款利息给予50%财政补贴的做法，实行借款学生在校期间的贷款利息全部由财政补贴，毕业后全部自付的办法，借款学生毕业后开始计付利息。

（二）延长还贷年限。改变目前自学生毕业之日起即开始偿还贷款本金、4年内还清的做法，实行借款学生毕业后视就业情况，在1至2年后开始还贷、6年内还清的做法。借款学生办理毕业或终止学业手续时，应当与经办银行确认还款计划，还款期限由借贷双方协商确定。若借款学生继续攻读学位，借款学生要及时向经办银行提供连续攻读学位的书面证明，财政部门继续按在校学生实施贴息。借款学生毕业或终止学业后1年内，可以向银行提出一次调整还款计划的申请，经办银行应予受理并根据实际情况和有关规定进行合理调整。贷款还本付息可以采取多种方式，可以一次或分次提前还贷。提前还贷的，经办银行要按贷款实际期限计算利息，不得加收除应付利息之外的其他任何费用。

（三）对毕业后自愿到国家需要的艰苦地区、艰苦行业工作，服务期达到一定年限的借款学生，经批准可以奖学金方式代偿其贷款本息。具体办法将结合学生就业政策另行制定。

二、进一步改革国家助学贷款实施机制

（一）改革经办银行确定办法。改变目前由国家指定商业银行办理国家助学贷款业务的做法，实行由政府按隶属关系委托全国和省级国家助学贷款管理中心通过招投标方式确定国家助学贷款经办银行。参与竞标的银行必须是经银监会批准、有条件经办国家助学贷款业务的银行。经办银行一经确定，由国家助学贷款管理中心与银行签订具有法律效力的贷款合作协议。中标银行要按照协议约定提供贷款服务并及时足额地发放国家助学贷款；要简化贷款程序，制定统一的贷款合同文本，规范

办理贷款的周期；及时向普通高校提供学生还款情况。国家助学贷款管理中心要按协议约定及时足额支付贴息和风险补偿资金，配合银行做好催收还款工作，努力降低金融风险。

（二）对普通高校实行借款总额包干办法。普通高校每年的借款总额原则上按全日制普通本专科学生（含高职学生）、研究生以及第二学士学位在校生总数20%的比例、每人每年6000元的标准计算确定。每所普通高校的具体借款额度按隶属关系，由全国和省级国家助学贷款管理中心根据各校的贫困生实际情况和借款学生还款违约等情况分别确定下达。

（三）明确普通高校、银行和学生在国家助学贷款实施工作中的责任。

普通高校在国家助学贷款管理中心下达的借款额度内，负责组织本校经济困难学生的贷款申请，并向经办银行提出本校借款学生名单和学生申请贷款的有关材料，对申请借款学生的资格及申请材料的完整性、真实性进行审查，监督学生按贷款合同规定的用途使用贷款。

经办银行在审批贷款时，要按照中标协议的约定满足普通高校借款人数和额度需求，并在中标协议规定的工作日内，批准贷款并与学生签订贷款合同，向学生发放贷款。

借款学生要如实填写公民身份号码，保证申请材料的真实和完整；严格按规定用途使用贷款资金；认真履行与银行签订的还款协议，直接向银行还款，承担偿还贷款的全部责任。

三、建立和完善贷款偿还的风险防范与补偿机制

（一）建立学生还款约束机制。国家金融管理等有关部门、经办银行、国家助学贷款管理中心及各高等学校，要各负其责，共同建立还款约束机制。

国家金融管理部门要加快全国个人资信征询系统建设，健全银行风险防范机制。

经办银行要建立有效的还贷监测系统，并做好相关工作。要对借款学生积极开展还贷宣传工作，讲解还贷的程序和方式；要及时为贷款学生办理还贷确认手续；加强日常还贷催收工作并做好催收记录；对没有按照协议约定的期限、数额归还国家助学贷款的学生，经办银行应对违约贷款金额计收罚息，并将其

违约行为载入金融机构征信系统，金融机构不再为其办理新的贷款和其他授信业务；按期将连续拖欠贷款超过一年且不与经办银行主动联系的借款学生姓名及公民身份号码、毕业学校、违约行为等按隶属关系报送国家助学贷款管理中心。

国家助学贷款管理中心要以已建立的国家助学贷款学生个人信息查询系统为依托，进一步完善对借款学生的信息管理，对借款学生的基本信息、贷款和还款情况等及时进行记录，加强对借款学生的贷后跟踪管理，接受经办银行对借款学生有关信息的查询；并将经办银行提供的违约借款学生名单在新闻媒体及全国高等学校毕业生学历查询系统网站公布。

各普通高校都要建立本校借款学生的信息查询管理系统，强化对学生的贷后管理，按隶属关系及时向国家助学贷款管理中心和经办银行提供借款学生信息。

公安部门要积极做好为普通高校学生换发第二代居民身份证的工作，配合银行做好对违约学生的身份核查工作。

（二）建立国家助学贷款风险补偿机制。考虑到国家助学贷款特点和我国的具体国情，为鼓励银行积极开展国家助学贷款业务，按照“风险分担”原则，建立国家助学贷款风险补偿机制。按隶属关系，由财政和普通高校按贷款当年发生额的一定比例建立国家助学贷款风险补偿专项资金，给予经办银行适当补偿，具体比例在招投标时确定。国家助学贷款风险补偿专项资金由财政和普通高校各承担50%；每所普通高校承担的部分与该校毕业学生的还款情况挂钩。风险补偿专项资金由各级国家助学贷款管理中心负责管理。财政部门每年将应承担的资金及时足额安排预算；各普通高校承担的资金，按照普通高校隶属关系和财政部门有关规定，在每年向普通高校返还按“收支两条线”管理的学费收入时，由财政部门直接拨给教育主管部门。各级国家助学贷款管理中心在确认经办银行年度贷款实际发放额后，将风险补偿资金统一支付给经办银行。

具体实施办法，由财政部、教育部、人民银行、银监会另行制订。

四、切实加强对国家助学贷款工作的领导、管理与监督

（一）加强统筹和协调。成立由教育部、财政部、公安部、人民银行、银监会等

部门参加的部际协调小组，及时研究解决国家助学贷款实施过程中出现的问题。各省、自治区、直辖市也应成立相应的协调机构，加强对本地区的国家助学贷款工作的统筹与协调。各级教育、财政、金融等部门要进一步统一思想，提高认识，严格执行有关政策，认真履行职责，积极主动地开展工作。

（二）严肃国家助学贷款政策。今后，凡超出本意见所确定的原则调整国家助学贷款政策，均由教育部、财政部、人民银行、银监会等有关部门研究提出意见，报经国务院批准后下发执行。其他任何部门均不得擅自出台或修改相关政策。

（三）健全国家助学贷款管理机构，进一步强化并改进管理。

教育部要进一步加强全国国家助学贷款管理中心的建设，配备足够的工作人员，检查、督促其充分履行职能。全国国家助学贷款管理中心要监督指导各省级国家助学贷款管理中心的工作，具体组织部署中央部门所属普通高校国家助学贷款的实施工作；负责通过招标方式确定中央部门所属普通高校国家助学贷款经办银行，与经办银行签订贷款合作协议，严格按协议约定做好各项管理工作；统一管理中央财政安排的国家助学贷款贴息资金和按本意见建立的中央部门所属普通高校的国家助学贷款风险补偿专项资金；建立完善国家助学贷款信息管理系统和统计监测体系；定期在新闻媒体上对银行提供的违约借款者进行公布。

各省、自治区、直辖市人民政府要切实负起推进所属普通高校国家助学贷款工作的责任，要加强省级国家助学贷款管理中心的建设，调剂配备相应工作人员，保证必需的工作经费。省级国家助学贷款管理中心负责本地区国家助学贷款工作的具体组织、实施与日常管理工作。具体职能由各地参照全国国家助学贷款管理中心职能确定。

各普通高校要加强对国家助学贷款的管理工作。必须设立专门的工作机构，由学校的一位校级领导直接负责，原则上按全日制普通本专科学生、研究生在校生规模 1 : 2500 的比例，在现有编制内调剂配备专职工作人员。各普通高校要制定国家助学贷款管理职责细则，按隶属关系报送国家助学贷款管理中心备案。要培养学生诚信意识，建立学生信用档案，制定切实可行的措施，督促借款学生及时归还借款本息，努力降低国家助学贷款风险。借款学生毕业时，学校有关部门应在组织学生与经办银行办理还款确认手续后，方可为借款学生办理毕业手续，并将其贷款情况载入学生个人档案；积极主动地配合经办银行催收贷款，负责在1年内向经办银行提供借款学生第一次就业的有效联系地址；学生没有就业的，提供其家庭的有效联系地址。

五、其他有关规定

（一）各省、自治区、直辖市人民政府在认真做好所属普通高校国家助学贷款工作的同时，积极推进生源地助学贷款业务。具体办法由各地自行研究制定。

（二）本意见所指的借款学生是指全日制普通高等学校中经济困难的本专科学生（含高职学生）、研究生、第二学士学位学生。

（三）本意见于2004年秋季开学后在全国普通高等学校全面实施。各省、自治区、直辖市人民政府可结合本地实际情况，制定具体实施细则。

（四）此前已签订贷款合同学生的贷款发放、贴息、还款等办法继续按原规定执行。

（五）此前下发的国家助学贷款的有关政策和规定继续执行。凡与本意见不一致的，以本意见为准。

国务院办公厅转发教育部等部门关于教育部直属师范大学师范生免费教育实施办法（试行）的通知

（2007 年 5 月 9 日　国办发〔2007〕34 号）

各省、自治区、直辖市人民政府，国务院各部委、各直属机构：

教育部、财政部、中央编办、人事部《教育部直属师范大学师范生免费教育实施办法（试行）》已经国务院同意，现转发给你们，请认真贯彻执行。

附件：

教育部直属师范大学师范生免费教育实施办法（试行）

国务院决定在教育部直属师范大学实行师范生免费教育。采取这一重大举措，就是要进一步形成尊师重教的浓厚氛围，让教育成为全社会最受尊重的事业；就是要培养大批优秀的教师；就是要提倡教育家办学，鼓励更多的优秀青年终身做教育工作者。现就教育部直属师范大学实行师范生免费教育，制定本实施办法。

一、从 2007 年秋季入学的新生起，在北京师范大学、华东师范大学、东北师范大学、华中师范大学、陕西师范大学和西南大学六所部属师范大学实行师范生免费教育。要通过部属师范大学的试点，积累经验，建立制度，为培养造就大批优秀教师和教育家奠定基础。

二、免费教育师范生在校学习期间免除学费，免缴住宿费，并补助生活费。所需经费由中央财政安排。

三、部属师范大学师范专业实行提前批次录取，择优选拔热爱教育事业，有志于长期从教、终身从教的优秀高中毕业生。

四、免费师范生入学前与学校和生源所在地省级教育行政部门签订协议，承诺毕业后从事中小学教育十年以上。到城镇学校工作的免费师范毕业生，应先到农村义务教育学校任教服务二年。国家鼓励免费师范毕业生长期从教、终身从教。

免费师范毕业生未按协议从事中小学教育工作的，要按规定退还已享受的免费教育费用并缴纳违约金。省级教育行政部门负责履约管理，并建立免费师范生的诚信档案。确有特殊原因不能履行协议的，需报经省级教育行政部门批准。

五、免费师范毕业生一般回生源所在省份中小学任教。有关省级政府要统筹规划，做好接收免费师范毕业生的各项工作，确保每一位到中小学校任教的免费师范毕业生有编有岗；省级教育行政部门负责组织用人学校与毕业生在需求岗位范围内进行双向选择，切实为每一位毕业生安排落实任教学校。各地应先用自然减员编制指标或采取先进后出的办法安排免费师范毕业生，必要时接收地省级政府可设立专项周转编制。

免费师范毕业生在协议规定服务期内，可在学校间流动或从事教育管理工作。

六、有志从教并符合条件的非师范专业优秀学生，在入学二年内，可在教育部和学校核定的计划内转入师范专业，并由学校按标准返还学费、住宿费，补发生活费补助。免费师范生可按照学校规定在师范专业范围内进行二次专业选择。

七、免费师范生毕业前及在协议规定服务期内，一般不得报考脱产研究生。

免费师范毕业生经考核符合要求的，可录取为教育硕士专业学位研究生，在职学习专业课程，任教考核合格并通过论文答辩的，颁发硕士研究生毕业证书和教育硕士专业学位证书。

八、部属师范大学要抓住实行师范生免费教育的良好机遇，围绕培养造就优秀教师和教育家的目标，大力推进教师教育改革，特别要根据基础教育发展和课程改革的要求，精心制订教育培养方案。要安排名师给免费师范生授课，选派高水平教师担任教师教育课程教学，建立师范生培养导师制度。按照学为人师、行为世范的要求，加强师范生师德教育。强化实践教学环节，完善师范生在校期间到中小学实习半年的制度。要通过培养教育，使学生树立先进的教育理念，热爱教育事业，具有长期从教的职业理想，为将来成为优秀教师和教育专家打下牢固的根基。

九、要把培养优秀中小学教师的工作作为评价师范大学办学水平的重要指标。对在实施师范生免费教育工作中做出积极贡献的部属师范大学给予政策倾斜，进一步加大对师范教育的支持力度。

十、各有关地区、部门和学校要深刻认识部属师范大学实行师范生免费教育重大而深远的意义和影响，切实负起责任，扎实工作，保证这项重大举措的顺利实施。各级政府要采取有力措施，对长期从事中小学教育的免费师范毕业生给予积极的鼓励和支持。中央财政对接收免费师范毕业生的中西部地区给予一定的支持。地方政府和农村学校要为免费师范毕业生到农村任教服务提供必要的工作生活条件和周转住房。教育部、财政部、人事部、中央编办应根据本办法，结合各地实际，细化实施办法，把师范生免费教育各环节各方面的工作抓紧抓实抓好。

国务院关于建立健全普通本科高校高等职业学校和中等职业学校家庭经济困难学生资助政策体系的意见

（2007年5月13日　国发〔2007〕13号）

各省、自治区、直辖市人民政府，国务院各部委、各直属机构：

为贯彻党的十六大和十六届三中、六中全会精神，切实解决家庭经济困难学生的就学问题，国务院决定，建立健全普通本科高校、高等职业学校和中等职业学校家庭经济困难学生资助政策体系（以下简称家庭经济困难学生资助政策体系）。现提出如下意见：

一、充分认识建立健全家庭经济困难学生资助政策体系的重大意义

党中央、国务院高度重视家庭经济困难学生的就学问题。近年来国家采取一系列措施，对农村义务教育阶段学生全部免除学杂费，并为家庭经济困难学生免费提供教科书、寄宿生补助生活费；对普通高等学校家庭经济困难学生设立国家助学奖学金，实施国家助学贷款政策；对中等职业学校家庭经济困难学生设立国家助学金等，取得了良好成效。

但是，我国家庭经济困难学生资助政策体系还不够完善，尤其是对普通本科高校、高等职业学校和中等职业学校家庭经济困难学生资助面偏窄、资助标准偏低的问题比较突出。建立健全家庭经济困难学生资助政策体系，使家庭经济困难学生能够上得起大学、接受职业教育，是实践“三个代表”重要思想、落实科学发展观、构建社会主义和谐社会的重要举措；是实施科教兴国和人才强国战略，优化教育结

构，促进教育公平和社会公正的有效手段；是切实履行公共财政职能，推进基本公共服务均等化的必然要求。这是继全部免除农村义务教育阶段学生学杂费之后，促进教育公平的又一件大事，具有重大意义。

二、建立健全家庭经济困难学生资助政策体系的主要目标与基本原则

（一）建立健全家庭经济困难学生资助政策体系的主要目标是：按照《中共中央关于构建社会主义和谐社会若干重大问题的决定》的有关要求，加大财政投入，落实各项助学政策，扩大受助学生比例，提高资助水平，从制度上基本解决家庭经济困难学生的就学问题。同时，进一步优化教育结构，维护教育公平，促进教育持续健康发展。

（二）建立健全家庭经济困难学生资助政策体系实行“加大财政投入、经费合理分担、政策导向明确、多元混合资助、各方责任清晰”的基本原则。

1. 加大财政投入。按照建立公共财政体制的要求，大幅度增加财政投入，建立以政府为主导的家庭经济困难学生资助政策体系。

2. 经费合理分担。国家励志奖学金和国家助学金由中央与地方按比例分担。中央对中西部地区给予倾斜。

3. 政策导向明确。在努力使家庭经济困难学生公平享有受教育机会的同时，鼓励学生刻苦学习，接受职业教育，学习国家最需要的专业，到艰苦地区基层单位就业；鼓励学校面向经济欠发达地区扩大招生规模。

4. 多元混合资助。统筹政府、社会等不同资助渠道，对家庭经济困难学生采取奖、贷、助、补、减等多种方式进行资助。

5. 各方责任清晰。中央与地方、各相关部门及学校明确分工、各司其职、落实责任、完善制度，操作办法简便易行，并接受社会各界群众监督，确保各项政策措施顺利实施。

三、建立健全家庭经济困难学生资助政策体系的主要内容

（一）完善国家奖学金制度。中央继续设立国家奖学金，用于奖励普通本科高校和高等职业学校全日制本专科在校生中特别优秀的学生，每年奖励5万名，奖励标

准为每生每年 8000 元，所需资金由中央负担。

中央与地方共同设立国家励志奖学金，用于奖励资助普通本科高校和高等职业学校全日制本专科在校生中品学兼优的家庭经济困难学生，资助面平均约占全国高校在校生的 3%，资助标准为每生每年 5000 元。国家励志奖学金适当向国家最需要的农林水地矿油核等专业的学生倾斜。

中央部门所属高校国家励志奖学金所需资金由中央负担。地方所属高校国家励志奖学金所需资金根据各地财力及生源状况由中央与地方按比例分担。其中，西部地区，不分生源，中央与地方分担比例为 8∶2；中部地区，生源为西部地区的，中央与地方分担比例为 8∶2，生源为其他地区的，中央与地方分担比例为 6∶4；东部地区，生源为西部地区和中部地区的，中央与地方分担比例分别为 8∶2 和 6∶4，生源为东部地区的，中央与地方分担比例根据财力及生源状况等因素分省确定。

人口较少民族家庭经济困难学生资助资金全部由中央负担。鼓励各地加大资助力度，超出中央核定总额部分的国家励志奖学金所需资金由中央给予适当补助。省（区、市）以下分担比例由各地根据中央确定的原则自行确定。

（二）完善国家助学金制度。中央与地方共同设立国家助学金，用于资助普通本科高校、高等职业学校全日制本专科在校生中家庭经济困难学生和中等职业学校所有全日制在校农村学生及城市家庭经济困难学生。

普通本科高校和高等职业学校。国家助学金资助面平均约占全国普通本科高校和高等职业学校在校生总数的 20%。财政部、教育部根据生源情况、平均生活费用、院校类别等因素综合确定各省资助面。平均资助标准为每生每年 2000 元，具体标准由各地根据实际情况在每生每年 1000—3000 元范围内确定，可以分为 2—3 档。

中等职业学校。国家助学金资助所有全日制在校农村学生和城市家庭经济困难学生。资助标准为每生每年 1500 元，国家资助两年，第三年实行学生工学结合、顶岗实习。

国家助学金所需资金由中央与地方按照国家励志奖学金的资金分担办法共同承担。

有条件的地区可以试行运用教育券发放国家助学金的办法。

（三）进一步完善和落实国家助学贷款政策。大力开展生源地信用助学贷款。生源地信用助学贷款是国家助学贷款的重要组成部分，与国家助学贷款享有同等优惠政策。地方政府要高度重视，积极推动和鼓励金融机构开展相关工作。要进一步完善和落实现行国家助学贷款政策，制订与贷款风险和管理成本挂钩的国家助学贷款风险补偿金使用管理办法。相关金融机构要完善内部考核体系，采取更加积极有效措施，调动各级经办机构的积极性，确保应贷尽贷。

对普通本科高校和高等职业学校全日制本专科生，在校期间获得国家助学贷款、毕业后自愿到艰苦地区基层单位从事第一线工作且服务达到一定年限的，国家实行国家助学贷款代偿政策。

（四）从2007年起，对教育部直属师范大学新招收的师范生，实行免费教育。

（五）学校要按照国家有关规定从事业收入中足额提取一定比例的经费，用于学费减免、国家助学贷款风险补偿、勤工助学、校内无息借款、校内奖助学金和特殊困难补助等。

要进一步落实、完善鼓励捐资助学的相关优惠政策措施，充分发挥中国教育发展基金会等非营利组织的作用，积极引导和鼓励地方政府、企业和社会团体等面向各级各类学校设立奖学金、助学金。

普通高中以及普通高等学校全日制研究生的资助政策另行制定。

四、建立健全家庭经济困难学生资助政策体系的工作要求

普通本科高校、高等职业学校和中等职业学校家庭经济困难学生资助政策自2007年秋季开学起在全国实施。各地区、各有关部门和各学校要按照国务院的统一部署，周密安排，精心组织，扎扎实实地把这件惠及广大人民群众的大事抓好。

（一）加强组织领导。财政部、教育部等要密切配合，制订相关管理办法，指导、检查和督促地方开展工作。地方政府要建立相应的工作机制，在整合现有资源的基础上，建立健全学生资助管理机构，制订具体的管理办法，切实抓好落实。教育部门要将学校家庭经济困难学生资助工作情况纳入办学水平评估指标体系。各学校要把资助家庭经济困难学生作为工作重点，实行校长负责制，设立专门的助学管理机构，具体负责此项工作。

（二）确保资金落实。中央财政要足额安排、及时拨付应当负担的资金。省级人民政府要制订行政区域内具体的分担办法，完善省对下转移支付制度，确保行政区域内政府应当负担的资金落实到位。要切实加强助学资金管理，确保及时发放、专款专用。要加强监督检查，对于挤占挪用资金、弄虚作假套取资金等违法违规行为，要追究责任、严肃处理。

（三）规范收费管理。除国家另有规定外，今后五年各级各类学校的学费、住宿费标准不得高于2006年秋季相关标准。进一步严格收费立项、标准审批管理工作，规范学校收费行为，坚决制止乱收费。加大对服务性收费和代收费的监督力度，切实减轻学生及家长负担。绝不允许一边加大助学力度，一边擅自提高收费标准、擅自设立收费项目。要对教育收费实行严格的“收支两条线”管理，规范支出管理。

（四）加大宣传力度。各地区、各有关部门和各学校要通过多种形式开展宣传，使这项惠民政策家喻户晓、深入人心，使广大学生知晓受助的权利。

教育部　财政部关于认真做好高校家庭经济困难学生认定工作的指导意见

（2007 年 6 月 26 日　教财〔2007〕8 号）

各省、自治区、直辖市教育厅（教委）、财政厅（局），有关部门（单位）教育司（局），教育部部属各高等学校：

为认真做好高等学校家庭经济困难学生认定工作，公平、公正、合理地分配资助资源，切实保证国家制定的各项高等学校资助政策和措施真正落实到家庭经济困难学生身上，现就高等学校家庭经济困难学生认定工作提出如下指导意见：

1. 本意见适用于根据国家有关规定批准设立、实施高等学历教育的全日制普通本科高等学校、高等职业学校和高等专科学校（以下简称高校）招收的本专科（含高职、第二学士学位）学生。

2. 本意见中家庭经济困难学生是指学生本人及其家庭所能筹集到的资金，难以支付其在校学习期间的学习和生活基本费用的学生。

3. 家庭经济困难学生认定工作坚持实事求是，确定合理标准，由学生本人提出申请，实行民主评议和学校评定相结合的原则。

4. 家庭经济困难学生认定工作必须严格工作制度，规范工作程序，做到公开、公平、公正。

（1）学校学生资助工作领导小组全面领导本校家庭经济困难学生的认定工作。学校学生资助管理机构具体负责组织和管理全校的认定工作。

（2）院（系）成立以分管家庭经济困难学生资助工作的院（系）领导为组长、院（系）学生辅导员、学生工作办公室主任等担任成员的认定工作组，负责认定的具体组织和审核工作。

(3) 以年级（或专业）为单位，成立以学生辅导员任组长，班主任、学生代表担任成员的认定评议小组，负责认定的民主评议工作。认定评议小组成员中，学生代表人数视年级（或专业）人数合理配置，应具有广泛的代表性，一般不少于年级（或专业）总人数的10%。认定评议小组成立后，其成员名单应在本年级（或专业）范围内公示。

5. 合理确定家庭经济困难学生的认定标准。各省、自治区、直辖市教育、财政部门参照本行政区域内各地（市、州）的城市居民最低生活保障标准，确定各地（市、州）的家庭经济困难学生认定标准。认定标准可设置一般困难、困难和特殊困难等2—3档。

6. 家庭经济困难学生认定程序。家庭经济困难学生认定工作每学年进行一次。学校应制订严格的认定工作程序，学校学生资助管理机构、院（系）认定工作组、年级（或专业）认定评议小组，按照各自的职能分工，认真、负责地共同完成认定工作。

(1) 学校应全面、认真部署每个学年的家庭经济困难学生认定工作。学校在向新生寄送录取通知书时，应同时寄送《高等学校学生及家庭情况调查表》（详见附件1)；在每学年结束之前，应向在校学生发送《高等学校学生及家庭情况调查表》。需要申请认定家庭经济困难的新生及在校学生要如实填写《高等学校学生及家庭情况调查表》，并持该表到家庭所在地乡、镇或街道民政部门加盖公章，以证明其家庭经济状况。已被所在学校认定为家庭经济困难的学生再次申请认定时，如家庭经济状况无显著变化，可只提交《高等学校家庭经济困难学生认定申请表》（详见附件2)，不再提交《高等学校学生及家庭情况调查表》。

(2) 每学年开学时，学校学生资助管理机构布置启动全校认定工作。认定评议小组组织学生填写《高等学校家庭经济困难学生认定申请表》，并负责收集《高等学校学生及家庭情况调查表》。

(3) 认定评议小组根据学生提交的《高等学校家庭经济困难学生认定申请表》和《高等学校学生及家庭情况调查表》，以学生家庭人均收入对照学校所在地省级教育、财政部门确定的认定标准，并结合学生日常消费行为，以及影响其家庭经济状况的有关情况，认真进行评议，确定本年级（或专业）各档次的家庭经济困难学生资格，报院（系）认定工作组进行审核。

认定评议小组进行民主评议时应着重考虑孤残学生、烈士子女，以及家庭成员长期患重病、家庭遭遇自然灾害或突发事件等特殊情况的学生。

(4) 院（系）认定工作组要认真审核认定评议小组申报的初步评议结果。如有异议，应在征得认定评议小组意见后予以更正。

(5) 院（系）认定工作组审核通过后，要将家庭经济困难学生名单及档次，以适当方式、在适当范围内公示5个工作日。如师生有异议，可通过有效方式向本院（系）认定工作组提出质疑。认定工作组应在接到异议材料的3个工作日内予以答复。如对院（系）认定工作组的答复仍有异议，可通过有效方式向学校学生资助管理机构提请复议。学校学生资助管理机构应在接到复议提请的3个工作日内予以答复。如情况属实，应做出调整。

(6) 学校学生资助管理机构负责汇总各院（系）审核通过的《高等学校家庭经济困难学生认定申请表》和《高等学校学生及家庭情况调查表》，报学校学生资助工作领导小组审批，并建立家庭经济困难学生信息档案。

7. 学校和院（系）每学年应定期对全部家庭经济困难学生进行一次资格复查，并不定期地随机抽选一定比例的家庭经济困难学生，通过信件、电话、实地走访等方式进行核实。如发现弄虚作假现象，一经核实，取消资助资格，收回资助资金。情节严重的，学校应依据有关规定进行严肃处理。

学校应加强学生的诚信教育，教育学生如实提供家庭情况，及时告知家庭经济状况显著变化情况。如学生家庭经济状况发生显著变化，学校应及时做出调整。

8. 各级教育、财政部门要加强对学校家庭经济困难学生认定工作的监督与指导。发现问题，坚决纠正。

9. 各省、自治区、直辖市教育、财政部门和各高等学校应根据本意见，认真制订本地区、本学校家庭经济困难学生的具体认定办法。

成人高等学校招收的普通本专科（含高职）学生的家庭经济困难学生认定工作，参照本意见执行。

附件：1. 高等学校学生及家庭情况调查表（略）

2. 高等学校家庭经济困难学生认定申请表（略）

财政部　教育部关于印发《普通本科高校、高等职业学校国家奖学金管理暂行办法》的通知

（2007 年 6 月 26 日　财教〔2007〕90 号）

国务院有关部委、有关直属机构，各省、自治区、直辖市财政厅（局）、教育厅（局）：

为激励普通本科高校、高等职业学校学生勤奋学习、努力进取，在德、智、体、美等方面得到全面发展，根据《国务院关于建立健全普通本科高校、高等职业学校和中等职业学校家庭经济困难学生资助政策体系的意见》（国发〔2007〕13 号）有关精神，财政部、教育部制定了《普通本科高校、高等职业学校国家奖学金管理暂行办法》。现印发给你们，请遵照执行。

附件：

普通本科高校、高等职业学校国家奖学金管理暂行办法

第一章　总　则

第一条　为激励普通本科高校、高等职业学校学生勤奋学习、努力进取，在德、智、体、美等方面得到全面发展，根据《国务院关于建立健全普通本科高校、高等职业学校和中等职业学校家庭经济困难学生资助政策体系的意见》（国发〔2007〕13 号），制定本办法。

第二条　本办法所称普通本科高校、高等职业学校是指根据国家有关规定批准设立、实施高等学历教育的全日制普通本科高等学校、高等职业学校和高等专科学

校（以下简称高校）。

第三条 国家奖学金由中央政府出资设立，用于奖励高校全日制本专科（含高职、第二学士学位）学生（以下简称学生）中特别优秀的学生。

中央高校国家奖学金的名额由财政部商有关部门确定。地方高校国家奖学金的名额由各省（自治区、直辖市）根据财政部、教育部确定的总人数，以及高校数量、类别、办学层次、办学质量、在校本专科生人数等因素确定。在分配国家奖学金名额时，对办学水平较高的高校、以农林水地矿油核等国家需要的特殊学科专业为主的高校予以适当倾斜。

第二章　奖励标准与基本条件

第四条 国家奖学金的奖励标准为每人每年8000元。

第五条 国家奖学金的基本申请条件：

1. 热爱社会主义祖国，拥护中国共产党的领导；

2. 遵守宪法和法律，遵守学校规章制度；

3. 诚实守信，道德品质优良；

4. 在校期间学习成绩优异，社会实践、创新能力、综合素质等方面特别突出。

第三章　名额分配与预算下达

第六条 全国学生资助管理中心根据财政部、教育部确定的当年国家奖学金的总人数，按照本办法第三条的规定，于每年5月底前，提出各省（自治区、直辖市）和中央部门所属高校国家奖学金名额分配建议方案，报财政部、教育部审批。

第七条 每年7月31日前，财政部、教育部将国家奖学金分配名额和预算下达中央主管部门和省级财政、教育部门。

每年9月1日前，中央主管部门和省及省以下财政、教育部门负责将国家奖学金名额和预算下达所属各高校。

第四章　评　审

第八条 国家奖学金每学年评审一次，实行等额评审，坚持公开、公平、公正、择优的原则。

第九条 获得国家奖学金的学生为高校在校生中二年级以上（含二年级）的学生。

同一学年内，获得国家奖学金的家庭经济困难学生可以同时申请并获得国家助学金，但不能同时获得国家励志奖学金。

第十条 高校要根据本办法的规定，制定具体评审办法，并报主管部门备案。

第十一条 高校学生资助管理机构具体负责组织评审工作，提出本校当年国家奖学金获奖学生建议名单，报学校领导集体研究审定后，在校内进行不少于5个工作日的公示。公示无异议后，每年10月31日前，中央高校将评审结果报中央主管部门，地方高校将评审结果逐级报至省级教育部门。中央主管部门和省级教育部门审核、汇总后，统一报教育部审批。教育部于每年11月15日前批复并公告。

第五章 奖学金发放、管理与监督

第十二条 高校于每年11月30日前将国家奖学金一次性发放给获奖学生，颁发国家统一印制的奖励证书，并记入学生学籍档案。

第十三条 各高校要切实加强管理，认真做好国家奖学金的评审和发放工作，确保国家奖学金用于奖励特别优秀的学生。

第十四条 各省（自治区、直辖市）、有关部门和高校必须严格执行国家相关财经法规和本办法的规定，对国家奖学金实行分账核算，专款专用，不得截留、挤占、挪用，同时应接受财政、审计、纪检监察、主管机关等部门的检查和监督。

第六章 附　则

第十五条 民办高校（含独立学院）国家奖学金管理办法由各省（自治区、直辖市）制定。各省（自治区、直辖市）在制定办法时，应综合考虑学校的办学质量、学费标准、招生录取分数、一次性就业率、学科专业设置等因素。

第十六条 本办法由财政部、教育部负责解释。各省（自治区、直辖市）要根据本办法制定实施细则，并报财政部、教育部备案。

第十七条 本办法自发布之日起施行。《财政部教育部关于印发〈国家助学奖学金管理办法〉的通知》（财教〔2005〕75号）同时废止。

教育部　财政部关于印发《高等学校勤工助学管理办法》的通知

（2007年6月26日　教财〔2007〕7号）

各省、自治区、直辖市教育厅（教委）、财政厅（局），有关部门（单位）教育司（局），教育部部属各高等学校：

为规范管理高等学校学生勤工助学工作，促进勤工助学活动健康、有序开展，保障学生的合法权益，帮助家庭经济困难学生顺利完成学业，教育部、财政部联合制定了《高等学校学生勤工助学管理办法》，现印发给你们，请遵照执行。

附件：

高等学校学生勤工助学管理办法

第一章　总　则

第一条　为规范管理高等学校学生勤工助学工作，促进勤工助学活动健康、有序开展，保障学生的合法权益，培养学生自立自强精神，增强学生社会实践能力，帮助学生顺利完成学业，特制定本办法。

第二条　本办法所称高等学校是指根据国家有关规定批准设立、实施高等学历教育的全日制普通本科高等学校、高等职业学校和高等专科学校（以下简称学校）。

第三条　本办法所称学生是指学校招收的本专科（含高职、第二学士学位）学生和研究生。

第四条 本办法所称勤工助学活动是指学生在学校的组织下利用课余时间，通过劳动取得合法报酬，用于改善学习和生活条件的社会实践活动。勤工助学是学校学生资助工作的重要组成部分，是提高学生综合素质和资助家庭经济困难学生的有效途径。

第五条 勤工助学活动必须坚持“立足校园、服务社会”的宗旨，按照学有余力、自愿申请、信息公开、扶困优先、竞争上岗、遵纪守法的原则，由学校在不影响正常教学秩序和学生正常学习的前提下有组织地开展。

第六条 勤工助学活动由学校统一组织和管理。任何单位或个人未经学校学生资助管理机构同意，不得聘用在校学生打工。学生私自在校外打工的行为，不在本办法规定之列。

第二章 组织机构

第七条 学校学生资助工作领导小组全面领导勤工助学工作，负责协调学校的财务、人事、学工、教务、科研、后勤、团委等部门，配合学生资助管理机构开展相关工作。充分发挥学生会等学生社团组织在勤工助学工作中的作用，共同做好勤工助学工作。

第八条 学校学生资助管理机构下设专门的学生勤工助学管理服务组织，具体负责勤工助学的日常管理工作。

第三章 学校的职责

第九条 组织开展勤工助学活动是学校学生工作的一项重要内容。学校要加强领导，认真组织，积极鼓励校内有关职能部门充分发挥作用，在工作安排、人员配备、资金落实、办公场地、活动场所及助学岗位设置等方面给予大力支持，为学生勤工助学活动提供指导、服务和保障。

第十条 根据本办法的规定，结合学校实际情况，制订并不断完善本校学生勤工助学活动的实施办法。

第十一条 根据国家有关规定，筹措经费，设立勤工助学专项资金，并制订资金使用与管理办法。

第十二条 加强对勤工助学学生的思想政治教育，帮助他们树立正确的劳动观。对在勤工助学活动中表现突出的学生予以表彰和奖励。对违反勤工助学协议的学生，可按照协议停止其勤工助学活动。对在勤工助学活动中违反校纪校规的，按照学校管理规定进行教育和处理。

第四章　学生勤工助学管理服务组织的职责

第十三条 确定校内勤工助学岗位。协调校内各单位，引导和组织学生积极参加勤工助学活动，指导和监督学生的勤工助学活动。

第十四条 开发校外勤工助学资源。积极收集校外勤工助学信息，开拓校外勤工助学渠道，增加校外勤工助学岗位，并纳入学校管理。

第十五条 接受学生参加勤工助学活动的申请，安排学生勤工助学岗位，为学生和用人单位提供及时有效的服务。

第十六条 在学校学生资助管理机构的领导下，配合学校财务部门共同管理和使用学校勤工助学专项资金，制订校内勤工助学岗位的报酬标准，并负责酬金的发放和管理工作。

第十七条 组织学生开展必要的勤工助学岗前培训和安全教育，维护勤工助学学生的合法权益。

第十八条 安排勤工助学岗位，应优先考虑家庭经济困难的学生。

第十九条 不得组织学生参加有毒、有害和危险的生产作业以及超过学生身体承受能力、有碍学生健康的劳动。

第五章　校内勤工助学岗位的设置

第二十条 设岗原则：以工时定岗位。

（一）按每个家庭经济困难学生月平均上岗工时不低于 20 小时为标准，测算出学期内全校每月需要的勤工助学总工时数（20 工时 × 家庭经济困难学生总数），统筹安排、设置校内勤工助学岗位。

（二）设置的岗位数量既要满足学生的工时需求，又要保证学生不因参加勤工助学而影响学习。学生参加勤工助学的时间原则上每周不超过 8 小时，每月不超过 40

小时。

第二十一条 岗位类型：勤工助学岗位分固定岗位和临时岗位。

（一）固定岗位是指持续一个学期以上的长期性岗位和寒暑假期间的连续性岗位；

（二）临时岗位是指不具有长期性，通过一次或几次勤工助学活动即完成任务的工作岗位；

（三）校内勤工助学岗位设置应以校内教学助理、科研助理、行政管理助理和后勤服务等为主；

（四）学校后勤部门应大幅度减少雇用临时工，调整出适合学生参与管理和服务的岗位，为学生提供更多的勤工助学机会。

第六章 校外勤工助学活动的管理

第二十二条 校外勤工助学活动必须由学校学生勤工助学管理服务组织统一管理，并注重与学生学业的有机结合。

第二十三条 校外用人单位聘用学生勤工助学，须向学校学生勤工助学管理服务组织提出申请，提供法人资格证书副本和相关的证明文件。经审核同意，学校学生勤工助学管理服务组织推荐适合用人单位工作要求的学生参加勤工助学活动。

第七章 勤工助学酬金标准及支付

第二十四条 校内固定岗位按月计酬。以每月40个工时的酬金原则上不低于当地政府或有关部门制定的最低工资标准或居民最低生活保障标准为计酬基准，可适当上下浮动。

第二十五条 校内临时岗位按小时计酬。每小时酬金可参照学校当地政府或有关部门规定的最低小时工资标准合理确定，原则上不低于每小时8元人民币。

第二十六条 校外勤工助学酬金标准不应低于学校当地政府或有关部门规定的最低工资标准，由用人单位、学校与学生协商确定，并写入聘用协议。

第二十七条 学生参与校内非营利性单位的勤工助学活动，其劳动报酬由学生勤工助学管理服务组织从勤工助学专项资金中支付；学生参与校内营利性单位或有专门经费项目的勤工助学活动，其劳动报酬原则上由用人单位支付或从项目经费中开支；学生参加校外勤工助学，其劳动报酬由校外用人单位按协议支付。

第八章 法律责任

第二十八条 学生在校内开展勤工助学活动的，学生勤工助学管理服务组织必须与学生签订具有法律效力的协议书。学生在校外开展勤工助学活动的，学生勤工助学管理服务组织必须经学校授权，代表学校与用人单位和学生三方签订具有法律效力的协议书。签订协议书并办理相关聘用手续后，学生方可开展勤工助学活动。

协议书必须明确学校、用人单位和学生等各方的权利和义务，开展勤工助学活动的学生如发生意外伤害事故的处理办法以及争议解决方法。

第二十九条 在勤工助学活动中，若出现协议纠纷或学生意外伤害事故，协议各方应按照签订的协议协商解决。如不能达成一致意见，按照有关法律法规规定的程序办理。

第九章 附 则

第三十条 本办法由教育部、财政部负责解释。

第三十一条 本办法自公布之日起施行。

财政部　教育部关于印发《普通本科高校、高等职业学校国家励志奖学金管理暂行办法》的通知

（2007 年 6 月 27 日　财教〔2007〕91 号）

国务院有关部委、有关直属机构，各省、自治区、直辖市财政厅（局）、教育厅（局）：

为激励普通本科高校、高等职业学校家庭经济困难学生勤奋学习、努力进取，在德、智、体、美等方面得到全面发展，根据《国务院关于建立健全普通本科高校、高等职业学校和中等职业学校家庭经济困难学生资助政策体系的意见》（国发〔2007〕13 号）有关精神，财政部、教育部制定了《普通本科高校、高等职业学校国家励志奖学金管理暂行办法》。现印发给你们，请遵照执行。

附件：

普通本科高校、高等职业学校国家励志奖学金管理暂行办法

第一章　总　则

第一条　为激励普通本科高校、高等职业学校家庭经济困难学生勤奋学习、努力进取，在德、智、体、美等方面得到全面发展，根据《国务院关于建立健全普通本科高校、高等职业学校和中等职业学校家庭经济困难学生资助政策体系的意见》（国发〔2007〕13 号），制定本办法。

第二条　本办法所称普通本科高校、高等职业学校是指根据国家有关规定批准设立、实施高等学历教育的全日制普通本科高等学校、高等职业学校和高等专科学

校（以下简称高校）。

第三条 国家励志奖学金用于奖励资助高校全日制本专科（含高职、第二学士学位）学生（以下简称学生）中品学兼优的家庭经济困难学生。

中央高校国家励志奖学金的奖励资助名额由财政部商有关部门确定。地方高校国家励志奖学金的奖励资助名额由各省、自治区、直辖市根据财政部、教育部确定的总人数，以及高校数量、类别、办学层次、办学质量、在校本专科生人数和生源结构等因素确定。在分配国家励志奖学金名额时，对办学水平较高的高校，以农林水地矿油核等国家需要的特殊学科专业为主的高校予以适当倾斜。

第四条 国家励志奖学金由中央和地方政府共同出资设立。中央部门所属高校国家励志奖学金所需资金由中央财政负担。地方所属高校国家励志奖学金所需资金根据各地财力及生源状况由中央与地方财政按比例分担。

国家鼓励各省、自治区、直辖市加大家庭经济困难学生资助力度，超出中央核定总额部分的国家励志奖学金所需资金由中央财政给予适当补助。

第二章 奖励标准与申请条件

第五条 国家励志奖学金的奖励标准为每人每年5000元。

第六条 国家励志奖学金的基本申请条件：

1. 热爱社会主义祖国，拥护中国共产党的领导；
2. 遵守宪法和法律，遵守学校规章制度；
3. 诚实守信，道德品质优良；
4. 在校期间学习成绩优秀；
5. 家庭经济困难，生活俭朴。

第三章 名额分配与预算下达

第七条 每年5月底前，中央主管部门和各省、自治区、直辖市要根据本办法第三条的规定，提出所属高校国家励志奖学金名额分配建议方案，报财政部、教育部。

财政部、教育部委托全国学生资助管理中心对中央主管部门和各省、自治区、直辖市报送的国家励志奖学金名额分配建议方案进行审核。

第八条 每年7月31日前，财政部、教育部结合全国学生资助管理中心审核意见，将国家励志奖学金分配名额和预算下达中央主管部门和省级财政、教育部门。

第九条 每年9月1日前，中央主管部门和省以下财政、教育部门负责将国家励志奖学金名额和预算下达所属各高校。

第四章 申请与评审

第十条 国家励志奖学金实行等额评审，坚持公开、公平、公正、择优的原则。

第十一条 国家励志奖学金申请与评审工作由高校组织实施。高校要根据本办法的规定，制定具体评审办法，并报中央主管部门或省级教育行政部门备案。高校在开展国家励志奖学金评审工作中，要对农林水地矿油核等国家需要的特殊学科专业学生予以适当倾斜。

第十二条 国家励志奖学金按学年申请和评审。申请国家励志奖学金的学生为高校在校生中二年级以上（含二年级）的学生。

同一学年内，申请国家励志奖学金的学生可以同时申请并获得国家助学金，但不能同时获得国家奖学金。

试行免费教育的教育部直属师范院校师范类专业学生不再同时获得国家励志奖学金。

第十三条 每年9月30日前，学生根据本办法规定的国家励志奖学金的基本申请条件及其他有关规定，向学校提出申请，并递交《普通本科高校、高等职业学校国家励志奖学金申请表》(见附表)。

第十四条 高校学生资助管理机构负责组织评审，提出本校当年国家励志奖学金获奖学生建议名单，报学校领导集体研究通过后，在校内进行不少于5个工作日的公示。公示无异议后，每年10月31日前，中央高校评审结果报中央主管部门，地方高校评审结果逐级报至省级教育部门。中央主管部门和省级教育部门于11月15日前批复。

第五章　奖学金发放、管理与监督

第十五条　高校于每年11月30日前将国家励志奖学金一次性发放给获奖学生，并记入学生的学籍档案。

第十六条　地方财政部门要按有关规定落实所负担的资金，及时拨付，加强管理。

第十七条　各高校要切实加强管理，认真做好国家励志奖学金的评审和发放工作，确保国家励志奖学金真正用于资助品学兼优的家庭经济困难学生。

第十八条　各省、自治区、直辖市、各有关部门和高校必须严格执行国家相关财经法规和本办法的规定，对国家励志奖学金实行分账核算，专款专用，不得截留、挤占、挪用，同时应接受财政、审计、纪检监察、主管机关等部门的检查和监督。

第六章　附　则

第十九条　高校要按照国家有关规定，从事业收入中足额提取4%—6%的经费用于资助家庭经济困难学生。中央高校提取的具体比例由财政部商中央主管部门确定，地方高校提取的具体比例由各省、自治区、直辖市确定。

第二十条　民办高校（含独立学院）按照国家有关规定规范办学、举办者按照本办法第十九条规定的比例从事业收入中足额提取经费用于资助家庭经济困难学生的，其招收的符合本办法规定申请条件的普通本专科（含高职、第二学士学位）学生，也可以申请国家励志奖学金。具体评审管理办法，由各省、自治区、直辖市研究制定。各省、自治区、直辖市在制定评审管理办法时，应综合考虑学校的办学质量、学费标准、招生录取分数、一次性就业率、学科专业设置等因素。

第二十一条　本办法由财政部、教育部负责解释。各省、自治区、直辖市要根据本办法制定实施细则，并报财政部、教育部备案。

第二十二条　本办法自公布之日起施行。

附件：普通本科高校、高等职业学校国家励志奖学金申请表（略）

财政部　教育部关于印发《普通本科高校、高等职业学校国家助学金管理暂行办法》的通知

（2007 年 6 月 27 日　财教〔2007〕92 号）

国务院有关部委、有关直属机构，各省、自治区、直辖市财政厅（局）、教育厅（局）：

为体现党和政府对普通本科高校、高等职业学校家庭经济困难学生的关怀，帮助他们顺利完成学业，根据《国务院关于建立健全普通本科高校、高等职业学校和中等职业学校家庭经济困难学生资助政策体系的意见》（国发〔2007〕13 号）有关精神，财政部、教育部制定了《普通本科高校、高等职业学校国家助学金管理暂行办法》。现印发给你们，请遵照执行。

附件：

普通本科高校、高等职业学校国家助学金管理暂行办法

第一章　总　则

第一条　为体现党和政府对普通本科高校、高等职业学校家庭经济困难学生的关怀，帮助他们顺利完成学业，根据《国务院关于建立健全普通本科高校、高等职业学校和中等职业学校家庭经济困难学生资助政策体系的意见》（国发〔2007〕13 号），制定本办法。

第二条　本办法所称普通本科高校、高等职业学校是指根据国家有关规定批准设立、实施高等学历教育的全日制普通本科高等学校、高等职业学校和高等专科学

校（以下简称高校）。

第三条 国家助学金用于资助高校全日制本专科（含高职、第二学士学位）在校生中的家庭经济困难学生。

中央高校国家助学金的资助名额由财政部商有关部门确定。地方高校国家助学金的资助名额由各省（自治区、直辖市）根据财政部、教育部确定的总人数，以及高校数量、类别、办学层次、办学质量、在校本专科生人数和生源结构等因素确定。在分配国家助学金名额时，对民族院校、以农林水地矿油核等国家需要的特殊学科专业为主的高校予以适当倾斜。

第四条 国家助学金由中央和地方政府共同出资设立。中央部门所属高校国家助学金所需资金由中央财政负担。地方所属高校国家助学金所需资金根据各地财力及生源状况由中央与地方财政按比例分担。

国家鼓励各省（自治区、直辖市）加大家庭经济困难学生资助力度，超出中央核定总额部分的国家助学金所需资金由中央财政给予适当补助。

第二章 资助标准与申请条件

第五条 国家助学金主要资助家庭经济困难学生的生活费用开支。国家助学金的平均资助标准为每生每年 2000 元，具体标准在每生每年 1000—3000 元范围内确定，可以分为 2—3 档。中央高校国家助学金分档及具体标准由财政部商有关部门确定，地方高校国家助学金分档及具体标准由各省（自治区、直辖市）确定。

第六条 国家助学金的基本申请条件：

1. 热爱社会主义祖国，拥护中国共产党的领导；
2. 遵守宪法和法律，遵守学校规章制度；
3. 诚实守信，道德品质优良；
4. 勤奋学习，积极上进；
5. 家庭经济困难，生活俭朴。

第三章 名额分配与预算下达

第七条 每年 5 月底前，中央主管部门和各省（自治区、直辖市）要根据国家确定的有关原则和本办法第三条、第五条的规定，提出所属高校国家助学金名额分配建议方案，报财政部、教育部。

财政部、教育部委托全国学生资助管理中心对中央主管部门和各省（自治区、直辖市）报送的国家助学金名额分配建议方案进行审核。

第八条 每年7月31日前，财政部、教育部结合全国学生资助管理中心审核意见，将国家助学金分配名额和预算下达中央主管部门和省级财政、教育部门。

第九条 每年9月1日前，中央主管部门和省以下财政、教育部门负责将国家助学金预算下达所属各高校。

第四章 申请与评审

第十条 国家助学金的评定工作坚持公开、公平、公正的原则。

第十一条 国家助学金申请与评审工作由高校组织实施。高校要根据本办法的规定，制定具体评审办法，并报中央主管部门或省级教育部门备案。高校在开展国家助学金评审工作中，要对农林水地矿油核等国家需要的特殊学科专业学生予以适当倾斜。

第十二条 国家助学金按学年申请和评审。

第十三条 每年9月30日前，学生根据本办法规定的国家助学金的基本申请条件及其他有关规定，向学校提出申请，并递交《普通本科高校、高等职业学校国家助学金申请表》（见附表）。

在同一学年内，申请并获得国家助学金的学生，可同时申请并获得国家奖学金或国家励志奖学金。

试行免费教育的教育部直属师范院校师范类专业学生，不再同时获得国家助学金。

第十四条 高校学生资助管理机构结合本校家庭经济困难学生等级认定情况，组织评审，提出享受国家助学金资助初步名单及资助档次，报学校领导集体研究通过后，于每年11月15日前，将本校当年国家助学金政策的落实情况按隶属关系报至中央主管部门或省级教育部门备案。

第五章　助学金发放、管理与监督

第十五条　高校应按月将国家助学金发放到受助学生手中。

第十六条　地方财政部门应按有关规定落实所负担的资金，及时拨付，加强管理。

第十七条　各高校应切实加强管理，认真做好国家助学金的评审和发放工作，确保国家助学金用于资助家庭经济困难的学生。

第十八条　各省（自治区、直辖市）、有关部门和高校必须严格执行国家相关财经法规和本办法的规定，对国家助学金实行分账核算，专款专用，不得截留、挤占、挪用，同时应接受财政、审计、纪检监察、主管机关等部门的检查和监督。

第六章　附　则

第十九条　高校要按照国家有关规定，从事业收入中足额提取4—6%的经费用于资助家庭经济困难学生。中央高校提取的具体比例由财政部商中央主管部门确定，地方高校提取的具体比例由各省（自治区、直辖市）确定。

第二十条　民办高校（含独立学院）按照国家有关规定规范办学、举办者按照本办法第十九条规定的比例从事业收入中足额提取经费用于资助家庭经济困难学生的，其招收的符合本办法规定申请条件的普通本专科（含高职、第二学士学位）学生，也可以申请国家助学金，具体评审管理办法，由各省（自治区、直辖市）制定。各省（自治区、直辖市）在制定评审管理办法时，应综合考虑学校的学费标准、招生录取分数、一次性就业率、学科专业设置等因素。

第二十一条　本办法由财政部、教育部负责解释。各省（自治区、直辖市）要根据本办法制定实施细则，并报财政部、教育部备案。

第二十二条　本办法自发布之日起施行。《财政部、教育部关于印发〈国家助学奖学金管理办法〉的通知》（财教〔2005〕75号）同时废止。

附件：普通本科高校、高等职业学校国家助学金申请表（略）

教育部　财政部关于要求县级教育行政部门成立学生资助管理中心的紧急通知

（2007 年 8 月 10 日　教财〔2007〕14 号）

各省、自治区、直辖市教育厅（教委）、财政厅（局），新疆生产建设兵团教育局、财务局：

为贯彻落实《国务院关于建立健全普通本科高校高等职业学校和中等职业学校家庭经济困难学生资助政策体系的意见》（国发〔2007〕13 号）精神，推进家庭经济困难学生资助各项工作，尤其是正在部分省份进行的生源地信用助学贷款试点工作的需要，现就县级教育行政部门成立学生资助管理中心的有关问题紧急通知如下：

一、充分认识成立县级学生资助管理中心的必要性和紧迫性

为进一步加大对家庭经济困难学生的资助力度，使家庭经济困难学生都能上得起大学、接受职业教育，国发〔2007〕13 号文件决定从今年秋季学期开学起，建立健全家庭经济困难学生资助政策体系。这是继全部免除农村义务教育阶段学生学杂费之后，促进教育公平的又一件大事。为确保新资助政策体系的顺利实施，国发〔2007〕13 号文件提出，“地方政府要建立相应的工作机制，在整合现有资源的基础上，建立健全学生资助管理机构，制订具体的管理办法，切实抓好落实”。对此，在今年 5 月全国家庭经济困难学生资助工作会议上，国务院有关领导也提出了明确要求。

家庭经济困难学生资助工作，是当前以及今后相当长一段时期内各级教育行政部门必须承担的一项重要任务，关系到家庭经济困难学生公平接受教育的权利，关

系到我国教育事业的全面、协调、可持续发展。在各县（市、区）教育行政部门成立学生资助管理中心，是贯彻落实新家庭经济困难学生资助政策的基础性工作，是切实做好生源地信用助学贷款、中等职业教育国家助学金评审发放等资助工作的重要组织保证。目前，各地县（市、区）教育行政部门普遍都没有成立资助中心，直接影响到新资助政策体系中各项措施的贯彻落实。现在，离新学期开学只有不到一个月的时间，为了适应新形势下家庭经济困难学生资助工作的需要，尤其是生源地信用助学贷款工作的开展，各省级教育行政部门要抓紧督促所属各县（市、区）教育行政部门从资助工作的全局出发，从教育公平的高度出发，从民生问题的大局出发，把思想统一到国发〔2007〕13 号文件的精神和国务院领导的要求上来，充分认识成立县级学生资助管理中心的必要性和紧迫性。

二、各县（市、区）应尽快成立专门的学生资助管理中心，调剂落实相应的人员编制，并保证必要的工作条件

根据国发〔2007〕13 号文件中关于“地方政府要建立相应的工作机制，在整合现有资源的基础上，建立健全学生资助管理机构，制订具体的管理办法，切实抓好落实”的要求，各县（市、区）教育行政部门要尽快成立学生资助管理中心，配备相应的专职工作人员，人员编制从各县（市、区）教育行政部门现有教育事业编制中调剂落实；提供相应的办公场所，配备必要的办公设备，以确保学生资助管理中心正常开展工作。县级财政部门要按照预算管理的要求，为学生资助管理中心安排相应的业务经费。各省级教育行政部门应做好相关监督检查工作。对各项资助工作开展较好的地区，中央将酌情予以奖励。

三、县（市、区）教育行政部门学生资助管理中心的主要职责

1. 生源地信用助学贷款管理工作。收集、整理、汇总入学前户籍为本县（市、区）的高校新生和在校生（以下简称学生）的家庭经济状况、生源地助学贷款需求等信息；配合经办银行对贷款学生的家庭经济困难情况进行调查、认定，办理生源地信用助学贷款的申请、初审等管理工作。

2. 生源地信用助学贷款等相关贷后管理工作。接受高等学校、生源地信用助学

贷款和国家助学贷款经办银行的委托，建立与贷款学生家庭的联系制度，负责跟踪了解贷款学生的家庭经济状况变化情况；协助经办银行催还贷款；负责向省级学生资助管理中心、高等学校和经办银行及时报送贷款学生的有关信息等。

3. 中等职业学校的国家助学金管理等资助工作。按照《财政部、教育部关于印发〈中等职业学校国家助学金管理暂行办法〉的通知》的有关规定，负责本县（市、区）中等职业学校国家助学金的管理工作。

4. 资助政策宣传工作。会同当地有关部门组织新闻媒体在本县（市、区）范围内，利用广大人民群众和学生喜闻乐见的形式，开展家庭经济困难学生资助政策宣传和咨询等工作。

5. 其他工作。根据党中央、国务院的要求，按照各省级人民政府的部署，负责完成其他有关资助工作。

教育部　财政部
关于印发《国家奖学金评审办法》的通知

(2007年12月27日　教财〔2007〕24号)

各省、自治区、直辖市教育厅（教委）、财政厅（局），各计划单列市教育局、财政局，新疆生产建设兵团教育局、财务局，有关部门（单位）教育司（局）、财务司（局）：

为进一步做好国家奖学金评审工作，确保评审工作的公开、公平、公正，根据财政部、教育部印发的《普通本科高校、高等职业学校国家奖学金管理暂行办法》（财教〔2007〕90号）的有关规定，教育部、财政部研究制定了《国家奖学金评审办法》。现印发给你们，请参照本办法，制订本地区、本部门的国家奖学金评审办法，认真做好国家奖学金评审工作。

特此通知。

附件：

国家奖学金评审办法

第一条　为规范国家奖学金评审行为，保证评审工作公平、公正、依法进行，确保评审结果的权威性，特制定本办法。

第二条　教育部、财政部成立评审领导小组，设立评审委员会。

评审领导小组由教育部、财政部有关领导组成，全面领导评审工作，研究决定有关评审工作的重大事项，负责聘请评审委员会组成人员，批准评审委员会提交的国家奖学金评审意见。

第三条 评审委员会由具有代表性、权威性的领导、专家和学者组成，每届聘期三年，具体负责评审工作，向评审领导小组提出国家奖学金评审意见。

评审委员会设主任两人，副主任两人，委员若干人。根据评审工作需要，评审委员会下设若干个评审小组和工作组。各组设组长一人，组长和成员不少于五人。

第四条 国家奖学金实行等额评审，具体评审工作由评审委员会以书面审查方式进行。

第五条 评审委员会依照《普通本科高校、高等职业学校国家奖学金管理暂行办法》（以下简称《暂行办法》）规定的程序和要求进行，坚持客观、公正、公平的原则，对国家奖学金评选材料进行审查，并提出评审意见。

第六条 评审委员会组成人员在评审工作中应遵循以下职责：

（一）在评审过程中，认真审阅评审材料，听取其它评审委员的意见，在平等的气氛中提出评审意见；

（二）发现与评审对象存在直系亲属关系、直接经济利益关系或有其他可能影响评审工作的情形，应当主动向评审领导小组申请回避；

（三）不得利用评审委员的特殊身份和影响力，单独或与有关人员共同为评审对象获奖提供便利；

（四）严格遵守保密规定，不得擅自披露评审结果、其他评审委员的意见和相关的保密信息。

第七条 国家奖学金评审工作按照下列程序进行：

（一）召开预备会。由评审领导小组主持，全体评审委员参加。评审领导小组向评审委员介绍情况，提出评审工作要求。评审委员会向各评审小组宣布评审工作程序和有关工作要求。

（二）开展评审工作。评审委员按照要求对各地区、各部门和高校上报的评审材料进行书面审查，提出评审意见。

第八条 评审委员对各地区、各部门和高校上报的评审材料进行审查的主要内容包括：

（一）各中央主管部门、各省级教育行政部门、各高校是否按照规定的要求上报了完整的材料；

（二）各高校、各中央主管部门和省级教育行政部门是否严格按照规定程序进行了国家奖学金的初评和审核工作；

（三）入选学生的综合表现是否符合《暂行办法》规定的基本条件。

第九条　评审小组发现中央部门主管司局、省级教育行政部门和高校在初评和审核工作中有下列第（一）、第（二）条情形时，应报请评审委员会同意后，要求其限期改正后重新报送评审材料；发现下列第（三）条情形时，应不予通过审查，由评审小组写出书面意见，报评审委员会审定：

（一）评选程序违反规定的；

（二）所提供的评审材料、数据不完整或不真实的；

（三）推荐的候选学生不符合《暂行办法》规定的国家奖学金申请基本条件的。

第十条　各评审小组完成评审工作后，由评审委员会汇总各评审小组的评审意见，形成评审报告，经评审委员会主任签字同意，报评审领导小组审批。

第十一条　评审领导小组评审同意后，由教育部向各有关中央部门主管司局、各省级教育行政部门、教育部各直属高校批复评审意见。

第十二条　教育部在主要新闻媒体上公布获奖学生名单。

第十三条　教育部批复评审意见后，各高校向获奖学生颁发国家统一印制的国家奖学金荣誉证书，并一次性发放国家奖学金。

财政部　教育部　银监会
关于大力开展生源地信用助学贷款的通知

(2008年9月9日　财教〔2008〕196号)

各省、自治区、直辖市、计划单列市财政厅（局）、教育厅（教委）、银监局，有关金融机构：

2007年，财政部、教育部、国家开发银行在江苏、湖北、重庆、陕西、甘肃5省市开展了生源地信用助学贷款试点。经过各方共同努力，生源地信用助学贷款试点工作进展顺利，取得了良好的效果，受到了试点省份学生、家长及社会有关方面的普遍欢迎。为贯彻落实《国务院关于建立健全普通本科高校、高等职业学校和中等职业学校家庭经济困难学生资助政策体系的意见》（国发〔2007〕13号）和刘延东国务委员近期关于“生源地助学贷款工作是一项惠民工程，对于推进教育公平具有重要意义。请在总结经验的基础上继续推进、全面落实”的重要批示精神，帮助高校家庭经济困难学生顺利完成学业，财政部、教育部、银监会决定，从2008年起进一步扩大生源地信用助学贷款覆盖范围，大力推进生源地信用助学贷款工作。现就有关事项通知如下：

一、开展省份

江苏、湖北、重庆、甘肃、陕西5省市进一步总结经验，完善机制，巩固成果，继续开展生源地信用助学贷款工作。其他各省（区、市）按照自愿原则，综合考虑当地高校家庭经济困难学生贷款需求和高校国家助学贷款工作开展情况，经报财政部、教育部备案，可开展生源地信用助学贷款。

二、承办银行

从2008年起，生源地信用助学贷款工作继续以国家开发银行为主承办，同时，鼓励其他银行类金融机构开展此项业务。具体承办银行请各地财政、教育、银监部门与拟开办生源地信用助学贷款业务的金融机构协商确定，并报全国学生资助管理中心备案。

三、贷款性质与条件

（一）生源地信用助学贷款是指国家开发银行等金融机构向符合条件的家庭经济困难的普通高校新生和在校生（以下简称学生）发放的、在学生入学前户籍所在县（市、区）办理的助学贷款。生源地贷款为信用贷款，学生和家长（或其他法定监护人）为共同借款人，共同承担还款责任。

（二）申请生源地信用助学贷款的学生必须同时符合以下条件：

1. 具有中华人民共和国国籍；

2. 诚实守信，遵纪守法；

3. 已被根据国家有关规定批准设立、实施高等学历教育的全日制普通本科高校、高等职业学校和高等专科学校（含民办高校和独立学院，学校名单以教育部公布的为准）正式录取，取得真实、合法、有效的录取通知书的新生或高校在读的本专科学生、研究生和第二学士学生；

4. 学生本人入学前户籍、其父母（或其他法定监护人）户籍均在本县（市、区）；

5. 家庭经济困难，所能获得的收入不足以支付在校期间完成学业所需的基本费用。

四、贷款政策

（一）生源地信用助学贷款按年度申请、审批和发放。每个借款人每年申请的贷款原则上最高不超过6000元，主要用于解决学生在校期间的学费和住宿费问题。高校在读学生当年在高校获得了国家助学贷款的，不得同时申请生源地信用助学贷款。

（二）生源地信用助学贷款期限原则上按全日制本专科学制加10年确定，最长不超过14年，其中，在校生按剩余学习年限加10年确定。学制超过4年或继续攻读研究生学位、第二学士学位的，相应缩短学生毕业后的还贷期限。

（三）生源地信用助学贷款利率执行中国人民银行同期公布的同档次基准利率，不上浮。

（四）生源地信用助学贷款利息按年计收。学生在校期间的利息由财政全额贴息，毕业后的利息由学生和家长（或其他法定监护人）共同负担。学生在校及毕业后两年期间为宽限期，宽限期后由学生和家长（或其他法定监护人）按借款合同约定，按年度分期偿还贷款本息。

五、贷款贴息与风险补偿

（一）贴息。贷款学生在校期间利息全部由财政补贴，其中，考入中央高校的学生，其贷款贴息由中央财政承担。考入地方高校的学生，跨省就读的，其贷款贴息由中央财政承担；在本省就读的，其贷款贴息由地方财政负担。贷款学生毕业后利息全部由学生及家长（或其他法定监护人）负担。

（二）风险补偿金。建立生源地信用助学贷款风险补偿专项资金，风险补偿金比例按当年贷款发生额的15%确定。

考入中央高校的学生，风险补偿金由中央财政承担。考入地方高校的学生，跨省就读的，风险补偿金由中央财政承担；在本省就读的，风险补偿金由中央和地方分担，其中：中西部省份中央与地方各负担50%，东部省份按国家奖助学金资金分担政策逐省确定分担比例。同时根据各省财力状况、高校在校生数等因素设定调整系数。地方应承担的风险补偿金分担办法由各地自行确定。

（三）贴息和风险补偿金管理。中央和地方负担的贴息及风险补偿金分别由全国学生资助管理中心和各省级学生资助管理中心负责归集，每年12月20日前，向开展生源地信用助学贷款的经办银行及时足额划拨。经办银行收到风险补偿金，应确认为递延收益，待确认生源地助学贷款损失时，计入当期损益。已确认的生源地助学贷款损失，以后又收回的，相应回拨递延收益。风险补偿金若超出生源地信用助学贷款损失，超出部分由经办银行奖励给县级学生资助管理中心；若低于生源地信用助学贷款损失，不足部分由经办银行和县级财政部门各分担50%。生源地信用助学贷款风险补偿金的具体管理办法由财政部会同教育部、开办生源地信用助学贷款业务的银行业金融机构另行研究确定。

六、组织实施

各级财政、教育、银监部门和生源地信用助学贷款承办银行总行及分支机构要分工负责，密切配合，逐步探索建立良性的生源地信用助学贷款运行机制。

国家开发银行等开办生源地信用助学贷款业务的金融机构要按照国家信贷政策，科学合理设计贷款方式和期限结构，制订生源地信用助学贷款的操作规程，负责审核、发放和管理贷款，确保贷款渠道畅通，使符合条件且有贷款需求的家庭经济困难学生都能申请获得生源地信用助学贷款。要会同财政、教育部门根据生源地信用助学贷款承贷周期不同阶段的特点，建立以学生为中心的家庭、高校和就业单位三地的贷款产品、信息和信用联结，形成贷款学生借款期间全过程的信用管理。国家开发银行各分行及有关金融机构的分支机构要按照本通知精神和国家助学贷款管理的有关规定，制定具体实施办法。如有需要，可通过委托代理方式由其他金融机构辅助结算管理。

县级教育行政部门要按照国发〔2007〕13 号文件的要求，在整合现有资源的基础上，成立学生资助管理中心，负责收集、整理、汇总学生的家庭经济状况、生源地信用助学贷款需求等信息；对贷款学生的家庭经济困难情况进行调查、认定；建立学生信用和贷款资格评议小组，确定符合贷款条件的学生名单，测算贷款需求，编制贷款预案；办理生源地信用助学贷款的申请、初审等管理工作；接受高等学校、生源地信用助学贷款和国家助学贷款经办银行的委托，建立与贷款学生家庭的联系制度，跟踪了解贷款学生的家庭经济状况变化情况；受经办银行委托催还贷款；负责向省级学生资助管理中心、高等学校和经办银行定期报送贷款学生的有关信息等，加强与高校沟通，避免重复贷款。没有成立学生资助管理中心的，应暂由各县级教育行政部门尽快协调专人负责上述工作。有关普通高中要配合县级学生资助管理中心及经办银行，提供当年高考招生录取情况及生源地信用助学贷款需求情况，协助做好贷款申请、审批和发放等工作。有关高等学校要加强对学生的诚信教育，培养学生的诚信意识，教育学生毕业后按照合同约定履行还款义务；根据有关县级学生资助管理中心需要，协助提供生源地信用助学贷款学生的相关信息和高校收费账户信息等资料。

财政部门要在年度财政收支预算中足额安排并及时拨付贴息资金和风险补偿金，加强贴息资金和风险补偿金的管理、使用和监督，提高资金使用效益。县级财政部门要积极参与生源地信用助学贷款管理，参与协调有关事项，足额安排县级学生资助管理中心的业务经费，会同同级教育行政部门领导和监督县级学生资助管理中心开展生源地信用助学贷款工作。

银监部门会同财政、教育部门对银行业金融机构开办生源地信用助学贷款业务进行指导，定期进行检查和评价，督促经办银行完善金融服务、提高工作效率。银监会将建立助学贷款违约通报制度，并定期在银行业金融机构范围内共享信息。

各省市在确保生源地信用助学贷款工作顺利推进的前提下，也可以根据实际情况具体组织生源地信用助学贷款相关管理工作，并报财政部、教育部备案。

七、有关要求

（一）高度重视。生源地信用助学贷款是国家助学贷款的重要组成部分，是利用财政、金融手段，创新金融服务体系，解决家庭经济困难学生就学问题的重要途径，对进一步完善我国家庭经济困难学生资助政策体系、充分发挥政策整体效应、确保实现国家资助政策既定目标等具有十分重要的意义。各地财政、教育、银监部门和经办银行要从落实科学发展观，构建社会主义和谐社会的高度，充分认识做好生源地信用助学贷款工作的重要性，进一步统一思想，提高认识，把扎实做好生源地信用助学贷款作为执政为民、服务发展、关注民生、推进教育公平的重大措施，推进好、落实好。

（二）精心组织。2008 年秋季开学前，在省级人民政府的统一领导下，由各地省级教育行政部门牵头，会同同级财政、银监部门和经办银行共同组成联合工作组，分工负责，密切配合，协调一致；要按照“应贷尽贷、简化程序、方便群众、防范风险”的原则，研究制定本省生源地信用助学贷款工作方案，统一部署、周密安排、精心组织；要建立健全还贷约束机制和风险防范机制，确保生源地信用助学贷款工作持续、健康发展，扎扎实实地把这件惠及广大人民群众的大事抓好。

（三）确保可持续发展。国家开发银行总分行及其他经办银行要尽快建立生源地信用助学贷款专职管理机构，配备足够的人员，切实防范贷款风险，保持生源地信用助学贷款的可持续发展。

（四）继续做好高校国家助学贷款工作。各地在推进和落实生源地信用助学贷款的同时，应继续做好所属各高校的国家助学贷款工作，确保原有国家助学贷款机制和协议继续有效实施。

八、其他事项

（一）生源地信用助学贷款呆坏账由经办银行按国家有关政策自主核销。

（二）本通知由财政部、教育部、银监会负责解释，自印发之日起执行。

国务院办公厅关于加强普通高等学校毕业生就业工作的通知

（2009 年 1 月 19 日　国办发〔2009〕3 号）

各省、自治区、直辖市人民政府，国务院各部委、各直属机构：

普通高等学校毕业生（以下简称高校毕业生）是我国宝贵的人力资源。当前，受国际金融危机影响，我国就业形势十分严峻，高校毕业生就业压力加大。各地区、各有关部门要把高校毕业生就业摆在当前就业工作的首位，采取切实有效措施，拓宽就业门路，鼓励高校毕业生到城乡基层、中西部地区和中小企业就业，鼓励自主创业，鼓励骨干企业和科研项目单位吸纳和稳定高校毕业生就业。为进一步加强高校毕业生就业工作，经国务院同意，现就有关问题通知如下：

一、鼓励和引导高校毕业生到城乡基层就业。鼓励高校毕业生积极参加社会主义新农村建设、城市社区建设和应征入伍。围绕基层面向群众的社会管理、公共服务、生产服务、生活服务、救助服务等领域，大力开发适合高校毕业生就业的基层社会管理和公共服务岗位，引导高校毕业生到基层就业。对到农村基层和城市社区从事社会管理和公共服务工作的高校毕业生，符合公益性岗位就业条件并在公益性岗位就业的，按照国家现行促进就业政策的规定，给予社会保险补贴和公益性岗位补贴，所需资金从就业专项资金列支；对到农村基层和城市社区其他社会管理和公共服务岗位就业的，给予薪酬或生活补贴，所需资金按现行渠道解决，同时按规定参加有关社会保险。对到中西部地区和艰苦边远地区县以下农村基层单位就业、并履行一定服务期限的高校毕业生，以及应征入伍服义务兵役的高校毕业生，按规定实施相应的学费和助学贷款代偿。对具有基层工作经历的高校毕业生，在研究生招录和事业单位选聘时实行优先，在地市级以上党政机关考录公务员时也要进一步扩大招考录用的比例。

继续实施和完善面向基层就业的专门项目，扩大项目范围。相关项目由各有关部门继续加强组织领导，省级人民政府负责做好各类基层就业项目之间的政策衔接。2009年，中央有关部门继续组织实施“选聘高校毕业生到村任职”、“三支一扶”（支教、支农、支医和扶贫）、“大学生志愿服务西部计划”、“农村义务教育阶段学校教师特设岗位计划”等项目，各地也要因地制宜开展地方项目，鼓励和引导更多的高校毕业生报名参加。鼓励高校毕业生在项目结束后留在当地就业，今后相对应的自然减员空岗全部聘用服务期满的高校毕业生。对参加项目的高校毕业生给予生活补贴，所需资金按现行资金渠道解决，同时按规定参加有关社会保险。各专门项目相关待遇政策的衔接办法，由人力资源社会保障部、财政部、教育部、中央组织部、共青团中央等有关部门另行研究制定。

二、鼓励高校毕业生到中小企业和非公有制企业就业。各类中小企业和非公有制企业是高校毕业生就业的主要渠道。要进一步清理影响高校毕业生就业的制度性障碍和限制，为他们提供档案管理、人事代理、社会保险办理和接续、职称评定以及权益保障等方面的服务，形成有利于高校毕业生到企业就业的社会环境。对企业招用非本地户籍的普通高校专科以上毕业生，各地城市应取消落户限制（直辖市按有关规定执行）。企业招用符合条件的高校毕业生，可按规定享受相关就业扶持政策。劳动密集型小企业招用登记失业高校毕业生等城镇登记失业人员达到规定比例的，可按规定享受最高为200万元的小额担保贷款扶持。

三、鼓励骨干企业和科研项目单位积极吸纳和稳定高校毕业生就业。鼓励国有大中型企业特别是创新型企业创造条件，更多地吸纳有技术专长的高校毕业生就业。充分发挥高新技术开发区、经济技术开发区和高科技企业集中吸纳高校毕业生就业的作用，加强人才培养使用和储备。各地在实施支持困难企业稳定员工队伍的工作中，要引导企业不裁员或少裁员，更多地保留高校毕业生技术骨干，对符合条件的困难企业可按规定在2009年内给予6个月以内的社会保险补贴或岗位补贴，由失业保险基金支付；困难企业开展在岗培训的，按规定给予资金补助。承担国家和地方重大科研项目的单位要积极聘用优秀高校毕业生参与研究，其劳务性费用和有关社会保险费补助按规定从项目经费中列支，具体办法由科技、教育、财政等部门研究制定。高校毕业生参与项目研究期间，其户口、档案可存放在项目单位所在地或入学前家庭所在地人才交流中心。聘用期满，根据工作需要可以续聘或到其他岗位就业，就业后工龄与参与项目研究期间的工作时间合并计算，社会保险缴费年限连续计算。

四、鼓励和支持高校毕业生自主创业。鼓励高校积极开展创业教育和实践活动。对高校毕业生从事个体经营符合条件的，免收行政事业性收费，落实鼓励残疾人就业、下岗失业人员再就业以及中小企业、高新技术企业发展等现行税收优惠政策和创业经营场所安排等扶持政策。在当地公共就业服务机构登记失业的自主创业高校毕业生，自筹资金不足的，可申请不超过5万元的小额担保贷款；对合伙经营和组织起来就业的，可按规定适当扩大贷款规模；从事当地政府规定微利项目的，可按规定享受贴息扶持。有创业意愿的高校毕业生参加创业培训的，按规定给予职业培训补贴。强化高校毕业生创业指导服务，提供政策咨询、项目开发、创业培训、创业孵化、小额贷款、开业指导、跟踪辅导的“一条龙”服务。各地要建设完善一批投资小、见效快的大学生创业园和创业孵化基地，并给予相关政策扶持。鼓励支持高校毕业生通过多种形式灵活就业，并保障其合法权益，符合规定的，可享受社会保险补贴政策。

五、强化高校毕业生就业服务和就业指导。充分发挥人力资源市场配置资源的作用，强化公共就业服务的功能。人力资源社会保障、教育等部门及高校要加强协作，采取网络招聘、专场招聘、供求洽谈会和用人单位进校园等多种方式，大力开展面向高校毕业生的就业服务系列活动，为应届高校毕业生提供更多、更快、更好的免费就业信息和各类就业服务。高校要强化对大学生的就业指导，开设就业指导课并作为必修课程，重点帮助毕业生了解就业政策，提高求职技巧，调整就业预期。加强高校就业指导服务机构建设，落实人员、场地和经费。加强人力资源市场管理，严厉打击违法违规行为，加强招聘活动安全保障，维护高校毕业生就业权益。

六、提升高校毕业生就业能力。大力组织以促进就业为目的的实习实践，确保高校毕业生在离校前都能参加实习实践活动。完善离校未就业高校毕业生见习制度，鼓励见习单位优先录用见习高校毕业生。见习期间由见习单位和地方政府提供基本生活补助。拓展一批社会责任感强、管理规范的用人单位作为高校毕业生实习见习基地。从2009年起，用3年时间组织100万未就业的高校毕业生参加见习。加强高等职业院校学生的技能培训，实施毕业证书和职业资格证书“双证书”制度，努力使相关专业符合条件的应届毕业生通过职业技能鉴定获得相应职业资格证书。人力资源社会保障部门根据高校毕业生需要，提供专场或其他形式的职业技能鉴定服务，教育部门及高校要给予积极配合。对符合就业困难人员条件的高校毕业生，按规定给予鉴定补贴。

七、强化对困难高校毕业生的就业援助。对困难家庭的高校毕业生，高校可根据实际情况给予适当的求职补贴。各级机关考录公务员、事业单位招聘工作人员时，免收困难家庭高校毕业生的报名费和体检费。对离校后未就业回到原籍的高校毕业生，各地公共就业服务机构要摸清底数，免费提供政策咨询、职业指导、职业介绍和人事档案托管等服务，并组织他们参加就业见习、职业技能培训等促进就业的活动。对登记失业的高校毕业生，各地要将他们纳入当地失业人员扶持政策体系。对就业困难的高校毕业生和零就业家庭的高校毕业生，实施一对一职业指导、向用人单位重点推荐、公益性岗位安置等帮扶措施，按规定落实社会保险补贴、公益性岗位补贴等就业援助政策。

八、加强领导，明确责任。各地要加强对高校毕业生就业工作的组织领导，将高校毕业生就业纳入当地就业总体规划，统筹安排，确定目标任务，实行目标责任制，加强工作考核和督查。各有关部门要切实发挥职能，落实工作责任。各级人力资源社会保障部门要牵头制定和实施高校毕业生就业政策，并做好高校毕业生离校后的就业指导和就业服务工作。教育部门要指导高校大力加强在校生的就业指导和服务工作，并继续深化高等教育改革。财政部门要根据高校毕业生就业形势和实际需要，统筹安排资金用于促进高校毕业生就业。其他有关部门要认真履行职责，加强协调配合，共同推动工作。要大力开展高校毕业生就业工作的宣传，引导高校毕业生树立正确的就业观和成才观，形成全社会共同促进高校毕业生多渠道就业的良好舆论环境。各地要按照本通知要求，结合本地实际，制定切实有效的政策措施，创造性地开展工作，千方百计促进高校毕业生就业。

财政部　教育部关于印发《高等学校毕业生学费和国家助学贷款代偿暂行办法》的通知

（2009 年 3 月 11 日　财教〔2009〕15 号）

党中央有关部门，国务院有关部委、有关直属机构，各省、自治区、直辖市、计划单列市财政厅（局）、教育厅（教委、局），新疆生产建设兵团财务局、教育局，中央部门直属各高等学校，中国邮电集团：

为引导和鼓励高校毕业生面向中西部地区和艰苦边远地区基层单位就业，根据《中共中央关于推进农村改革发展若干重大问题的决定》（中发〔2008〕16 号）和《国务院办公厅关于加强普通高等学校毕业生就业工作的通知》（国办发〔2009〕3 号）有关精神，财政部、教育部决定自 2009 年起，对中央部门所属全日制普通高等学校应届毕业生，自愿到中西部地区和艰苦边远地区县以下基层单位工作、服务期达到 3 年以上（含 3 年）的学生，实施相应的学费和助学贷款代偿。各地要按照《国务院办公厅关于加强普通高等学校毕业生就业工作的通知》（国办发〔2009〕3 号）要求，结合当地实际，抓紧研究制定本地所属高等学校毕业生学费和国家助学贷款代偿办法并认真组织实施。

现将《高等学校毕业生学费和国家助学贷款代偿暂行办法》印发给你们，请遵照执行。

附件：

高等学校毕业生学费和国家助学贷款代偿暂行办法

第一条　为引导和鼓励高校毕业生面向中西部地区和艰苦边远地区基层单位就

业，根据《中共中央关于推进农村改革发展若干重大问题的决定》（中发〔2008〕16号）和《国务院办公厅关于加强普通高等学校毕业生就业工作的通知》（国办发〔2009〕3号）有关精神，制定本办法。

第二条 高校毕业生到中西部地区和艰苦边远地区基层单位就业、服务期在3年以上（含3年）的，其学费由国家实行代偿。在校学习期间获得国家助学贷款（含高校国家助学贷款和生源地信用助学贷款，下同）的，代偿的学费优先用于偿还国家助学贷款本金及其全部偿还之前产生的利息。

第三条 本办法中高校毕业生是指中央部门所属普通高等学校中的全日制本专科生（含高职）、研究生、第二学士学位应届毕业生。定向、委培以及在校学习期间已享受免除学费政策的学生除外。

第四条 本办法中，西部地区是指西藏、内蒙古、广西、重庆、四川、贵州、云南、陕西、甘肃、青海、宁夏、新疆等12个省（自治区、直辖市）。

中部地区是指河北、山西、吉林、黑龙江、安徽、江西、河南、湖北、湖南、海南等10个省。

艰苦边远地区是指除上述地区外，国务院规定的艰苦边远地区。

第五条 本办法中的基层单位是指：

（一）中西部地区和艰苦边远地区县以下机关、企事业单位，包括乡（镇）政府机关、农村中小学、国有农（牧、林）场、农业技术推广站、畜牧兽医站、乡镇卫生院、计划生育服务站、乡镇文化站等；

（二）工作现场地处中西部地区和艰苦边远地区县以下的气象、地震、地质、水电施工、煤炭、石油、航海、核工业等中央单位艰苦行业生产第一线。

第六条 凡符合以下全部条件的高校毕业生，可申请学费和国家助学贷款代偿：

（一）拥护中国共产党的领导，热爱祖国，遵守宪法和法律；

（二）在校期间遵守学校各项规章制度，诚实守信，道德品质良好，学习成绩合格；

（三）毕业时自愿到中西部地区和艰苦边远地区基层单位工作、服务期在3年以上（含3年）。

第七条 每个高校毕业生每学年代偿学费和国家助学贷款的金额最高不超过6000元。毕业生在校学习期间每年实际缴纳的学费或获得的国家助学贷款低于6000元的，按照实际缴纳的学费或获得的国家助学贷款金额实行代偿。毕业生在校学习期间每年实际缴纳的学费或获得的国家助学贷款高于6000元的，按照每年6000元的金额实行代偿。

本科、专科（高职）、研究生和第二学士学位毕业生代偿学费和国家助学贷款的年限，分别按照国家规定的相应学制计算。

第八条 国家对到中西部地区和艰苦边远地区基层单位就业的获得学费和国家助学贷款代偿资格的高校毕业生采取分年度代偿的办法，学生毕业后每年代偿学费或国家助学贷款总额的1/3，3年代偿完毕。

第九条 按本办法确定的学费和国家助学贷款代偿所需资金，由中央财政安排。

第十条 符合条件的高校毕业生，按以下程序申请学费和国家助学贷款代偿：

（一）高校毕业生本人在办理离校手续时向学校递交《学费和国家助学贷款代偿申请表》和毕业生本人、就业单位与学校三方签署的到中西部地区和艰苦边远地区基层单位服务3年以上的就业协议。

（二）在校学习期间获得国家助学贷款的高校毕业生，在与国家助学贷款经办银行签订毕业后的还款计划书时，应注明已申请国家助学贷款代偿，如果获得国家助学贷款代偿资格，不需自行向银行还款。

（三）高校根据上述材料，按本办法规定，审查申请资格；在每年6月底前，将符合条件的高校毕业生相关材料集中报送全国学生资助管理中心审批。对存在“二次定岗”的毕业生，高校应在毕业生提交有关证明材料并经审查后，最迟于当年12月底前将申请材料集中报送全国学生资助管理中心审批。

全国学生资助管理中心在收到高校申请材料后一个月内，将审批确定的获得学费和国家助学贷款代偿资格的学生名单通知有关高校及国家助学贷款经办银行，同时将有关审批文件报教育部、财政部备案。

第十一条 高校需在每年6月30日前将获得学费和国家助学贷款代偿资格的高校毕业生当年在职在岗情况报送全国学生资助管理中心。

高校毕业生所在高校要建立与就业单位和国家助学贷款经办银行定期联系制度。

高校要专门为经资格审查合格的学费和国家助学贷款代偿的高校毕业生建立完整准确的档案，并将高校毕业生在本学段学习期间获得学费和国家助学贷款代偿情况书面通知毕业生本人、就业单位人事部门及国家助学贷款经办银行。同时，还应主动了解并定期向全国学生资助管理中心和国家助学贷款经办银行通报毕业生的工作情况，以便经办银行及时掌握借款学生的动态情况，做好国家助学贷款业务贷后管理工作。

第十二条 除因正常调动、提拔、工作需要换岗而离开中西部地区和艰苦边远地区基层单位外，对于未满 3 年服务年限，提前离开中西部地区和艰苦边远地区基层单位的高校毕业生，就业单位人事部门应要求其及时向办理代偿的原高校申请取消学费和国家助学贷款代偿资格。

对于取消学费代偿资格的毕业生，高校应及时将有关情况报送全国学生资助管理中心。全国学生资助管理中心从当年开始停止对其学费的代偿。

对于取消国家助学贷款代偿资格的毕业生，改由其本人负责偿还余下的国家助学贷款本息。就业单位应当及时将有关情况通报给高校，并凭毕业生重新签订的国家助学贷款还款计划书为其办理离职手续。高校应将有关情况及时通知全国学生资助管理中心和国家助学贷款经办银行。

对于不及时向高校提出取消学费和国家助学贷款代偿资格申请、不与银行重新签订还款计划书、提前离岗的高校毕业生，一律视为严重违约，国家有关部门要将其不良信用记录及时录入国家金融业统一征信平台相关数据库。

第十三条 学费和国家助学贷款代偿资格经全国学生资助管理中心审定后，有关部门（单位）应按照部门预算管理的有关规定，将学费和国家助学贷款代偿资助项目经费编入部门预算。财政部及时将代偿资金拨付给全国学生资助管理中心。全国学生资助管理中心应在收到财政部拨付的代偿资金 15 个工作日内，将代偿资金拨付给高校。高校应于 15 个工作日内将代偿资金代为偿还给高校毕业生国家助学贷款经办银行或返还给高校毕业生本人。

第十四条 有关高校要严格执行国家相关财经法规和本办法的规定，对代偿资金实行分账核算，专款专用，不得截留、挤占、挪用，同时应接受财政、审计、纪检监察、主管机关等部门的检查和监督。

第十五条 对于弄虚作假的高校和高校毕业生，一经查实，除收回国家代偿资金外，将按有关规定追究相关责任。

第十六条 各省（自治区、直辖市）要参照本办法规定的原则，制定吸引和鼓励高校毕业生面向本辖区艰苦边远地区基层单位就业的学费和国家助学贷款代偿办法。

第十七条 本办法自公布之日起施行。财政部、教育部印发的《高等学校毕业生国家助学贷款代偿资助暂行办法》（财教〔2006〕133号）同时废止。

附件：学费和国家助学贷款代偿申请表（略）

教育部办公厅关于普通高校协助做好生源地信用助学贷款有关工作的通知

（2010 年 8 月 13 日　教财厅〔2010〕4 号）

各省、自治区、直辖市教育厅（教委），新疆生产建设兵团教育局，有关部门（单位）教育司（局），部属各高等学校：

在党中央、国务院的高度重视下，在财政部、银监会等部门的大力支持下，经过国家开发银行和各级学生资助管理机构的共同努力，生源地信用助学贷款工作取得突破性进展，覆盖范围逐步扩大，贷款规模迅速增长，已成为国家助学贷款的重要组成部分。但是，国家开发银行在办理生源地信用助学贷款过程中也出现了一些问题，如：高校、县级学生资助管理机构和经办银行之间信息沟通不够顺畅、配合不够密切；有的高校不能及时按照国家开发银行要求填写回执，确认学生注册、高校收款账户等信息；有的高校寄送纸质回执出现丢失现象等。上述问题直接影响了国家开发银行生源地信用助学贷款工作的有序开展。为进一步加强管理、优化流程、提高效率，经与国家开发银行研究决定，从 2010 年起将各全日制公办和民办普通本科院校、高等职业院校（含独立学院）纳入生源地信用助学贷款管理体系，各高校要协助完成生源地信用助学贷款的申请、审批和管理等相关工作。现就有关事项通知如下：

一、高度重视

生源地信用助学贷款是近年来我国在探索高校国家助学贷款体制机制改革过程中出现的一种新的贷款形式，比较符合我国基本国情，较好地满足了高校家庭经济困难学生尤其是新生的贷款需求，受到了广大高校家庭经济困难学生及家长的普遍欢迎。日前，中共中央、国务院印发的《国家中长期教育改革和发展规划纲要(2010—2020年)》要求继续推进生源地信用助学贷款。对此，财政部、教育部、银监会等部门高度重视，国家开发银行采取了切实措施，开发了专门信息系统、优化了贷款流程、简化了贷款手续、提高了工作效率。各高校要高度重视生源地信用助学贷款工作，按照本通知要求，积极配合，共同推进。

二、积极配合

1. 领取相关材料。各高校要按本通知要求，使用国家开发银行组织开发的生源地信用助学贷款信息管理系统（以下简称“生源地贷款系统”）。为正常访问、合理使用该系统，请各中央部门所属高校于8月20日前与当地国家开发银行分行联系，领取系统操作手册、国家开发银行专用U盾及登录系统的用户名和密码，咨询使用注意事项，熟练掌握系统操作；地方高校领取上述材料和相关注意事项的培训工作，由各省（区、市）教育行政部门与当地国家开发银行分行具体协商安排。

2. 录入回执。借款新生和在校学生在其户籍所在地办理生源地信用助学贷款后，均会持国家开发银行《贷款受理证明》和《借款合同》到高校注册报到。各高校资助管理机构要对《贷款受理证明》和《借款合同》中有关信息认真进行核对。经核对无误后，登录生源地贷款系统（https：//www. gbms. cdb. com. cn），查找学生借款记录，为学生录入回执信息（包括欠缴学校费用、学校收费账户等），导出回执并加盖公章后交借款学生寄回县资助中心。

3. 维护信息。各高校要定期登陆生源地贷款系统，对该系统中本校助学贷款收费账户、通讯地址、联系人、联系电话等信息进行及时维护，确保准确无误。如有关基本信息发生变化，高校应及时与上级教育行政部门和当地国家开发银行分行联系，说明情况，更正信息。

生源地贷款系统中还提供了学生就学信息变更、毕业确认、学费到账查询、数据上报等功能，各高校要按操作手册和相关材料及时、正确使用系统功能。

三、其他要求

生源地贷款系统专业性强、且需定期维护。请各地教育行政部门、各高校指派专人负责。如有问题请及时与当地国家开发银行分行联系解决。

请各省级教育行政部门将此通知速转发至本地区所有高校（教育部直属高校除外）。

全国学生资助管理中心关于被部队退回原入伍服义务兵役高校毕业生其学费补偿贷款代偿资金收回办法的通知

（2010 年 12 月 20 日　教助中心〔2010〕113 号）

各省、自治区、直辖市教育厅（教委），中央部门所属各高等学校：

根据《应征入伍服义务兵役高等学校毕业生学费补偿国家助学贷款代偿暂行办法》（财教〔2009〕35 号）文件规定，因本人思想原因、故意隐瞒病史或违法犯罪等行为造成退兵的高校毕业生，取消补偿学费和代偿国家助学贷款资格，其已补偿的学费或代偿的国家助学贷款本息资金由毕业生户籍所在地县（市、区）教育行政部门会同同级人民政府征兵办公室收回。各县（市、区）教育行政部门应在收回补偿学费或代偿国家助学贷款资金 15 个工作日内，逐级汇总上缴全国学生资助管理中心。为做好被部队退兵的原高校毕业生学费补偿或国家助学贷款本息代偿资金的收回工作，现就资金收回办法通知如下：

一、各省（区、市）教育厅（教委）应要求并督促各县（市、区）教育行政部门，根据文件要求，全额收回被部队退兵的原高校毕业生补偿学费或代偿国家助学贷款本息的资金，并在 15 个工作日内将收回的资金上缴省（区、市）教育厅（教委）学生资助管理中心。

各省（区、市）教育厅（教委）学生资助管理中心汇总资金后及时上缴全国学生资助管理中心。各省（区、市）教育厅（教委）学生资助管理中心汇总上缴资金时，填写上报《高校毕业生服义务兵役学费补偿贷款代偿退费明细表》一份（格式附后），同时省（区、市）教育厅（教委）学生资助管理中心留存一份备查。

二、按规定，退兵的原高校毕业生补偿代偿经费由毕业生户籍所在地的县（市、区）教育行政部门会同同级人民政府征兵办公室收回。

在执行过程中，各地应以毕业生户籍所在地为原则，被退回的毕业生不论是本省就读的地方高校毕业生还是跨省就读的地方高校毕业生以及中央部门所属各高等学校毕业生，只要入伍毕业学生的户籍是在本地，其经费均由户籍所在地的县（市、区）教育行政部门会同同级人民政府征兵办公室收回，省（区、市）教育厅（教委）学生资助管理中心负责收回资金的汇集并最后上缴全国学生资助管理中心。县（市、区）教育行政部门或省（区、市）教育厅（教委）学生资助管理中心如需查询应收回补偿或代偿的资金数额，可直接与学生毕业学校的学生资助管理中心联系，学生毕业学校学生资助管理中心应提供有关发放资金的证明材料。

三、对补偿代偿经费下拨过程中就被部队退兵的原高校毕业生，即补偿代偿经费还未发放到该毕业学生手中时就发生退兵的，其下拨的补偿代偿经费按原下拨渠道返回。各省（区、市）教育厅（教委）及中央部门所属各高等学校学生资助管理中心及时将返回资金上缴全国学生资助管理中心。

四、本办法自发布之日起执行。

退回学生的经费收回，今后将成为各级各校学生资助管理部门的一项常态化工作，各级各校学生资助管理部门应加强对该项工作的领导和重视，保证经费全额退回并及时上缴。

附件一：高校毕业生服义务兵役学费补偿贷款代偿退费明细表（略）

附件二：全国学生资助管理中心账户信息及联系人信息（略）

财政部　教育部　民政部　总参谋部　总政治部
关于实施退役士兵教育资助政策的意见

（2011年10月25日　财教〔2011〕538号）

各省、自治区、直辖市人民政府，国务院各部委、各直属机构，各军区、各军兵种、各总部、军事科学院、国防大学、国防科学技术大学、武警部队：

为贯彻落实《国家中长期教育改革和发展规划纲要（2010—2020年）》《国家中长期人才发展规划纲要（2010—2020年）》和《国务院中央军委关于加强退役士兵职业教育和技能培训工作的通知》（国发〔2010〕42号）精神，提高退役士兵就业能力，加快培养现代化建设人才，经国务院、中央军委同意，从2011年秋季学期开始，实施自主就业退役士兵教育资助政策。现提出如下意见：

一、充分认识实施退役士兵教育资助政策的重大意义

退役士兵安置事关军队建设和社会稳定。党中央、国务院、中央军委历来高度重视这项工作。改革开放以来，随着社会主义市场经济体制的建立和完善，市场在人力资源配置中的基础性作用逐步显现，以能力素质为基础、公开择优、双向选择，已成为党政机关及企事业单位用人的主要方式。为适应新形势要求，对考入全日制普通高等学校的自主就业退役士兵实施教育资助政策，可以使更多士兵在退出现役后能够接受系统的高等教育，提高知识和技能水平，实现“二次专业化”，由军事专业人员转变为经济建设人员。这是提高退役士兵就业能力的有效手段，是国家人力资源开发的重要内容，对加强国防和军队建设，促进社会稳定，意义重大，影响深远。

二、基本原则和主要内容

（一）基本原则。

1. 统一性原则：退役士兵教育资助政策由国家有关部门统一制定。学费资助资金全部由中央财政承担，其他资助政策按国家现行高校学生资助政策规定执行。

2. 自愿性原则：所有自主就业退役士兵均可自愿报名参加全国统一高考，被录取后自愿申请接受政府教育资助。

3. 非排他性原则：退役士兵教育资助是一项新政策，并不改变退役士兵现有的其他安置政策。

（二）主要内容。

从2011年秋季学期开始，对退役一年以上，考入全日制普通高等学校（包括全日制普通本科学校、全日制普通高等专科学校和全日制普通高等职业学校）的自主就业退役士兵，根据本人申请，由政府给予教育资助，具体内容如下：

1. 资助内容：一是学费资助；二是家庭经济困难退役士兵学生生活费资助；三是其他奖助学金资助。

2. 资助标准：学费资助标准，按省级人民政府制定的学费标准，原则上退役士兵学生应交多少学费中央财政就资助多少，最高不超过年人均6000元，高于6000元部分自行负担。生活费及其他奖助学金资助标准，按国家现行高校学生资助政策的有关规定执行。

3. 资助方式：学费由中央财政按标准和隶属关系补助退役士兵学生所在学校，生活费及其他奖助学金直接补给退役士兵学生本人。

4. 资助期限：全日制普通高等学历教育一个学制期。

5. 资助流程：

（1）自主就业退役士兵自愿参加全国统一高考，被全日制普通高等学校录取并到学校报到后，向学校提出“教育资助申请”。

（2）地方所属学校核实学生信息后，在开学后10个工作日内将录取退役士兵人数和所录专业收费标准汇总报送当地学生资助管理中心；当地学生资助管理中心审核汇总后，在10个工作日内报全国学生资助管理中心。中央部门所属学校按上述时间要求向主管部门报送相关信息，经主管部门审核汇总后报全国学生资助管理中心。

（3）全国学生资助管理中心对申报信息进行审核汇总后，在20个工作日内上报财政部。

（4）财政部会同全国学生资助管理中心对上报数据进行审核后，在20个工作日内下拨资助资金。其中：中央部门所属学校的资金由中央财政通过中央部门下拨到所属学校；地方所属学校的资金，先拨付到地方财政，再由地方财政按隶属关系拨付到学校。

退役一年以内的自主就业退役士兵考入全日制普通高等学校的，按照《国务院中央军委关于加强退役士兵职业教育和技能培训工作的通知》（国发〔2010〕42号）文件规定执行。

三、有关管理工作要求

退役士兵教育资助是一项系统工程，也是一项创新工程。各有关部门要加强组织领导，做好政策宣传工作，使这一惠民政策家喻户晓，使广大退役士兵知晓受助的权利。同时，要健全工作机制，明确部门职责分工，制定具体工作要求，密切配合，共同组织实施。

教育行政部门要把退役士兵教育资助纳入国家助学政策体系中，统一管理。各级学生资助管理中心要进一步加强基础工作，提高工作效率，按规定程序及时准确提供退役士兵学生的基础信息。民政部门要做好自主就业退役士兵的身份认证工作。财政部门要及时足额安排资助资金，并按照“科学化、精细化”管理的要求，强化资金管理，确保专款专用。同时，加强监督检查，对于弄虚作假套取财政资金等违法行为，要按国家有关规定，严肃查处，充分发挥资金的使用效益。军队有关部门负责做好士兵入伍时和退役前的政策宣传和思想教育工作。

各高等学校要认真做好退役士兵学生的信息汇总、身份核实等基础性工作，在规定时间内做好有关申报工作。生活费及各种奖助学金要及时发放到退役士兵学生手中，免学费资金要按规定用途使用。同时，要针对退役士兵学生的特点，改进和创新教育教学管理方式，保证退役士兵学生较好地融入大学生活，接受高质量的教育。

财政部　教育部
关于印发《研究生国家奖学金管理暂行办法》的通知

（2012年9月29日　财教〔2012〕342号）

党中央有关部门，国务院有关部委、有关直属机构，各省、自治区、直辖市、计划单列市财政厅（局）、教育厅（教委、教育局），新疆生产建设兵团财务局、教育局：

为发展中国特色研究生教育，促进研究生培养机制改革，提高研究生培养质量，根据《国家中长期教育改革和发展规划纲要（2010—2020年）》有关精神，财政部、教育部制定了《研究生国家奖学金管理暂行办法》。现印发给你们，请遵照执行。

附件：

研究生国家奖学金管理暂行办法

第一章　总　则

第一条　为发展中国特色研究生教育，促进研究生培养机制改革，提高研究生培养质量，根据《国家中长期教育改革和发展规划纲要（2010—2020年）》，设立研究生国家奖学金。为做好研究生国家奖学金工作，制定本办法。

第二条　研究生国家奖学金由中央财政出资设立，用于奖励普通高等学校（以下简称高等学校）中表现优异的全日制研究生。

第三条　研究生国家奖学金每年奖励4.5万名在读研究生。其中，博士研究生1万名，硕士研究生3.5万名。

第二章　奖励标准与基本条件

第四条　博士研究生国家奖学金奖励标准为每生每年3万元；硕士研究生国家奖学金奖励标准为每生每年2万元。

第五条　研究生国家奖学金基本申请条件：

1. 热爱社会主义祖国，拥护中国共产党的领导；

2. 遵守宪法和法律，遵守高等学校规章制度；

3. 诚实守信，道德品质优良；

4. 学习成绩优异，科研能力显著，发展潜力突出。

第三章　名额分配与预算下达

第六条　财政部、教育部根据各高等学校研究生规模、培养质量以及上一年度研究生国家奖学金执行情况，制定研究生国家奖学金年度分配名额和预算。全国学生资助管理中心于每年3月底前，提出研究生国家奖学金名额分配建议方案，报财政部、教育部审定。

第七条　每年4月30日前，财政部、教育部将研究生国家奖学金分配名额和预算下达中央主管部门和省级财政、教育部门。

每年5月31日前，中央主管部门和省级财政、教育部门按程序将研究生国家奖学金分配名额和预算下达相关高校。

第八条　研究生国家奖学金名额向基础学科和国家亟需的学科（专业）倾斜。高等学校要统筹研究生国家奖学金和其他研究生奖学金的名额分配、评审和发放工作，充分发挥各类奖学金的激励作用。

第四章　评审组织

第九条　高等学校应建立健全与研究生规模和现有管理机构设置相适应的研究生国家奖学金评审组织机制。

第十条　高等学校应成立研究生国家奖学金评审领导小组，由校主管领导、相关职能部门负责人、研究生导师代表等组成。评审领导小组负责按照本办法有关规定制定本校研究生国家奖学金评审实施细则；制定名额分配方案；统筹领导、协调、监督本校评审工作；裁决学生对评审结果的申诉；指定有关部门统一保存本校的国家奖学金评审资料。

第十一条 高等学校下设的基层单位（院、系、所，下同）应成立研究生国家奖学金评审委员会，由基层单位主要领导任主任委员，研究生导师、行政管理人员、学生代表任委员，负责本单位研究生国家奖学金的申请组织、初步评审等工作。

第五章 评审程序

第十二条 研究生国家奖学金每年评审一次，所有符合本办法规定条件的攻读硕士、博士学位的全日制研究生均有资格申请。有意愿申请国家奖学金的研究生，本人应如实填写《研究生国家奖学金申请审批表》（附件1），向所在基层单位评审委员会提出申请。

硕博连读研究生在注册为博士研究生之前，或通过攻读博士学位资格考试前，按照硕士研究生身份申请国家奖学金；注册为博士研究生后，或已经通过攻读博士学位资格考试后，按照博士研究生身份申请国家奖学金。

直博生和招生简章中注明不授予中间学位的本硕博、硕博连读学生，根据当年所修课程的层次阶段确定身份参与国家奖学金的评定。在选修硕士课程阶段按照硕士研究生身份参与评定；进入选修博士研究生课程阶段按照博士研究生身份参与评定。

第十三条 研究生国家奖学金的评审工作，应坚持公开、公平、公正、择优的原则，严格执行国家有关教育法规，杜绝弄虚作假。

第十四条 基层单位评审委员会主任委员负责组织委员会委员对申请国家奖学金的学生进行初步评审，评审过程中应充分尊重本基层单位学术组织、研究生导师的推荐意见。基层单位评审委员会确定本单位获奖学生名单后，应在本基层单位内进行不少于5个工作日的公示。公示无异议后，提交高等学校研究生国家奖学金评审领导小组进行审定，审定结果在高等学校全范围内进行不少于5个工作日的公示。

第十五条 对研究生国家奖学金评审结果有异议的学生，可在基层单位公示阶段向所在基层单位评审委员会提出申诉，评审委员会应及时研究并予以答复。如学生对基层单位作出的答复仍存在异议，可在高校公示阶段向研究生国家奖学金评审领导小组提请裁决。

第十六条 中央高校将评审工作情况和评审结果报中央主管部门，地方高校将评审工作情况和评审结果报至省级财政、教育部门。中央主管部门和省级财政、教育行政部门对所属高校评审情况和结果汇总后，填制《博士研究生国家奖学金获奖学生汇总表》（附件2）和《硕士研究生国家奖学金获奖学生汇总表》（附件3），每年10月31日前，报财政部、教育部备案。

第六章　资金管理与监督

第十七条 高等学校于每年11月30日前将当年研究生国家奖学金一次性发放给获奖学生。高等学校应将研究生获得国家奖学金情况记入学生学籍档案，并颁发国家统一印制的荣誉证书。

第十八条 各省（自治区、直辖市、计划单列市）、有关中央主管部门和高等学校必须严格执行国家相关财经法规和本办法的规定，对研究生国家奖学金资金加强管理，专款专用，不得截留、挤占、挪用，并接受财政、审计、纪检监察等部门的检查和监督。

第十九条 财政部、教育部委托全国学生资助管理中心加强对研究生国家奖学金的日常管理。

第七章　附　则

第二十条 各省（自治区、直辖市、计划单列市）要根据本办法制定具体管理办法，报财政部、教育部备案。

第二十一条 科研院所研究生国家奖学金管理参照本办法执行。

第二十二条 本办法由财政部、教育部负责解释。

第二十三条 本办法自2012年9月1日起施行。

附件：1. 研究生国家奖学金申请审批表（略）

2. 博士研究生国家奖学金获奖学生汇总表（略）

3. 硕士研究生国家奖学金获奖学生汇总表（略）

财政部　国家发展改革委　教育部
关于完善研究生教育投入机制的意见

（2013 年 2 月 28 日　财教〔2013〕19 号）

党中央有关部门，国务院各部委、各直属机构，各省、自治区、直辖市、计划单列市人民政府，新疆生产建设兵团：

研究生教育是高等教育的重要组成部分，承担着培养高层次人才、创造高水平科研成果、提供高水平社会服务的重任。改革开放以来，我国研究生教育规模逐步扩大，培养能力不断增强，投入机制逐步健全，初步形成了一条符合我国国情的发展道路。但与教育改革发展的新形势、新要求相比，还存在培养经费供需矛盾突出、成本分担机制不健全、奖助政策体系不完善等问题。为贯彻落实《国家中长期教育改革和发展规划纲要（2010—2020 年）》的有关要求，进一步提高研究生培养质量，促进研究生教育持续健康发展，经国务院同意，现就完善研究生教育投入机制提出以下意见：

一、指导思想和基本原则

（一）指导思想。高举中国特色社会主义伟大旗帜，以邓小平理论、“三个代表”重要思想、科学发展观为指导，坚持社会主义办学方向，立足基本国情，遵循教育规律，以人才培养为根本，以提高质量为核心，以改革创新为动力，建立健全以政府投入为主、受教育者合理分担培养成本、高等学校等研究生培养机构多渠道筹集经费的研究生教育投入机制，全面激发研究生教育的活力，促进研究生教育持续健康发展。

（二）基本原则。坚持系统设计，完善体制机制。着力破除体制机制障碍，努力化解深层次矛盾，完善符合我国国情的研究生教育投入机制。坚持教育规律，促进质量提升。立足研究生教育的特点，遵循研究生成长成才规律，深化研究生教育综合改革，提高研究生培养质量。坚持以人为本，提高待遇水平。完善研究生奖助政策体系，改善研究生学习、科研和生活条件，提高研究生待遇。坚持统筹谋划，积极稳妥推进。充分调动各类研究生培养机构的积极性，加强中央和地方政策衔接，确保顺利实施。

二、完善研究生教育财政拨款制度

（一）完善中央部门所属普通高等学校（以下简称中央高校）研究生教育财政拨款制度。建立健全包括生均综合定额拨款、绩效拨款、奖助经费在内的财政拨款体系。从2012年起，中央财政对纳入全国研究生招生计划的中央高校全日制研究生（委托培养研究生除外）安排生均综合定额拨款。同时，根据经济发展水平、物价变动情况和财力状况，建立拨款标准动态调整机制，逐步提高拨款水平。中央财政根据研究生培养质量、科学研究水平等因素确定中央高校研究生教育绩效拨款，由学校自主安排用于研究生培养。中央高校按规定统筹利用“985工程”等经费，支持研究生教育发展。

（二）各地要参照中央高校研究生教育财政拨款模式，建立健全地方所属普通高等学校（以下简称地方高校）研究生教育拨款制度，加大财政投入力度。

三、完善研究生奖助政策体系

（一）加大奖助经费投入力度。以政府投入为主，按规定统筹高等学校自筹经费、科研经费、助学贷款、社会捐助等资金，建立健全多元奖助政策体系，提高研究生待遇水平。

（二）建立研究生国家助学金制度。从2014年秋季学期起，将现有的研究生普通奖学金调整为研究生国家助学金，用于补助研究生基本生活支出。研究生国家助学金范围覆盖全国研究生招生计划内的所有全日制研究生。博士生资助标准不低于每生每年10000元，硕士生资助标准不低于每生每年6000元。具体标准由各级财政部门会同高等学校主管部门确定，并根据经济发展水平和物价变动情况，建立资助标准动态调整机制。研究生国家助学金所需资金根据高等学校隶属关系，由中央财政和地方财政参照普通本专科生国家助学金分担办法共同承担。

（三）加大研究生助教、助研和助管（以下简称“三助”）岗位津贴资助力度。高等学校要按规定统筹利用科研经费、学费收入、社会捐助等资金，设置研究生“三助”岗位，并提供“三助”津贴。原则上，助研津贴主要通过科研项目经费中的劳务费列支，助教津贴和助管津贴所需资金由高等学校承担。高等学校要重视助研岗位设置并加大助研津贴资助力度，建立健全导师责任制和导师项目资助制，充分调动研究生参与科学研究和社会实践的积极性。高等学校要加大基本科研业务费对研究生培养的支持力度，支持符合条件的研究生特别是博士生开展自主研究，并对人文社科、基础学科等科研经费较少的学科给予倾斜支持。研究生“三助”津贴标准由高等学校依据国家有关规定，结合当地物价水平等因素合理确定。

（四）建立研究生国家奖学金制度。从 2012 年秋季学期起，设立研究生国家奖学金，用于奖励学业成绩特别优秀、科学研究成果显著、社会公益活动表现突出的研究生。每年奖励 4.5 万名，其中：博士生 1 万名，奖励标准为每生每年 30000 元；硕士生 3.5 万名，奖励标准为每生每年 20000 元。研究生国家奖学金所需资金由中央财政全额承担。研究生国家奖学金向基础学科和国家亟需的学科（专业、方向）倾斜。

（五）建立研究生学业奖学金制度。从 2014 年秋季学期起，设立研究生学业奖学金，用于奖励支持研究生更好地完成学业。高等学校根据研究生学业成绩、科研成果、社会服务以及家庭经济状况等因素，确定研究生学业奖学金的覆盖面、等级、具体标准和评定办法，并负责组织实施。研究生学业奖学金向基础学科和国家亟需的学科（专业、方向）倾斜。中央财政和地方财政根据高等学校隶属关系，对研究生学业奖学金所需资金给予支持，具体办法另行制定。高等学校按规定统筹利用财政资金、学费收入、社会捐助等资金，加大奖助力度。

（六）完善研究生国家助学贷款政策。确保符合条件的研究生都可以申请并及时获得国家助学贷款。提高研究生国家助学贷款年度最高限额，原则上不超过年度学费和住宿费标准总和。国家助学贷款贴息和风险补偿金按照现行办法由各级财政承担。落实到基层和艰苦边远地区工作以及应征入伍服义务兵役研究生的学费补偿和国家助学贷款代偿政策。

（七）完善配套政策措施。高等学校要综合采取减免学费、发放特殊困难补助、开辟入学“绿色通道”等方式，加大对家庭经济困难研究生的资助力度。进一步落实和完善鼓励捐资助学的优惠政策，积极引导和鼓励企业、社会团体和个人面向高等学校设立研究生奖助学金、专题研究项目，或提供实践实习岗位、就职锻炼机会等。鼓励有条件的高等学校设立留学生奖学金，吸引国外优秀学生来华攻读研究生学位。

四、建立健全研究生教育收费制度

（一）全面实行研究生教育收费制度。从2014年秋季学期起，按照“新生新办法、老生老办法”的原则，向所有纳入全国研究生招生计划的新入学研究生收取学费。

（二）合理确定研究生教育收费标准。研究生学费标准应综合考虑不同专业研究生培养成本、当地经济发展水平、办学条件、居民经济承受能力等因素确定，并与本专科生学费标准及已收费研究生学费标准相衔接。原则上，现阶段全日制学术学位研究生学费标准，硕士生每生每年不超过8000元，博士生每生每年不超过10000元。全日制专业学位研究生以及目前已按规定实行收费政策的研究生，暂执行原收费政策。

（三）加强研究生教育收费管理。研究生教育收费实行属地管理，具体标准由高等学校所在地省级教育行政部门提出，经省级价格、财政部门审核并报省级人民政府批准后执行，同时报国家发展改革委、财政部、教育部备案。研究生学费按学年收取，不得提前预收。研究生学费收入按规定纳入财政专户管理，实行“收支两条线”，由高等学校统筹用于研究生教学、科研、改善待遇等支出。

（四）研究生教育收费的具体办法另行制定。

五、有关工作要求

（一）加强组织领导。各地区、各有关部门要充分认识完善研究生教育投入机制的重大意义，建立相应的工作机制，制定具体的实施办法，抓好贯彻落实。高等学校等研究生培养机构要实行主要领导负责制，加强统筹协调和资源整合，确保各项政策落实到位。

（二）确保资金落实。地方财政部门要制定行政区域内有关资金的具体落实办法，确保应承担的资金落实到位。高等学校等研究生培养机构要积极拓宽研究生教育经费来源渠道，通过多种形式增加经费投入。各地区、各有关部门和各研究生培养机构要切实加强经费管理，确保资金使用规范、安全、有效。

（三）加强宣传引导。完善研究生教育投入机制是进一步改善研究生待遇、提高研究生培养质量的重大举措。各地区、各有关部门和各研究生培养机构要全面准确地领会有关精神，深入细致地做好宣传工作，为政策顺利实施营造良好的舆论环境。

（四）深化研究生教育改革。在完善研究生教育投入机制的同时，大力推进研究生教育综合改革。坚持全面提高质量，加大研究生教育规模和结构调整力度，分类推进培养模式改革，统筹构建质量保障体系，突出创新和实践能力培养，强化科教结合、产学结合，加快建设高层次人才培养体系。深化研究生教育改革的具体意见另行制定。

（五）完善科研机构等其他研究生培养机构研究生教育投入机制的工作，由各地区、各有关部门参照本意见，采取相应措施予以推进。硕博连读研究生、医学教育长学制学生，分别参照执行相应学习阶段的有关政策。

教育部　总参谋部关于印发《应征入伍普通高等学校录取新生保留入学资格及退役后入学办法（试行）》的通知

（2013年7月13日　教学〔2013〕8号）

各省、自治区、直辖市教育厅（教委）、征兵办公室，有关部门（单位）教育司(局)，各军区、各军兵种，军事科学院，国防大学，国防科学技术大学，武警部队，各省军区（卫戍区、警备区），教育部直属各高等学校：

现将《应征入伍普通高等学校录取新生保留入学资格及退役后入学办法（试行)》印发给你们，请认真贯彻执行。在试行过程中遇到问题望及时反映。

附件：

应征入伍普通高等学校录取新生保留入学资格及退役后入学办法（试行）

第一条　为了做好应征入伍普通高等学校录取新生保留入学资格及退役后入学工作，根据《中华人民共和国兵役法》和其他有关规定，制定本办法。

第二条　应征入伍普通高等学校录取新生，是指通过全国普通高等学校统一考试或研究生招生考试、已被普通高等学校或研究生招生单位（以下简称高校）录取但因同时依法应征入伍未到录取高校报到入学的学生（以下简称入伍高校新生）。

第三条 入伍高校新生申请保留入学资格，应当由入伍高校新生本人持高校录取通知书和身份证（户口簿）、高中阶段教育毕业证，到入伍地县（市、区）人民政府征兵办公室（以下简称县级征兵办）领取并填写《应征入伍普通高等学校录取新生保留入学资格申请表》（以下简称《保留入学资格申请表》，一式两份，式样附后）。入伍高校新生本人因故不能前往办理的，可以委托其他人持上述证明材料及受委托人身份证代为办理。县级征兵办应当认真查验入伍高校新生及受委托人有关证件，核实身份。

第四条 县级征兵办应当逐一告知入伍高校新生有关保留入学资格相关政策，协助入伍高校新生本人或受委托人填写《保留入学资格申请表》。

第五条 县级征兵办原则上应当在完成本辖区所有新兵交接手续之后5日内，汇总入伍高校新生《保留入学资格申请表》，加盖县级征兵办公章，连同入伍通知书复印件以公函形式发送至相关高校招生部门。对之后申请办理保留入学资格手续的，县级征兵办应当在录取高校规定新生报到日期前将《保留入学资格申请表》寄送高校招生部门。

第六条 高校接到入伍高校新生申请保留入学资格的有关材料后，依法依规审核录取资格，办理保留入学资格手续，在中国高等教育学生信息网学生个人信息中标注“参军入伍”，出具《保留入学资格通知书》。《保留入学资格申请表》审核加盖学校公章后，一份高校备案，另一份连同《保留入学资格通知书》寄送相关县级征兵办。县级征兵办收到上述材料后，将《保留入学资格申请表》留存备案，并在1周内将《保留入学资格通知书》送交入伍高校新生或受委托人保管。

第七条 入伍高校新生在退役后2年内，可以在退役当年或者第2年高校新生入学期间，持《保留入学资格通知书》和高校录取通知书，到录取高校办理入学手续。入伍高校新生重新报名参加高考或研究生招生考试的，视为自动放弃原入学机会，入学资格不再保留。

第八条 入伍高校新生退役入学时，原录取高校合并、撤销的，由省（区、市）教育行政部门安排转入同批次且与高考当年录取分数线相近的高校入学；原报考专业撤销的，由录取高校安排转入其他相近专业学习。

第九条 入伍高校新生在新兵检疫复查期间因身体原因被退回，可以持县级征兵办证明和高校录取通知书到录取高校办理入学手续；因身体原因不宜继续在部队服役而中途退役，可以在退役当年，如错过当年入学期间，可以顺延1年到录取高校办理入学。高校对申请入学的入伍高校新生（被退回及中途退役的）按照有关规定，进行新生入学资格复查，复查合格的办理入学手续，复查不合格的取消其入学资格。入伍后因政治原因或拒绝服兵役被部队退回、服役期间受到除名或开除军籍处分的，或者被依法追究刑事责任的，所在部队有关部门负责通报其入伍地县级征兵办，并由县级征兵办告知录取高校。高校应取消其入学资格。

第十条 各级征兵办公室应当建立入伍高校新生登记统计制度，并逐级汇总上报。省级征兵办公室应当将本省（区、市）入伍高校新生情况通报同级教育行政部门备案。省级教育行政部门应当依据高校反馈的自行放弃入学资格考生名单，比对入伍高校录取新生信息，核查其中是否有已入伍尚未办理保留入学资格手续的学生；对未办理保留入学资格手续的，要督促协调有关部门做好手续补办工作。

第十一条 在办理入伍高校新生保留入学资格和退役后入学手续过程中，对故意拖延或不予办理的，上级主管部门应当督促办理并予以通报批评；造成不良影响或者严重后果的，依据有关规定追究相关人员责任。对在办理入伍高校新生保留入学资格和退役后入学工作中，弄虚作假、谋取私利的，依照有关法律法规严肃处理。

附件：应征入伍普通高等学校录取新生保留入学资格申请表（略）

财政部　教育部关于印发《研究生学业奖学金管理暂行办法》的通知

（2013年7月29日　财教〔2013〕219号）

党中央有关部门，国务院有关部委、有关直属机构，各省、自治区、直辖市、计划单列市财政厅（局）、教育厅（局、教委），新疆生产建设兵团财务局、教育局：

为激励研究生勤奋学习、潜心科研、勇于创新、积极进取，在全面实行研究生教育收费制度的情况下更好地支持研究生顺利完成学业，根据《财政部　国家发展改革委　教育部关于完善研究生教育投入机制的意见》（财教〔2013〕19号）精神，财政部、教育部制定了《研究生学业奖学金管理暂行办法》。现印发给你们，请遵照执行。

附件：

研究生学业奖学金管理暂行办法

第一章　总　则

第一条　为激励研究生勤奋学习、潜心科研、勇于创新、积极进取，在全面实行研究生教育收费制度的情况下更好地支持研究生顺利完成学业，根据《财政部　国家发展改革委　教育部关于完善研究生教育投入机制的意见》（财教〔2013〕19号）精神，从2014年秋季学期起，设立研究生学业奖学金。为做好中央部门所属普通高等学校（以下简称中央高校）研究生学业奖学金工作，特制定本办法。

第二条 本办法所称研究生是指中央高校纳入全国研究生招生计划的全日制研究生。获得奖励的研究生须具有中华人民共和国国籍。

第三条 中央高校研究生学业奖学金由中央高校负责组织实施。中央高校应按规定统筹利用财政拨款、学费收入、社会捐助等，奖励支持表现良好的研究生更好地完成学业。

第四条 从2014年秋季学期起，中央财政对中央高校研究生学业奖学金所需资金，按照博士研究生每生每年10000元、硕士研究生每生每年8000元的标准以及在校生人数的一定比例给予支持，所需资金按照预算管理程序列入年度部门预算。

第二章 奖励比例、标准与基本条件

第五条 中央高校根据研究生收费标准、学业成绩、科研成果、社会服务以及家庭经济状况等因素，确定研究生学业奖学金的覆盖面、等级、奖励标准和评定办法（可分档设定奖励标准），报财政部、教育部备案。研究生学业奖学金标准不得超过同阶段研究生国家奖学金标准的60%。研究生学业奖学金名额分配应向基础学科和国家亟需的学科（专业、方向）倾斜。中央高校应根据实际情况，对研究生学业奖学金覆盖面、等级和奖励标准进行动态调整。

第六条 研究生学业奖学金基本申请条件：

1. 热爱社会主义祖国，拥护中国共产党的领导；
2. 遵守宪法和法律，遵守高等学校规章制度；
3. 诚实守信，品学兼优；
4. 积极参与科学研究和社会实践。

第七条 直博生和招生简章中注明不授予中间学位的本硕博、硕博连读学生，根据当年所修课程的层次阶段确定身份参与学业奖学金的评定。在选修硕士课程阶段按照硕士研究生身份参与评定，进入选修博士研究生课程阶段按照博士研究生身份参与评定。

第八条 获得研究生学业奖学金奖励的研究生，可以同时获得研究生国家奖学金、研究生国家助学金等其他研究生国家奖助政策以及校内其他研究生奖助政策资助。

第三章　评审组织与程序

第九条　中央高校应建立健全与本校研究生规模和管理机构相适应的研究生学业奖学金评审机制。

第十条　中央高校应成立研究生学业奖学金评审领导小组，由校主管领导、相关职能部门负责人、研究生导师代表等组成。评审领导小组按照本办法有关规定，负责制定本校研究生学业奖学金评审实施细则，制定名额分配方案，统筹领导、协调和监督本校评审工作，并裁决有关申诉事项。

第十一条　中央高校下设的基层单位（院、系、所，下同）应成立研究生学业奖学金评审委员会，由基层单位主要领导任主任委员，研究生导师、行政管理人员、学生代表任委员，负责本单位研究生学业奖学金的申请组织、初步评审等工作。

第十二条　基层单位研究生学业奖学金评审委员会确定本单位获奖学生名单后，应在本基层单位内进行不少于 3 个工作日的公示。公示无异议后，提交学校研究生学业奖学金评审领导小组审定，审定结果在全校范围内进行不少于 2 个工作日的公示。

第十三条　对研究生学业奖学金评审结果有异议的，可在基层单位公示阶段向所在基层单位评审委员会提出申诉，评审委员会应及时研究并予以答复。如申诉人对基层单位作出的答复仍存在异议，可在学校公示阶段向研究生学业奖学金评审领导小组提请裁决。

第十四条　研究生学业奖学金的评审工作应坚持公正、公平、公开、择优的原则，严格执行国家有关教育法规，杜绝弄虚作假。

第四章　资金管理

第十五条　中央高校于每年 11 月 30 日前将当年研究生学业奖学金一次性发放给获奖学生，并将研究生获得学业奖学金情况记入学生学籍档案。

第十六条　中央主管部门和中央高校必须严格执行国家相关财经法规和本办法的规定，对研究生学业奖学金资金加强管理，专款专用，不得截留、挤占、挪用，并自觉接受财政、审计、纪检监察等部门的检查和监督。

第五章　附　则

第十七条　各省、自治区、直辖市、计划单列市财政、教育部门应根据本办法精神，确定地方财政对本省（自治区、直辖市、计划单列市）所属高校研究生学业奖学金的支持力度，制定地方所属高校研究生学业奖学金管理办法，报财政部、教育部备案。

第十八条　科研机构等其他研究生培养机构研究生学业奖学金管理参照本办法执行。

第十九条　本办法由财政部、教育部负责解释。

第二十条　本办法自 2014 年 9 月 1 日起施行。

财政部　教育部关于印发《研究生国家助学金管理暂行办法》的通知

（2013年7月29日　财教〔2013〕220号）

党中央有关部门，国务院有关部委、有关直属机构，各省、自治区、直辖市、计划单列市财政厅（局）、教育厅（局、教委），新疆生产建设兵团财务局、教育局：

为完善研究生奖助政策体系，提高研究生待遇水平，根据《财政部　国家发展改革委　教育部关于完善研究生教育投入机制的意见》（财教〔2013〕19号）精神，财政部、教育部制定了《研究生国家助学金管理暂行办法》。现印发给你们，请遵照执行。

附件：

研究生国家助学金管理暂行办法

第一章　总　则

第一条　为完善研究生奖助政策体系，提高研究生待遇水平，根据《财政部　国家发展改革委　教育部关于完善研究生教育投入机制的意见》（财教〔2013〕19号）精神，自2014年秋季学期起，研究生普通奖学金调整为研究生国家助学金。为做好研究生国家助学金工作，制定本办法。

第二条　研究生国家助学金用于资助全国普通高等学校纳入全国研究生招生计划的所有全日制研究生（有固定工资收入的除外），补助研究生基本生活支出。获得资助的研究生须具有中华人民共和国国籍。

第三条 研究生国家助学金由中央财政和地方财政共同出资设立。中央部门所属高校研究生国家助学金所需资金，全部由中央财政承担。地方所属高校研究生国家助学金所需资金，由中央财政与地方财政参照普通本专科生国家助学金资金分担办法共同承担。

第二章 资助标准

第四条 博士研究生资助标准不低于每生每年10000元，硕士研究生资助标准不低于每生每年6000元。

第五条 中央部门所属高校博士研究生资助标准为每生每年12000元，硕士研究生资助标准为每生每年6000元。

第六条 地方所属高校研究生国家助学金资助标准由各省（自治区、直辖市、计划单列市）财政部门会同教育部门确定。中央财政按照博士研究生每生每年10000元、硕士研究生每生每年6000元的标准以及普通本专科生国家助学金分担办法，承担地方所属高校研究生国家助学金所需资金。

第七条 各级财政部门会同教育部门建立研究生国家助学金资助标准动态调整机制，根据经济发展水平和物价变动情况，适时调整资助标准。

第三章 预算下达

第八条 中央部门所属高校研究生国家助学金所需资金，按照预算管理程序列入年度部门预算。

第九条 每年9月30日前，财政部、教育部根据测算情况，按照一定比例提前下达下一年度中央财政应承担的地方所属高校研究生国家助学金预算。

第十条 每年5月31日前，全国学生资助管理中心根据各省（自治区、直辖市、计划单列市）所属高校符合研究生国家助学金资助条件的在校学生人数，编制研究生国家助学金名额和预算分配建议方案，报财政部、教育部审定。

第十一条 每年6月30日前，财政部、教育部确定各省（自治区、直辖市、计划单列市）所属高校研究生国家助学金名额和预算分配方案，并对中央财政应承担资金进行据实结算。

第十二条 每年9月1日前，各省（自治区、直辖市、计划单列市）财政、教育部门按程序将研究生国家助学金名额和预算下达至相关高校。

第四章 发放、管理与监督

第十三条 高校应按月将研究生国家助学金发放到符合条件的学生手中。

第十四条 直博生和招生简章中注明不授予中间学位的本硕博、硕博连读学生，根据当年所修课程的层次阶段确定身份参与国家助学金的发放。在选修硕士课程阶段按照硕士研究生身份发放国家助学金；进入选修博士研究生课程阶段按照博士研究生身份发放国家助学金。

第十五条 研究生在学制期限内，由于出国、疾病等原因办理保留学籍或休学等手续的，暂停对其发放研究生国家助学金，待其恢复学籍后再行发放。超过规定学制年限的延期毕业生不再享受研究生国家助学金。

第十六条 中央有关部门、各省（自治区、直辖市、计划单列市）高校主管部门、各高校必须严格执行国家相关财经法规和本办法的规定，对研究生国家助学金实行分账核算，专款专用，不得截留、挤占、挪用，并自觉接受财政、审计、纪检监察、主管机关等部门的检查和监督。

第五章 附 则

第十七条 各省（自治区、直辖市、计划单列市）财政和教育部门、各中央部门所属高校应根据本办法精神，制定研究生国家助学金管理的具体办法，并报财政部、教育部备案。

第十八条 科研机构等其他研究生培养机构研究生国家助学金管理参照本办法执行。

第十九条 本办法由财政部、教育部负责解释。

第二十条 本办法自2014年9月1日起施行。

财政部　教育部　总参谋部关于印发《高等学校学生应征入伍服义务兵役国家资助办法》的通知

（2013年8月20日　财教〔2013〕236号）

党中央有关部门，国务院有关部委、有关直属机构，武警部队，各省（自治区、直辖市、计划单列市）财政厅（局）、教育厅（教委、教育局）、征兵办公室，新疆生产建设兵团财务局、教育局，各军区，各军兵种，军事科学院，国防大学，国防科学技术大学，各省军区（卫戍区、警备区），中央部门直属各高等学校：

为推进国防和军队现代化建设，鼓励高等学校学生积极应征入伍服义务兵役，提高兵员征集质量，财政部、教育部、总参谋部制定了《高等学校学生应征入伍服义务兵役国家资助办法》，现印发给你们，请遵照执行。

附件1：

高等学校学生应征入伍服义务兵役国家资助办法

第一章　总　则

第一条　为推进国防和军队现代化建设，鼓励高等学校学生积极应征入伍服义务兵役，提高兵员征集质量，对应征入伍服义务兵役及退役后自愿回校复学的高等学校学生，国家给予资助。现根据有关规定，制定本办法。

第二条　高等学校学生应征入伍服义务兵役国家资助，是指国家对应征入伍服义务兵役的高校学生，在入伍时对其在校期间缴纳的学费实行一次性补偿或获得的国家助学贷款（国家助学贷款包括校园地国家助学贷款和生源地信用助学贷款，下同）实行代偿；应征入伍服义务兵役前正在高等学校就读的学生（含按国家招生规定录取的高等学校新生），服役期间按国家有关规定保留学籍或入学资格、退役后自愿复学或入学的，国家实行学费减免。

第三条 本办法所称高等学校是指根据国家有关规定批准设立、实施高等学历教育的全日制公办普通高等学校、民办普通高等学校和独立学院（以下简称“高校”）。

第四条 本办法所称高校学生是指高校全日制普通本专科（含高职）、研究生、第二学士学位的应（往）届毕业生、在校生和入学新生，以及成人高校招收的普通本专科（高职）应（往）届毕业生、在校生和入学新生（以下简称“高校学生”）。

下列高校学生应征入伍服义务兵役不享受国家资助：

（一）在校期间已免除全部学费的学生；

（二）定向生、委培生和国防生；

（三）其他不属于服义务兵役到部队参军的学生。

第五条 高校学生应征入伍服义务兵役国家资助资金，全部由中央财政安排。

第二章 标准及年限

第六条 学费补偿、国家助学贷款代偿及学费减免标准，本专科生每人每年最高不超过6000元，硕士研究生每人每年最高不超过8000元，博士研究生每人每年最高不超过10000元。

学费补偿或国家助学贷款代偿金额，按学生实际缴纳的学费或获得的国家助学贷款（国家助学贷款包括本金及其全部偿还之前产生的利息，下同）两者金额较高者执行，据实补偿或者代偿。退役复学后学费减免金额，按学校实际收取学费金额执行。超出标准部分不予补偿、代偿或减免。

获学费补偿学生在校期间获得国家助学贷款的，补偿资金必须首先用于偿还国家助学贷款。如补偿金额高于国家助学贷款金额，高出部分退还学生。

第七条 获得国家助学贷款的高校在校生应征入伍后，国家助学贷款停止发放。

第八条 学费补偿、国家助学贷款代偿和学费减免的年限，按照国家对本科、专科（高职）、研究生和第二学士学位规定的相应修业年限据实计算。以入伍时间为准，入伍前已达到的修业规定年限，即为学费补偿或国家助学贷款代偿的年限；退役复学后应完成的国家规定的修业年限的剩余期限，即为学费减免的年限；复学后攻读更高层次学历不在减免学费范围之内。

专升本、本硕连读、中职高职连读、第二学士学位毕业生补偿学费或代偿国家助学贷款的年限，分别按照完成本科、硕士、高职和第二学士学位阶段学习任务规定的学习时间计算。

专升本、本硕连读学制在校生，在专科或本科学习阶段应征入伍的，以实际学习时间实行学费补偿或国家助学贷款代偿；在本科或硕士学习阶段应征入伍的，以本科已学习时间或硕士已学习时间计算，实行学费补偿或国家助学贷款代偿，其以前专科学习时间或本科学习时间不计入学费补偿或国家助学贷款代偿。中职高职连读学生学费补偿或国家助学贷款代偿的年限，按照高职阶段实际学习时间计算。

第三章　申请与审批

第九条　高校学生申请应征入伍服义务兵役国家资助应遵循以下程序：

（一）应征报名的高校学生登录大学生征兵报名系统，按要求在线填写、打印《高校学生应征入伍学费补偿国家助学贷款代偿申请表》（一式两份，以下简称《申请表》）并提交学校学生资助管理部门。在校期间获得国家助学贷款的学生，需同时提供《国家助学贷款借款合同》复印件和本人签字的一次性偿还贷款计划书。

（二）学校相关部门对《申请表》中学生的资助资格、标准、金额（如有生源地信用助学贷款，学校应联系贷款经办银行或贷款经办地县级学生资助管理机构确认贷款金额）等相关信息审核无误后，对《申请表》加盖公章，一份留存，一份返还学生。

（三）学生在征兵报名时将《申请表》交至入伍所在地县级人民政府征兵办公室（以下简称“县级征兵办”）。学生通过征兵体检被批准入伍后，县级征兵办对《申请表》加盖公章并返还学生。

（四）学生将《申请表》原件和入伍通知书复印件，寄送至原就读高校学生资助管理部门。

第十条 高校学生资助管理部门在收到学生寄送的《申请表》和《入伍通知书》复印件后，对各项内容进行复核，符合条件的，应及时向学生进行学费补偿或国家助学贷款代偿。

对于办理校园地国家助学贷款的学生，由学校按照还款计划，一次性向银行偿还学生校园地国家助学贷款本息，并将银行开具的偿还贷款票据交寄学生本人或其家长。偿还全部贷款后如有剩余资金，汇至学生指定的地址或账户。

对于入学前在户籍所在县（市、区）办理了生源地信用助学贷款的学生，由学校根据学生签字的还款计划，一次性向银行偿还学生生源地信用助学贷款本息，或由学校将代偿资金汇入学生贷款经办地县级学生资助管理机构账户，由县级学生资助管理机构向银行偿还；学校或县级学生资助管理机构将银行开具的偿还贷款票据交寄学生本人或其家长，县级学生资助管理机构还应同时将偿还贷款票据复印件寄送学生就读高校。偿还全部贷款后如有剩余资金，汇至学生指定的地址或账户。

第十一条 退役后自愿回校复学的学生，到学校报到后向学校提出学费减免申请，填写并提交《高校学生退役复学学费减免申请表》和退出现役证书复印件。学校学生资助管理部门在收到申请材料后，及时对学生申请资格进行审核认定。符合条件的，及时办理学费减免手续。

第十二条 资助资金不足以偿还国家助学贷款的，学生应与经办银行重新签订还款计划，偿还剩余部分国家助学贷款。

第十三条 应征入伍服义务兵役的往届毕业生，如申请国家助学贷款代偿的，应由学生本人继续按原还款协议自行偿还贷款，学生本人凭贷款合同和已偿还的贷款本息银行凭证向学校申请全部代偿资金。

第四章　资金拨付和管理

第十四条 中央部门所属高校（以下简称中央高校）国家资助资金由中央财政拨付全国学生资助管理中心，地方所属高校（以下简称地方高校）国家资助资金由中央财政拨付各省级财政部门。

第十五条 地方高校学生应征入伍服义务兵役国家资助资金采取“当年先行预拨，次年据实结算”的办法。中央财政于每年 5 月底前，对各省份上一年度实际所需资助经费进行清算，并以上一年度实际支出金额为基数提前下达各省份当年资金预算。

第十六条 中央有关部门、各省级财政和教育部门应及时将资金拨付至所属高校。各有关高校应采取有效措施，及时支付资助经费，确保国家资助政策及时落实到位。

第十七条 每年10月31日前，中央高校应将本年度高校学生应征入伍服义务兵役国家资助的经费使用等情况，报全国学生资助管理中心审核。地方高校应将本年度高校学生应征入伍服义务兵役国家资助的经费使用等情况，报各省（区、市）学生资助管理中心；各省（区、市）学生资助管理中心审核无误后，于每年11月15日前，报全国学生资助管理中心备案。

第十八条 各地财政、教育部门和高校要严格执行国家相关财经法规和本办法的规定，对高校学生应征入伍服义务兵役国家资助资金实行分账核算，专款专用，并接受财政、审计、纪检监察、主管机关等部门的检查和监督。对弄虚作假、套取财政资金或截留、挤占、挪用财政资金的行为，将按照有关规定严肃处理。情节严重的，将依法追究有关责任人的法律责任。

第五章　管理与监督

第十九条 因本人思想原因、故意隐瞒病史或弄虚作假、违法犯罪等行为造成退兵的学生，学校取消其受助资格，并不得申请学费减免。各省（区、市）人民政府征兵办公室应在接收退兵后及时将被退回学生的姓名、就读高校、退兵原因等情况逐级上报至国防部征兵办公室，并按照学生原就读高校的隶属关系，通报同级教育行政部门。

被部队退回并被取消资助资格的学生，如学生返回其原户籍所在地，已补偿的学费或代偿的国家助学贷款资金由学生户籍所在地县级教育行政部门会同同级人民政府征兵办公室收回；如学生返回其原就读高校，已补偿的学费或代偿的国家助学贷款由学生原就读高校会同退役安置地县级人民政府征兵办公室收回。各县级教育行政部门和各高校应在收回资金后十日内，逐级汇总上缴全国学生资助管理中心。收回资金按规定作为下一年度学费补偿或国家助学贷款代偿经费。

第二十条 因部队编制员额缩减、国家建设需要、因战因公负伤致残、因病不适宜在部队继续服役、家庭发生重大变故需要退出现役等原因，经组织批准提前退役的学生，仍具备受助资格。其他原因非正常退役学生的资助资格认定，由学校所在地省（区、市）人民政府征兵办公室会同同级教育行政部门确定。

第二十一条 各地教育行政部门、人民政府征兵办公室和高校要认真履行职责，按照规定要求，对应征入伍高校学生的入伍资格、资助资格等进行认真审核，不得弄虚作假。对符合要求的高校应征入伍学生，学校应及时办理资助手续。

第六章 附 则

第二十二条 本办法由财政部、教育部、总参谋部负责解释。

第二十三条 本办法自公布之日起实施。2009 年 4 月 20 日财政部、教育部、总参谋部印发的《应征入伍服义务兵役高等学校毕业生学费补偿国家助学贷款代偿暂行办法》（财教〔2009〕35 号）和 2011 年 10 月 19 日财政部、教育部、总参谋部印发的《应征入伍服义务兵役高等学校在校生学费补偿国家助学贷款代偿及退役复学后学费资助暂行办法》（财教〔2011〕510 号）同时废止。

附件 2：高校学生应征入伍学费补偿国家助学贷款代偿申请表（略）

附件 3：高校学生退役复学学费减免申请表（略）

教育部　财政部关于印发《普通高等学校研究生国家奖学金评审办法》的通知

（2014年2月21日　教财〔2014〕1号）

各省、自治区、直辖市教育厅（教委）、财政厅（局），各计划单列市教育局、财政局，新疆生产建设兵团教育局、财务局，有关部门（单位），中央部门所属各高等学校：

为进一步做好研究生国家奖学金评审工作，确保评审工作的公开、公平、公正，根据财政部、教育部《研究生国家奖学金管理暂行办法》，特制定《普通高等学校研究生国家奖学金评审办法》。现印发给你们，请遵照执行。

附件：

普通高等学校研究生国家奖学金评审办法

第一条　为规范普通高等学校（以下简称高校）研究生国家奖学金评审行为，保证评审工作公开、公平、公正、依法依章开展，确保评审质量和评审结果的权威性，根据《研究生国家奖学金管理暂行办法》（财教〔2012〕342号），制定本办法。

第二条　高校应根据本校组织机构设置状况，建立健全与本校研究生规模和现有管理机构设置相适应的研究生国家奖学金评审组织机制，加强研究生国家奖学金管理工作。

第三条　高校应成立研究生国家奖学金评审领导小组，由校主管领导、相关职能部门负责人、研究生导师代表等组成。评审领导小组负责制订本校研究生国家奖学金评审实施细则；制订名额分配方案；统筹领导、协调、监督本校评审工作；裁决学生对评审结果的申诉；指定有关部门统一保存本校的国家奖学金评审资料。

第四条 高校下设的基层单位（院、系、所、中心，下同）应成立研究生国家奖学金评审委员会（以下简称评审委员会），由基层单位主要领导任主任委员，研究生导师代表、行政管理人员代表、学生代表任委员，负责本单位研究生国家奖学金的申请组织、初步评审等工作。

第五条 评审委员会成员在履行评审工作职责时应遵循以下原则：

（一）平等原则，即在评审过程中，积极听取其他委员的意见，在平等、协商的气氛中提出评审意见；

（二）回避原则，即发生与评审对象存在亲属关系、直接经济利益关系或有其他可能影响评审工作公平公正的情形时，应主动向评审委员会申请回避；

（三）公正原则，即不得利用评审委员的特殊身份和影响力，单独或与有关人员共同为评审对象提供获奖便利；

（四）保密原则，即不得擅自披露评审结果及其他评审委员的意见等相关保密信息。

第六条 高校在分配研究生国家奖学金名额时，应在各基层单位研究生规模的基础上，对培养质量较高的基层单位、学校特色优势学科、基础学科和国家亟需学科予以适当的倾斜。

第七条 高校在研究生国家奖学金评审过程中，可根据实际需要自行设计《研究生国家奖学金申请审批表》，统一组织学生申请研究生国家奖学金。

第八条 研究生国家奖学金每年评审一次，所有具有中华人民共和国国籍且纳入全国研究生招生计划的全日制（全脱产学习）研究生均有资格申请。当年毕业的研究生不再具备申请研究生国家奖学金资格。

第九条 高校与科研院所等其他研究生培养机构之间联合培养的研究生，原则上由高校对联合培养的研究生进行国家奖学金评审。

第十条 直博生和招生简章中注明不授予中间学位的本硕博、硕博连读学生，根据当年所修课程的层次阶段确定身份参与研究生国家奖学金的评定。在选修硕士课程阶段按照硕士研究生身份参与评定；进入选修博士研究生课程阶段按照博士研究生身份参与评定。

第十一条 研究生出现以下任一情况，不具备当年研究生国家奖学金参评资格：

（一）参评学年违反国家法律、校纪校规受到纪律处分者；

（二）参评学年有抄袭剽窃、弄虚作假等学术不端行为经查证属实的；

（三）参评学年学籍状态处于休学、保留学籍者。

第十二条 高校应根据学校自身情况，以研究生的道德品质和学习成绩为基本条件，科学合理地制定研究生国家奖学金评审指标体系。对学术型研究生，评审标准应偏重考察其科研创新能力和体现创新能力的科研成果；对专业学位研究生，评审标准应偏重考察其专业实践能力和适应专业岗位的综合素质。

第十三条 对于新入学的研究生，高校应根据学校实际情况设计科学合理的机制，重点考察研究生招生考试相关成绩及考核评价情况，兼顾其在本科阶段取得的突出成绩，可采取复试时组织专家和研究生导师对其进行评审答辩等形式的考察，确保符合条件的新入学研究生获得国家奖学金。

第十四条 为保证研究生国家奖学金获奖学生的质量，扩大研究生国家奖学金的影响力和激励引导作用，评审工作可增加有助于人才培养模式创新的竞赛、公开答辩等环节，实行差额评选。

第十五条 评审委员会确定本单位获奖学生名单后，应在本基层单位内进行不少于5个工作日的公示。公示无异议后，提交学校研究生国家奖学金评审领导小组进行审定，审定结果在全校范围内进行不少于5个工作日的公示。

第十六条 对研究生国家奖学金评审结果有异议的学生及相关人员，可在基层单位公示阶段向评审委员会提出申诉，评审委员会应及时研究并予以答复。如申诉人对基层单位作出的答复仍存在异议，可在高校公示阶段向研究生国家奖学金评审领导小组提请裁决。

第十七条 研究生在基本修业年限内可多次获得研究生国家奖学金，但获奖成果不可重复申报使用。超出学制期限基本修业年限的研究生，原则上不再具备研究生国家奖学金参评资格。

第十八条 在学制期限基本修业年限内，因国家和单位公派出国留学或校际交流在境外学习的研究生，仍具备研究生国家奖学金参评资格；由于因私出国留学、疾病、创业等原因未在校学习的研究生，期间内原则上不具备研究生国家奖学金参评资格。

第十九条 高校应及时报送研究生国家奖学金评审材料。中央部门所属高校将评审材料报其中央主管部门，地方高校将评审材料报省级教育、财政部门。评审材料包括反映本校评审依据、评审程序、名额分配及评审结果等情况的评审报告及获奖研究生汇总表。中央主管部门和省级教育、财政部门对所属高校评审情况和结果汇总后，每年10月31日前，报教育部、财政部备案。

第二十条 教育部、财政部委托全国学生资助管理中心收取研究生国家奖学金备案材料，并颁发国家统一印制的荣誉证书。

第二十一条 科研院所等其他研究生培养机构研究生国家奖学金评审参照本办法执行。

财政部　教育部关于印发《生源地信用助学贷款风险补偿金管理办法》的通知

（2014 年 4 月 24 日　财教〔2014〕16 号）

各省、自治区、直辖市、计划单列市财政厅（局）、教育厅（局、教委），有关金融机构：

为进一步落实生源地信用助学贷款风险补偿机制，充分发挥风险补偿金的风险防控和奖励引导作用，促进生源地信用助学贷款工作健康持续发展，财政部、教育部制定了《生源地信用助学贷款风险补偿金管理办法》。现印发给你们，请遵照执行。

附件：

生源地信用助学贷款风险补偿金管理办法

第一条　为进一步落实生源地信用助学贷款风险补偿机制，充分发挥风险补偿金的风险防控和奖励引导作用，促进生源地信用助学贷款工作健康持续开展，制定本办法。

第二条　国家开发银行办理生源地信用助学贷款的风险补偿金管理适用本办法。

第三条　生源地信用助学贷款风险补偿金实行结余奖励和亏空分担。风险补偿金若超出生源地信用助学贷款损失，超出部分由国家开发银行奖励给县级学生资助管理中心；若低于生源地信用助学贷款损失，不足部分由国家开发银行和县级财政部门各分担 50%。

第四条　国家开发银行收到风险补偿金，应确认为递延收益，待确认生源地信用助学贷款损失时，计入当期损益。已确认的生源地信用助学贷款损失，以后又收回的，相应回拨递延收益。

第五条 生源地信用助学贷款风险补偿金结余奖励和亏空分担工作每年开展一次，以省（自治区、直辖市、计划单列市）为单位进行计算。

第六条 可用于结余奖励的风险补偿金包括：

（一）已结清的生源地信用助学贷款合同对应的风险补偿金。为防范生源地信用助学贷款整体风险，这部分资金应分年提取。

（二）按一定比例预先动用未结清的生源地信用助学贷款合同对应的风险补偿金。这部分资金应在最终清算结余奖励和亏空分担金额时予以扣减。

第七条 已结清的生源地信用助学贷款合同对应的风险补偿金分年提取办法，以及未结清的生源地信用助学贷款合同对应的风险补偿金预先动用比例，由国家开发银行总行商全国学生资助管理中心确定。

第八条 生源地信用助学贷款风险补偿金结余奖励资金（以下简称结余奖励资金）年度总额和分配方案，由国家开发银行省级分行商省级学生资助管理中心审核制定，并报省级财政部门、教育部门备案。

第九条 结余奖励资金年度总额和分配方案的研究制定，应综合考虑已结清的生源地信用助学贷款合同金额、逾期本息、未结清的生源地信用助学贷款预期风险、县级学生资助管理中心贷款管理情况等因素。

第十条 结余奖励资金由国家开发银行省级分行根据备案后的分配方案，支付县级教育行政部门。地方应承担的风险补偿金亏空分担资金，由省级学生资助管理中心负责归集，及时足额划拨国家开发银行。

第十一条 结余奖励资金用于县级学生资助管理中心生源地信用助学贷款管理工作，专账核算、专款专用，用途包括：

（一）与生源地信用助学贷款管理工作相关的直接支出，包括宣传教育、业务培训、交通通讯、办公设备购置等日常业务支出；

（二）弥补学生因死亡、失踪和丧失劳动能力确实无力归还生源地信用助学贷款所形成的风险。

第十二条 结余奖励资金用于弥补学生因死亡、失踪和丧失劳动能力确实无力归还生源地信用助学贷款所形成风险的，应由共同借款人（学生家长或其他法定监护人）或学生本人提出申请，经县级学生资助管理中心审核后，报省级学生资助管理中心核准。

第十三条 结余奖励资金不得用于工资、奖金、津补贴和福利支出，以及其他与国家助学贷款管理工作无直接关系的支出。

第十四条 国家开发银行和相关县级学生资助管理中心要严格按照国家相关法规和本办法规定使用和管理生源地信用助学贷款风险补偿金，并自觉接受财政、审计、纪检监察等部门的监督和检查。

第十五条 年度终了，国家开发银行总行应会同全国学生资助管理中心汇总分析风险补偿金使用管理情况，包括结余奖励和亏空分担情况、风险补偿金预拨情况、县级学生资助管理中心结余奖励资金使用管理情况等，形成报告报送财政部、教育部。财政部、教育部将适时对风险补偿金使用管理情况开展专项检查或抽查。

第十六条 本办法未规定事项，按照《财政部　教育部　银监会关于大力开展生源地信用助学贷款的通知》（财教〔2008〕196号）相关规定执行。

第十七条 国家开发银行总行应依据本办法，制定本行办理的生源地信用助学贷款业务的风险补偿金具体使用管理办法，包括已结清贷款合同对应的风险补偿金分年提取办法、未结清贷款合同对应的风险补偿金预先动用比例、结余奖励具体实施办法等，并报财政部、教育部备案。

第十八条 国家开发银行以外的其他金融机构办理的生源地信用助学贷款，实行风险补偿金结余奖励和亏空分担的，风险补偿金管理参照本办法执行。

第十九条 本办法由财政部、教育部负责解释。

第二十条 本办法自2014年6月1日起施行。

财政部 教育部 中国人民银行 银监会
关于调整完善国家助学贷款相关政策措施的通知

（2014 年 7 月 18 日 财教〔2014〕180 号）

党中央有关部门，国务院有关部委、有关直属机构，各省、自治区、直辖市、计划单列市财政厅（局）、教育厅（局、教委）、银监局，新疆生产建设兵团财务局、教育局，中国人民银行各分行、营业管理部、省会（首府）城市中心支行，中央部门所属各高等学校，各银行业金融机构：

为进一步健全普通高等学校家庭经济困难学生资助政策体系，更好地满足学生国家助学贷款需求，根据《国家中长期教育改革和发展规划纲要（2010—2020 年）》《国务院关于建立健全普通本科高校高等职业学校和中等职业学校家庭经济困难学生资助政策体系的意见》（国发〔2007〕13 号）和《财政部 国家发展改革委 教育部关于完善研究生教育投入机制的意见》（财教〔2013〕19 号）等有关文件，经研究并商民政部、总参谋部、总政治部，决定调整国家助学贷款（含校园地国家助学贷款和生源地信用助学贷款，下同）资助标准和资助比例。现将有关事项通知如下：

一、国家助学贷款资助标准

全日制普通本专科学生（含第二学士学位、高职学生，下同）每人每年申请贷款额度不超过 8000 元；年度学费和住宿费标准总和低于 8000 元的，贷款额度可按照学费和住宿费标准总和确定。全日制研究生每人每年申请贷款额度不超过 12000 元；年度学费和住宿费标准总和低于 12000 元的，贷款额度可按照学费和住宿费标准总和确定。

二、国家助学贷款资助比例

全日制普通本专科学生国家助学贷款全国平均资助比例应与当年国家助学金资助比例相当，各地区、各高校资助比例应与本地区、本高校当年国家助学金资助比例相当。全日制研究生国家助学贷款资助比例根据国家奖学金、学业奖学金等奖助政策覆盖范围和家庭经济困难学生情况确定。

全日制普通本专科学生在同一学年内不得重复申请获得校园地国家助学贷款和生源地信用助学贷款，只能选择申请办理其中一种贷款。全日制研究生原则上申请办理校园地国家助学贷款。

三、工作要求

各地区要继续大力推动国家助学贷款工作，满足本专科学生和研究生的贷款需求。财政部门要足额安排并及时拨付国家助学贷款贴息和风险补偿金资金。经办银行要根据贷款需求，足额安排并及时下达国家助学贷款信贷资金。高校要按照《国务院办公厅关于转发教育部　财政部　人民银行　银监会关于进一步完善国家助学贷款工作若干意见的通知》（国办发〔2004〕51 号）规定，承担校园地国家助学贷款风险补偿金的50%，并配合经办银行核准申请贷款学生的学费和住宿费标准。

国家助学贷款资助标准调整后，《财政部　教育部　总参谋部关于印发〈高等学校学生应征入伍服义务兵役国家资助办法〉的通知》（财教〔2013〕236 号）、《财政部　教育部　民政部　总参谋部　总政治部关于实施退役士兵教育资助政策的意见》（财教〔2011〕538 号）和《财政部　教育部关于印发〈高等学校毕业生学费和国家助学贷款代偿暂行办法〉的通知》（财教〔2009〕15 号）中有关学费补偿、国家助学贷款代偿和学费资助的标准，相应调整为本专科学生每人每年最高不超过8000 元、研究生每人每年最高不超过12000 元。学费补偿、国家助学贷款代偿和学费资助的其他事项，仍按原规定执行。

本通知自2014 年7 月1 日起执行。此前已签订的贷款合同仍然有效且继续执行。

教育部　财政部　中国人民银行　银监会 关于完善国家助学贷款政策的若干意见

（2015年7月13日　教财〔2015〕7号）

各省、自治区、直辖市教育厅（教委）、财政厅（局），计划单列市教育局、财政局，新疆生产建设兵团教育局、财务局，中国人民银行上海总部，各分行、营业管理部，各省会（首府）城市中心支行，各副省级城市中心支行，银监局，有关部门（单位）教育司（局），中央部门所属各高等学校，各银行业金融机构：

目前，我国普通高等学校家庭经济困难学生资助政策体系已基本建立。作为高校学生资助体系的重要组成部分，国家助学贷款经过多年探索和完善，逐步形成了符合中国国情和高校特点的发展模式，取得了显著成效，对确保高校家庭经济困难学生顺利完成学业发挥了重要作用。为进一步提升国家助学贷款政策实施效果，经国务院同意，现就完善国家助学贷款政策提出如下意见：

一、完善贷款政策，切实减轻借款学生经济负担

（一）学生在读期间利息全部由财政补贴。国家助学贷款利率执行中国人民银行同期公布的同档次基准利率，不上浮。借款学生在读期间的贷款利息由财政全额补贴。借款学生毕业后，在还款期内继续攻读学位的，可申请继续贴息，应及时向经办机构（组织办理校园地国家助学贷款的高校或组织办理生源地信用助学贷款的县级教育部门，以下简称经办机构）提供书面证明，经办机构审核后，报经办银行确认，继续攻读学位期间发生的贷款利息，由原贴息财政部门继续全额贴息。借款学生在校期间因患病等原因休学的，应向经办机构提供书面证明，由经办机构向经办

银行提出申请，休学期间的贷款利息由财政全额贴息。

（二）贷款最长期限从14年延长至20年。原校园地国家助学贷款期限为学制加6年、最长不超过10年，生源地信用助学贷款期限为学制加10年、最长不超过14年，现统一调整为学制加13年、最长不超过20年。借款学生毕业或终止学业时，应与经办银行和经办机构确认还款计划，还款期限按双方签署的合同执行。

（三）还本宽限期从2年延长至3年整。借款学生毕业当年不再继续攻读学位的，与经办机构和经办银行确认还款计划时，可选择使用还本宽限期。还本宽限期内借款学生只需偿还利息，无需偿还贷款本金。还本宽限期由原来的2年延长至3年整。还本宽限期从还款计划确认开始，计算至借款学生毕业后第36个月底。在还款期内继续攻读学位的借款学生再读学位毕业后，仍可享受36个月的还本宽限期。

（四）建立国家助学贷款还款救助机制。各省级学生资助管理部门、各高校要合理利用国家助学贷款风险补偿金结余奖励资金、社会捐资助学资金或学生奖助基金，建立国家助学贷款还款救助机制，用于救助特别困难的毕业借款学生。对于因病丧失劳动能力、家庭遭遇重大自然灾害、家庭成员患有重大疾病以及经济收入特别低的毕业借款学生，如确实无法按期偿还贷款，可向经办机构提出救助申请并提供相关书面证明，经办机构核实后，可启动救助机制为其代偿应还本息。

（五）简化学生贷款手续。各经办机构和经办银行要简化贷款手续，不得要求学生提供与贷款申请无关的材料。学生开具家庭经济困难学生认定证明时，严禁收取任何费用。各经办机构和经办银行应改进服务，简化流程，借款学生继续攻读学位的，只需完成申请继续贴息的相关手续，可不再签署贷款展期协议。借款学生根据贷款合同提前还款的，经办银行按贷款实际期限计算利息，不得加收任何费用。

二、健全运行机制，促进国家助学贷款持续健康发展

（一）及时足额安排贴息及风险补偿金。各级财政部门和高校要在年度预算中足额安排应承担的国家助学贷款贴息和风险补偿金。省级财政部门负责统筹归集全省各级财政和地方高校应承担的贴息和风险补偿金，确保资金按时足额到位。

（二）完善国家助学贷款考核制度。各级金融监管部门对国家助学贷款业务监管时，综合考虑风险补偿金的缓释作用，对符合相关政策要求的风险补偿金覆盖部分

适用零风险权重，未覆盖部分采用75%的风险权重。各金融机构在对国家助学贷款业务进行内部监管时，应在满足监管要求的同时，充分考虑国家助学贷款业务和风险特征，准确计量资本和拨备要求。各经办银行对国家助学贷款业务要单立台账、单设科目、单独统计和考核。

（三）积极开展诚信教育活动和征信宣传。各高校应加强学生信用意识和诚信观念教育。各级教育行政部门应加强学校诚信教育工作的定期考核和业务指导。各经办银行应按照《征信业管理条例》，严格履行信息采集和上报责任。经办银行经借款学生书面授权使用借款学生的个人征信信息，无需再次告知借款学生；对没有按合同约定归还贷款的学生，经办银行应依法向个人征信系统报送借款学生的不良信息。

三、加强组织领导，不断提升国家助学贷款管理水平

（一）进一步落实学费和贷款代偿政策。根据《财政部　教育部关于印发〈高等学校毕业生学费和国家助学贷款代偿暂行办法〉的通知》（财教〔2009〕15号）规定，尚未出台政策的省份应尽快出台学费和助学贷款代偿办法，鼓励地方高校毕业生到本行政区域艰苦边远地区基层单位就业。地方高校毕业生代偿资金原则上由省级财政承担，中央财政根据西部各省份财力状况、学费和国家助学贷款代偿规模以及高校家庭经济困难学生资助政策落实情况等因素，对西部省份予以奖补。

（二）加强经办机构和人员队伍建设。各县级政府要尽快成立专门的县级学生资助管理中心并确保正常运转，加强人员队伍建设并保障工资福利、职称评聘等方面待遇。地方各级教育行政部门要推动经办机构之间的联动机制，建立资助中心、高校和金融机构之间的合作平台，实现信息共享，促进协同配合，切实加强贷款管理工作。

（三）加大国家资助政策宣传力度。地方各级教育行政部门应在《普通高等学校招生专业目录》中全面、完整介绍高校学生资助政策，方便学生知晓国家资助政策，合理选择学校和专业。普通高中要大力开展高校资助政策宣传工作，介绍国家助学贷款、奖助学金等资助政策，免除家庭经济困难学生的后顾之忧。在发挥传统媒体作用的同时，充分运用网络时代新媒体传播渠道，创新宣传方式，增强宣传效果。对于艰苦边远山区和农村家庭经济困难学生集中的区域，有关地区教育行政部门应

组织专门人员，深入基层和农村经济困难家庭宣讲资助政策。

四、其他事项

（一）本意见自发布之日起实施。各省、自治区、直辖市人民政府可结合本地实际情况，制订具体实施细则。

（二）本意见所指的借款学生是指全日制普通高等学校中家庭经济困难且已获得国家助学贷款资助的本专科学生（含高职学生）、研究生、第二学士学位学生。

（三）此前下发的国家助学贷款的有关政策和规定继续执行。凡与本意见不一致的，以本意见为准。

财政部　教育部　总参谋部关于对直接招收为士官的高等学校学生施行国家资助的通知

（2015年11月18日　财教〔2015〕462号）

党中央有关部门，国务院有关部委、有关直属机构，各省、自治区、直辖市、计划单列市财政厅（局）、教育厅（教委、教育局）、征兵办公室，新疆生产建设兵团财务局、教育局，各军区，各军兵种，军事科学院，国防大学，国防科学技术大学，武警部队，各省军区（卫戍区、警备区），中央部门直属各高等学校：

为鼓励高等学校学生积极参加士官直招，提高部队士官人才质量，推进国防和军队现代化建设，财政部、教育部、总参谋部决定自2015年起，对直接招收为士官的高等学校学生（含定向生）施行国家资助。现将有关问题通知如下：

一、资助对象、范围及标准

从2015年起，国家对直接招收为士官的高等学校学生施行国家资助，入伍时对其在校期间缴纳的学费实行一次性补偿或获得的国家助学贷款（包括校园地国家助学贷款和生源地信用助学贷款，下同）实行代偿。

学费补偿或国家助学贷款代偿金额，按学生实际缴纳的学费或获得的国家助学贷款（包括本金及其全部偿还之前产生的利息，下同）两者金额较高者执行，据实补偿或者代偿，但本专科学生每人每年最高不超过8000元、研究生每人每年最高不超过12000元。获学费补偿学生在校期间获得国家助学贷款的，补偿资金必须首先用于偿还国家助学贷款；如补偿金额高于国家助学贷款金额，高出部分退还学生。

国家资助直接招收为士官的高等学校学生（以下简称“高校学生”），是指直接从非军事部门招收为部队士官的全日制普通本专科（含高职）、研究生、第二学士学位的应（往）届毕业生，以及成人高校的普通本专科（高职）应（往）届毕业生；纳入全国高等学校招生统一考试、直接招录或选拔补充为部队士官的定向生。

本通知所称高等学校是指根据国家有关规定批准设立、实施高等学历教育的全日制公办普通高等学校、民办普通高等学校和独立学院（以下简称“高校”）。

直接招收为士官的高校学生国家资助资金，全部由中央财政安排。

二、资助年限、程序及管理

直接招收为士官的高校学生国家资助的年限，按照国家对本科、专科（高职）、研究生和第二学士学位规定的相应修业年限据实计算。专升本、本硕连读、中职高职连读、第二学士学位毕业生补偿学费或代偿国家助学贷款的年限，分别按照完成本科、硕士、高职和第二学士学位阶段学习任务规定的学习时间计算。

直接招收为士官的高校学生国家资助的申请审批程序及管理等规定，参照《财政部 教育部 总参谋部关于印发〈高等学校学生应征入伍服义务兵役国家资助办法〉的通知》（财教〔2013〕236 号）相关规定执行。

因本人思想原因、故意隐瞒病史或弄虚作假、违法犯罪等行为造成退兵的，原就读高校取消其受助资格。各省（区、市）人民政府征兵办公室应在接收退兵后及时将被退回学生的姓名、就读高校、退兵原因等情况逐级上报至国防部征兵办公室，并按照学生原就读高校的隶属关系，通报同级教育行政部门。已补偿的学费或代偿的国家助学贷款资金，由学生退回安置地县级人民政府征兵办公室会同教育行政部门收回。

三、工作要求

对直接招收为士官的高校学生实施国家资助，是贯彻落实军民融合发展战略、吸引高素质优秀人才投身国防和军队现代化建设的重要举措。各相关部门要加大政策宣传，抓好工作落实，确保这一国家资助政策发挥应有效益。

本通知自 2015 年 7 月 1 日起执行。此前与本通知规定内容有不一致的，以本通知规定为准。

附件：直接招收为士官的高校学生学费补偿国家助学贷款代偿申请表（略）

教育部办公厅关于进一步加强和规范高校家庭经济困难学生认定工作的通知

（2016 年 12 月 30 日　教财厅〔2016〕6 号）

各省、自治区、直辖市教育厅（教委），各计划单列市教育局，新疆生产建设兵团教育局，有关部门（单位）教育司（局），部属各高等学校：

根据国务院督察组第三次大督查反馈意见，结合当前一些地方和高校学生资助工作中存在的问题，为进一步加强和规范高校家庭经济困难学生认定工作，现将有关要求通知如下：

一、进一步提高思想认识

精准认定家庭经济困难学生是做好学生资助工作的重要前提，是决定资助政策落实效果的基础性工作。各地、各高校要充分认识家庭经济困难学生认定工作的重要性，认定家庭经济困难学生应依据其家庭经济状况，不能加入其他非经济因素。要正确认识国家助学金、国家助学贷款等解困型资助项目对家庭经济困难学生“保基本、兜底线”的功能定位，坚决杜绝将“助学金”变成“奖学金”或用“助学金”代替“奖学金”的行为。

二、进一步完善认定办法、改进认定方式

1. 及时修订认定办法，合理确定认定标准。各地要根据本地经济社会发展水平、城市居民最低生活保障标准以及财力状况等因素，确定本地家庭经济困难学生的认定指导标准。各高校要根据各地指导标准，结合学校所在城市物价水平、高校收费水平、学生家庭经济能力等因素，确定家庭经济困难学生的认定标准和资助档次。

对多年前制定、现已不适应新形势新情况的认定办法和条款，要尽快予以修订。修订后的办法要在学校门户网站予以公开。学生家庭经济情况证明材料，由乡镇、街道一级的民政部门出具即可。

2. 健全工作机制，强化责任意识。各高校要建立健全四级资助认定工作机制。学校学生资助工作领导小组领导、监督家庭经济困难学生认定工作，学校学生资助管理机构负责组织、审核和管理全校的认定工作，院（系）认定工作组具体负责组织、审核本院（系）的认定工作，年级（专业）认定评议小组负责民主评议工作。各高校要将班级辅导员（班主任）、院（系）资助工作负责人作为认定工作的主要责任主体，理清岗位职责，建立问责机制。

3. 精准分配资金名额，明确重点受助学生。分配资金和名额，不能搞简单的划比例、“一刀切”。各地在分配资金和名额时，要对民族院校、以农林水地矿油核等国家需要的特殊学科专业为主的高校、家庭经济困难学生多的高校予以适当倾斜。高校分配资金和名额，要统筹考虑不同专业、不同年级、学生经济困难程度等因素。要把建档立卡家庭经济困难学生、农村低保家庭学生、农村特困救助供养学生、孤残学生、烈士子女以及家庭遭遇自然灾害或突发事件等特殊情况的学生作为重点资助对象。

4. 开展调查研究工作，保护受助学生尊严。各高校应采用大数据分析、个别访谈等方式，深入、直观地了解学生家庭经济状况，及时发现那些困难但未受助、不困难却受助的学生，及时纠正认定结果存在的偏差。公示家庭经济困难学生受助情况的内容，不能涉及学生个人及家庭的隐私；评定学生家庭经济状况时，不能让学生当众诉苦、互相比困；宣传学生励志典型时，涉及到受助学生的任何事项，都应征求学生本人的同意；采用隐性的方式，避免大张旗鼓的发放款式相同、规格统一的资助物品，把困难学生与非困难学生割裂区分开。

三、进一步加强政策宣传和教育引导

1. 提高政策的透明度。要有计划、有重点地做好高校学生资助政策宣传工作。同时，要提高资助政策及执行情况的透明度，主动接受社会监督。要进一步做到“四公开”：所有资助项目要公开，所有申请条件要公开，所有评审过程要公开，所有资助结果要公开。

2. 引导学生积极受助。要通过讲解国家制定资助政策的目的，为保证资金投入所做出的努力等背景情况，让家庭经济困难学生明白，国家资助是实现教育公平、促进社会公平的一种制度安排和重要举措。要帮助家庭经济困难学生树立正确的荣辱观，正确面对眼前存在的困难，引导他们积极主动地利用国家资助完成学业。

3. 加强对学生的诚信教育。要教育引导学生如实反映家庭经济困难情况，既不应隐而不报，更不能夸大虚报。对申请资助时弄虚作假的学生，要以适当方式予以惩戒。

财政部　教育部关于进一步提高博士生国家助学金资助标准的通知

（2017年3月3日　财科教〔2017〕5号）

党中央有关部门，国务院有关部委、有关直属机构，各省、自治区、直辖市、计划单列市财政厅（局）、教育厅（局、教委），新疆生产建设兵团财务局、教育局，中央部门所属各普通高校：

为进一步支持博士生培养工作，调动青年高端人才积极性，经国务院同意，从2017年春季学期起，提高全国研究生招生计划内的全日制博士生（有固定工资收入的除外）国家助学金资助标准，其中：中央高校博士生从每生每年12000元提高到15000元，地方高校博士生从每生每年不低于10000元提高到不低于13000元（具体标准由省级财政部门、教育部门确定）；科研院所等其他研究生培养机构依照执行。

提高博士生国家助学金资助标准所需资金，继续按照现行渠道和承担办法解决。中央高校和中央级科研院所所需资金全部由中央财政承担，按照预算管理程序列入年度部门预算。地方高校所需资金由中央财政和地方财政共同承担，中央财政按照每生每年13000元的标准以及现行分担办法分担所需资金。其他研究生培养机构所需资金通过现行渠道解决。

中央有关部门、各地区、高校等研究生培养机构要高度重视，按照《财政部　教育部关于印发〈研究生国家助学金管理暂行办法〉的通知》（财教〔2013〕220号）等规定和本通知要求，迅速采取措施，确保落实到位。中央有关部门要及时批复年度预算，督促所属研究生培养机构及时做好博士生国家助学金发放工作。各省级财政部门和教育部门要尽快确定地方研究生培养机构博士生国家助学金具体资助标准

(从2017年春季学期开学起执行)，统筹使用中央财政已提前下达的2017年学生资助补助经费以及地方财政资金，及时将预算下达研究生培养机构。督促其做好发放工作。高校等研究生培养机构要加强国家助学金发放管理，及时按照新的资助标准将国家助学金发放到符合条件的博士生手中（实际发放时间晚于开学当月的，应补发至开学当月)，并密切关注政策实施情况，及时反映发现的问题。

中央有关部门财务司（局)、各省级财政部门和教育部门应当于3月31日前，将提高博士生国家助学金资助标准的落实情况（包括资助标准、资金拨付、资金发放、政策效果等情况）报送至全国学生资助管理中心（地址：北京市西单大木仓胡同35号；联系电话：010－66092142；电子邮箱：lsheng@ moe. edu. cn)。

执行中如有问题，请及时反馈。

财政部　教育部　中国人民银行　银监会
关于进一步落实高等教育学生资助政策的通知

（2017 年 3 月 28 日　财科教〔2017〕21 号）

党中央有关部门，国务院有关部委、有关直属机构，各省、自治区、直辖市、计划单列市财政厅（局）、教育厅（局、教委）、银监局，新疆生产建设兵团财务局、教育局，中国人民银行上海总部及各分行、营业管理部、省会（首府）城市中心支行、副省级城市中心支行，中央部门所属各高等学校，有关银行业金融机构：

为进一步加强和规范高等教育学生（含全日制普通本专科生、研究生、预科生）资助工作，确保学生资助政策落实到位，现将有关事项通知如下：

一、进一步完善高等教育学生资助政策

（一）确保研究生奖助政策不留死角。科研院所、党校、行政学院、会计学院等研究生培养单位要按照《财政部　国家发展改革委　教育部关于完善研究生教育投入机制的意见》（财教〔2013〕19 号）等要求，全面落实研究生奖助政策，确保符合条件的研究生都能享受到相应的资助，做到不留死角。所需资金按照现行规定和渠道解决，科研院所等培养单位要按照预算管理程序编列预算，并统筹利用事业收入、社会捐助等资金加大对家庭经济困难学生的资助力度。

（二）做好预科生资助相关工作。预科生可按照规定享受相应教育阶段的国家助学金、国家助学贷款政策。国家助学金、国家助学贷款贴息及风险补偿金所需资金，比照相应教育阶段资金筹集办法解决。

（三）推动国家助学贷款全覆盖。进一步拓展国家助学贷款业务覆盖范围，实现

高校、科研院所、党校、行政学院、会计学院等培养单位全覆盖，实现全日制普通本专科生、研究生、预科生全覆盖。科研院所、党校、行政学院、会计学院等目前尚未开办国家助学贷款业务的培养单位，从2017年秋季学期起全面开办，其家庭经济困难的全日制在校学生可根据实际情况，自主选择申请办理校园地国家助学贷款或生源地信用助学贷款。

（四）完善基层就业学费补偿贷款代偿等政策。尚未出台高校毕业生赴基层就业学费补偿贷款代偿政策的省份，应当于2017年4月30日前出台相关政策。生源地、就读高校所在地、就业所在地不在同一省份的毕业生，按照“谁用人谁资助”的原则，由就业所在地区给予学费补偿贷款代偿。

（五）落实民办高校同等资助政策。民办高校学生与公办高校学生按照规定同等享受助学贷款、奖助学金等国家资助政策。各地区应当建立健全民办高校助学贷款业务扶持制度，提高民办高校家庭经济困难学生获得资助的比例。

二、进一步提高资助精准度

（六）加强家庭经济困难学生认定工作。各省级教育、财政部门要根据经济社会发展水平、城市居民最低生活保障标准以及财力状况等因素，确定本地区家庭经济困难学生的认定指导标准。高校等培养单位要根据指导标准，结合收费水平、学生家庭经济状况等因素，制（修）订具体的认定标准和资助档次。高校等培养单位要逐步建立学生资助数据平台，融合校园卡等信息，为家庭经济困难学生认定提供支撑。

（七）加大对建档立卡等家庭经济困难学生的资助力度。各地区、高校等培养单位要把建档立卡家庭经济困难学生、农村低保家庭学生、农村特困救助供养学生、孤残学生、烈士子女以及家庭遭遇自然灾害或突发事件等特殊情况的学生作为重点资助对象，国家助学金等相关资助政策原则上应当按照最高档次或标准给予相应资助，确保其顺利就学。

（八）优化国家奖助学金等名额和资金分配机制。各地区、高校等培养单位在分配资助名额和资金时，不能简单地划比例、“一刀切”。各省级财政、教育部门要结合实际、因地制宜，对民族院校、以农林水地矿油核等国家需要的特殊学科专业为主、家庭经济困难学生较多的高校等培养单位倾斜。高校等培养单位要统筹考虑不同学科专业、培养层次、学生经济困难程度等因素，科学合理分配名额和资金。

（九）完善校内配套政策措施。在落实国家统一的资助政策基础上，高校等培养单位要结合实际，综合采取减免学费、发放特殊困难补助、开辟入学“绿色通道”、提供助研助教助管“三助”津贴等方式，打好“组合拳”，加大对家庭经济困难学生的资助力度。

三、进一步优化高等教育学生资助工作机制

（十）严格遵守规定程序和时间节点要求。各省级财政、教育部门要严格按照规定的时间节点，分解国家奖助学金等名额并下达所属培养单位。高校等培养单位要按时启动国家奖助学金评审等工作，严格履行各项程序。评审工作结束后，各地区、高校等培养单位应当及时将国家奖学金等有关评审材料、备案材料报送全国学生资助管理中心。

（十一）确保及时足额发放各类资助资金。高校等培养单位要严格按照规定的时间、标准、方式，及时足额将国家奖助学金等资助资金发放到符合条件的学生手中。确因特殊情况不能按时发放的，应当提前向学生说明有关情况，积极采取措施尽快发放，并保证补发到位。按月发放的资助资金，应做好寒暑假、学生毕业等特殊时段的衔接工作，确保全年发放金额达到规定的资助标准。

（十二）加强学生资助工作机构建设。尚未建立学生资助工作机构的高校等培养单位，要尽快建立机构或配备专门人员，做好学生资助服务保障工作。进一步加强县级学生资助管理机构和人员队伍建设，按照规定落实人员工资福利、职称评聘等方面待遇。

（十三）加强政策宣传和业务培训。各地区、高校等培养单位要有计划、有重点、有针对性地做好学生资助政策宣传工作，做到家喻户晓。要加强学生资助工作人员业务培训，增强资助工作人员的责任意识和服务意识，提升业务能力和工作质量。

四、进一步加强资助育人工作

（十四）更好地体现人文关怀。高校等培养单位在评定家庭经济困难学生时，要

采用科学合理、更加人性化的方式，引导学生如实反映家庭经济困难情况。公示家庭经济困难学生受助情况等内容时，不应涉及学生隐私。宣传学生励志典型时，涉及受助学生的相关事项，应征得学生本人同意。

（十五）强化资助育人功能。各地区、高校等培养单位要紧紧围绕立德树人这一根本任务，将培养青年学生全面发展作为资助育人工作的目标，在奖助学金评选发放、国家助学贷款管理、开展勤工助学活动等环节，加强励志教育、诚信教育和社会责任感教育，培养青年学生自立自强、诚实守信、知恩感恩、勇于担当的良好品质。要帮助家庭经济困难学生正确面对困难，引导他们积极主动地利用国家资助完成学业，增强受助学生就业创业能力，促进受助学生成长成才。

财政部、教育部等部门将进一步加大对各地区、各培养单位学生资助工作的监督检查力度，将资助工作落实情况作为相关绩效评价和资金安排的重要依据。各地区、各培养单位要健全工作机制，狠抓工作落实，确保把好事办好，将党和政府的关怀及时传递给受助学生。

湖南省教育厅　湖南省财政厅　中国银行业监督管理委员会湖南监管局关于印发《湖南省生源地信用助学贷款实施暂行办法》的通知

（2008年12月3日　湘教发〔2008〕83号）

各市州教育局、财政局、银监分局，各普通高等学校：

为进一步完善国家助学贷款运行机制，帮助我省普通高校家庭经济困难学生顺利完成学业，根据《财政部　教育部　银监会关于大力开展生源地信用助学贷款的通知》（财教〔2008〕196号）精神，结合我省实际，省教育厅、省财政厅、湖南银监局制定了《湖南省生源地信用助学贷款实施暂行办法》，现印发你们，请遵照执行。

湖南省生源地信用助学贷款实施暂行办法

第一章　总　则

第一条　为贯彻落实《国务院关于建立健全普通本科高校、高等职业学校和中等职业学校家庭经济困难学生资助政策体系的意见》（国发〔2007〕13号）精神，进一步完善国家助学贷款运行机制，帮助我省家庭经济困难学生顺利完成学业，根据《财政部　教育部　银监会关于大力开展生源地信用助学贷款的通知》（财教〔2008〕196号）精神，按照“应贷尽贷、简化程序、方便群众、防范风险”的原则，结合我省实际，制定本办法。

第二条　生源地信用助学贷款是指国家开发银行等金融机构向符合条件的家庭

经济困难的普通高校新生和在校生（以下简称学生）发放的、在学生入学前户籍所在县（市、区）办理的信用助学贷款。

第三条 本办法所指承办行是指承办生源地信用助学贷款业务的金融机构。国家开发银行湖南省分行为湖南省生源地信用助学贷款主承办行，同时，鼓励其他银行类金融机构按国家规定开展此项业务。

第四条 本办法所指借款人指申请生源地信用助学贷款的学生及其家长（或法定监护人），二者作为共同借款人，共同承担还款责任。

第五条 湖南省学生资助管理中心（以下简称省资助中心）作为全省生源地信用助学贷款的管理机构，负责对生源地信用助学贷款工作进行组织、协调和管理，指导各市（州）、县（市、区）建立健全学生资助管理中心（以下简称市或县级资助中心）。

第二章　贷款政策

第六条 申请生源地信用助学贷款的学生必须同时符合以下条件：

1. 具有中华人民共和国国籍；

2. 诚实守信，遵纪守法；

3. 已被根据国家有关规定批准设立、实施高等学历教育的全日制普通本科高校、高等职业学校和高等专科学校（含民办高校和独立学院，学校名单以教育部公布的为准）正式录取，取得真实、合法、有效的录取通知书的新生或高校在读的本专科学生、研究生和第二学士学位学生；

4. 学生本人入学前户籍、其父母（或其他法定监护人）户籍均在本县（市、区）；

5. 家庭经济困难，所能获得的收入不足以支付学生在校期间完成学业所需的基本费用。

第七条 生源地信用助学贷款按年度申请、审批和发放。每个借款人每年申请的贷款原则上最高不超过 6000 元，主要用于解决学生在校期间的学费和住宿费问题。高校在读学生当年在高校获得了国家助学贷款的，不得同时申请生源地信用助学贷款。

第八条 生源地信用助学贷款期限原则上按全日制本专科学制加 10 年确定，最长不超过 14 年，其中，在校生按剩余学习年限加 10 年确定。学制超过 4 年或继续攻读研究生学位、第二学士学位的，相应缩短学生毕业后的还贷期限。

第九条 生源地信用助学贷款利率执行中国人民银行同期公布的同档次基准利率，不上浮。

第十条 生源地信用助学贷款利息按年计收。学生在校期间的利息由财政全额贴息，毕业后的利息由学生和家长（或其他法定监护人）共同负担。学生在校及毕业后两年期间为宽限期，宽限期后由学生和家长（或其他法定监护人）按借款合同约定，按年度分期偿还贷款本息。

第三章 贷款贴息与风险补偿

第十一条 贷款贴息。贷款学生在校期间的生源地信用助学贷款利息全部由财政补贴。其中，考入中央高校的学生和考入外省地方高校就读的学生，其贷款贴息全部由中央财政承担；在省内地方高校就读的学生，其贷款贴息按学校隶属关系，由同级财政承担，即：省属高校由省本级财政承担，市州所属高校由市州财政承担。贷款学生毕业后利息全部由学生及家长（或其他法定监护人）负担。

第十二条 风险补偿金。建立生源地信用助学贷款风险补偿专项资金，风险补偿金按当年贷款发生额的15%确定。考入中央高校、外省地方高校就读的学生，风险补偿金由中央财政承担；考入省内地方高校就读的学生，风险补偿金由中央财政和地方财政各分担50%，其中地方财政分担部分，按学校隶属关系，由同级财政安排。

第十三条 贴息和风险补偿金管理。中央财政承担的贴息和风险补偿金，按照中央财政有关规定办理划付手续；地方财政承担的贴息和风险补偿金应于每年12月20日前及时足额划付承办行。承办行收到风险补偿金，应确认为递延收益，待确认生源地信用助学贷款违约损失时，计入当期损益。已确认为损失以后又收回的，相应回拨递延收益。

第十四条 风险奖励和分担机制。风险补偿金若超出生源地信用助学贷款违约损失，超出部分由承办行奖励给县级学生资助管理中心；若低于生源地信用助学贷款违约损失，不足部分由承办行和县级财政部门各分担50%。县级财政部门承担的贷款违约损失资金，由省资助中心和承办行共同确认，由省资助中心负责归集。县级财政部门须在省资助中心和承办行发出书面确认函10个工作日内划缴所承担的贷款违约损失资金。

第四章　贷款管理

第十五条　各县（市、区）开办生源地信用助学贷款的条件为：

1. 县级教育行政部门按照国发〔2007〕13号文件的要求，在整合现有资源的基础上，成立学生资助管理中心，完善规章制度，安排专人负责生源地信用助学贷款工作；

2. 县级财政部门按照预算管理的要求，安排县级资助中心运行经费，并分担贷款违约损失资金；

3. 县级教育行政部门以及县级资助中心同意并遵守本办法以及省资助中心和承办行签订的相关协议。

第十六条　贷后监控。

1. 县级资助中心负责定期（至少每年一次）与借款学生、学生家庭的联系和沟通，了解借款人就读、就业及经济收入情况，保存好相关书面记录。县级资助中心发现借款方发生影响偿债能力的情况应及时研究处理，并向省资助中心和承办行报告。

2. 县级资助中心负责贷后管理及本息回收工作。省资助中心负责指导协调督促县级资助中心，在各乡镇政府（街道办事处）和村委会（居委会）、就读中学或代理结算行的协助下，主要通过学生家庭，跟踪管理贷款。同时，通过教育部门和劳动人事部门，保持与高校、学生和就业单位的联系，督促学生按期还款。

3. 县级资助中心对有明显违反借款合同行为的学生，应及时向承办行提请实施停止发放贷款、取消其继续申请贷款的资格和采取提前回收贷款等措施。省资助中心和承办行对不按时还贷或恶意拖欠贷款等明显违约行为有权采取惩戒措施，具体包括在报纸和有关网站上公布违约学生名单、向违约学生就业单位通报违约情况、载入人民银行个人征信系统、载入全国高校毕业生学历查询系统等。

第十七条　省资助中心定期统计各县生源地信用助学贷款的违约情况，确定其风险级别，省资助中心与承办行双方协商一致后，可采取包括提醒、警告、限期整改、暂停发放贷款等在内的措施。

第五章　组织实施

第十八条　为保证生源地信用助学贷款的顺利实施，由湖南省家庭经济困难学生资助工作领导小组负责生源地信用助学贷款协调工作，以加强对生源地信用助学贷款工作的协调和领导。

第十九条　省教育厅负责对生源地信用助学贷款工作进行组织、协调和管理。省财政厅负责本级财政和督促市州财政在年度财政收支预算中足额安排并及时拨付贴息资金和风险补偿金，加强贴息资金和风险补偿金的管理和监督，提高资金使用效益；督促县级财政部门及时足额划缴需承担的贷款违约损失资金。

第二十条　湖南银监局负责信贷政策指导、贷款监管，定期进行检查和评价，督促承办行完善金融服务，提高工作效率，建立违约通报制度并定期在银行业金融机构范围内共享信息。

第二十一条　承办行作为发放贷款银行，负责制订生源地信用助学贷款的操作规程，负责审核、发放和管理贷款，确保贷款渠道畅通，使符合条件且有贷款需求的家庭经济困难学生都能申请获得生源地信用助学贷款。如有需要，可通过委托代理方式由其他金融机构辅助结算管理。

第二十二条　省资助中心负责制订相关管理考核制度；负责编制贷款计划、汇总审核贷款资料、拨付贷款资金、组织、指导、考核和监督县级资助中心开展贷前贷后管理和本息催收工作；负责归集贴息资金和风险补偿金，保证及时足额向承办行划拨。

第二十三条　县级资助中心负责收集、整理、汇总学生的家庭经济状况、生源地信用助学贷款需求等信息；对贷款学生的家庭经济困难情况进行调查、认定；建立学生信用和贷款资格评议小组，确定符合贷款条件的学生名单，测算贷款需求，编制贷款预案；办理生源地信用助学贷款的申请、初审等管理工作；接受高等学校、承办行的委托，建立与贷款学生家庭的联系制度，跟踪了解贷款学生的家庭经济状况变化情况；受承办行委托催还贷款；负责向省资助中心、高等学校和承办行定期报送贷款学生的有关信息，加强与高校沟通，避免重复贷款。

第二十四条　各市州财政部门要足额安排本市州所属高校的国家助学贷款贴息

和风险补偿资金。县级财政部门要积极参与生源地信用助学贷款管理，参与协调有关事项，足额安排县级资助中心业务经费，会同同级教育行政部门领导和监督县级资助中心开展生源地信用助学贷款工作。

第二十五条 各有关高等学校要加强对学生的诚信教育，培养学生的诚信意识，教育学生毕业后按照合同约定履行还款义务；根据有关县级资助中心需要，协助提供生源地信用助学贷款学生的相关信息和高校收费账户信息等资料。

第二十六条 各有关普通高中要配合县级资助中心，提供当年高考招生录取情况及生源地信用助学贷款需求情况，协助做好贷款申请、审批和发放等工作。

第六章 考核工作

第二十七条 县级资助中心将生源地信用助学贷款发放和本息回收情况按季统计，并报送省资助中心和承办行。承办行按季将贷款情况报送湖南银监局和人民银行长沙中心支行。同时，县级资助中心须在每年 1 月末前对本县生源地信用助学贷款年度执行情况进行总结，并将有关总结材料报送省资助中心和承办行。

第二十八条 省资助中心对县级资助中心生源地信用助学贷款工作建立考核制度，将考核结果在一定范围内公布，根据考核结果采取相应管理措施。每年由省教育厅对生源地信用助学贷款工作开展得好的县级资助中心给予表彰。

第七章 附 则

第二十九条 生源地信用助学贷款呆坏账由承办行按国家有关政策自主核销。

第三十条 本办法由省教育厅、省财政厅、湖南银监局负责解释和修订，自发文之日起执行。

广东省财政厅　广东省民族宗教事务委员会 广东省教育厅关于印发《广东省少数民族聚居区少数民族大学生资助专项资金管理办法》的通知

（2014年5月23日　粤财教〔2014〕98号）

有关地级以上市财政局、民族宗教局、教育局，财政省直管县（市）财政局、民族宗教局、教育局，各普通高校：

为规范和加强专项资金管理，提高资金使用效益，根据《广东省人民政府关于印发广东省省级财政专项资金管理办法的通知》（粤府〔2013〕125号）等有关规定，省财政厅、省民族宗教委、省教育厅联合制定了《广东省少数民族聚居区少数民族大学生资助专项资金管理办法》进行了修订，现印发给你们，请遵照执行。执行中遇有问题，请及时反馈省财政厅、省民族宗教委、省教育厅。

广东省少数民族聚居区少数民族大学生资助专项资金管理办法

第一章　总　则

第一条　根据《广东省人民政府办公厅关于加大力度资助我省少数民族聚居区少数民族大学生上大学的通知》（粤府办〔2013〕30号），省财政设立少数民族聚居区少数民族大学生资助专项资金（以下简称专项资金）。为规范专项资金管理，提高资金使用效益，根据《广东省人民政府关于印发广东省省级财政专项资金管理办法的通知》（粤府〔2013〕125号）等规定，制定本办法。

第二条 少数民族大学生资助专项资金资助范围和对象为：户籍在清远市连南瑶族自治县、连山壮族瑶族自治县，韶关市乳源瑶族自治县，清远市连州市瑶安瑶族乡、三水瑶族乡，清远市阳山县秤架瑶族乡，韶关市始兴县深渡水瑶族乡，肇庆市怀集县下帅壮族瑶族乡，惠州市龙门县蓝田瑶族乡，河源市东源县漳溪畲族乡，以及分布在省内36个县（市、区）的390个少数民族聚居村（包括自然村，详见粤府办〔2013〕20号文件），考上省内外全日制本专科院校的少数民族大学生。

第三条 本办法所称全日制本专科院校是指根据国家有关规定批准设立、实施高等学历教育的全日制普通本科高等学校、高等职业学校和高等专科学校（含民办高校和独立学院）。

第四条 专项资金的使用管理应坚持专款专用、及时发放、公开透明的原则。

第五条 专项资金的绩效目标是进一步完善我省大学生助学政策体系，帮助少数民族聚居区少数民族大学生顺利完成大学学业，提高少数民族群众文化科技水平、培育少数民族中高层次人才、加快促进少数民族聚居区脱贫奔康。

第二章　职责分工

第六条 省民族宗教委职责：负责做好有关政策的宣传解释工作，牵头组织专项资金申请，会同省财政厅、省教育厅审核确定专项资金资助名单，开展专项资金监督检查和绩效自评工作等。

第七条 省教育厅职责：负责协助审核专项资金申请，协助做好有关政策的宣传解释工作，指导并督促学校做好资金的发放工作，对专项资金使用情况进行监督检查和绩效自评工作等。

第八条 省财政厅职责：负责专项资金预算安排及执行，审核专项资金申请，办理专项资金拨付手续，对专项资金使用情况进行监督检查和绩效评价工作等。

第三章　资助标准与申请条件

第九条 少数民族大学生资助专项资金主要用于资助我省少数民族大学生在本专科就读期间的学费、住宿费和生活费，标准为每位学生每学年10000元，按年发放。发放年数不超过学制年数。

第十条 申请资助的少数民族大学生应符合下列条件：

（一）热爱祖国，拥护中国共产党的领导；

（二）遵纪守法，诚实守信，品德优良；

（三）勤奋学习，积极上进；

（四）原则上小学和初中均在少数民族聚居区中小学就读；

（五）2013年以后（含2013年）参加高考被省内外全日制本专科院校录取，并注册就读。预科生从其正式就读全日制本专科院校年度起算，预科学习年数不计入资助资金发放范围。

第四章 资金申请与审核

第十一条 少数民族大学生按学年申请本专项资金，获得本专项资金资助后，不再重复享受省财政设立的其他同类专项资助。

第十二条 年度专项资金具体安排额度确定后，省民族宗教委提出年度安排总体计划，会同省财政厅和省教育厅报省领导审批。

每年9月25日前，少数民族大学生根据本办法规定的申请条件及其他有关规定，向户籍所在地的县（市、区）民族工作部门提出资助申请，并递交《广东省少数民族聚居区少数民族大学生助学金申请表》（见附件）和本人身份证、户口本、学生注册证明等资料复印件，二年级以上学生还须提供上一学年度学费、住宿费的有关缴费凭据。

第十三条 各县（市、区）民族工作部门收到少数民族大学生资助申请后，会同当地教育部门对资助名单进行审核确认无误后，将受资助大学生登记造册逐级上报至省民族宗教委，省民族宗教委将名单审核汇总后，在省级财政专项资金管理平台上公示7个工作日，公示无异议后，于10月31日前会同省财政厅、省教育厅将资金分配方案报省领导审批。

第五章 资金拨付与管理

第十四条 省财政厅根据省领导批复的资金分配方案下发专项资金分配文件，

并办理资金拨付手续。

少数民族大学生资助专项资金纳入国库集中支付。每年11月30日前，省财政厅在上一年受资助专项资金清算的基础上，核定当年资助专项资金，并按国库集中支付有关规定拨付资金。

第十五条 省教育厅负责指导并督促省内高校向受资助的少数民族大学生发放资金，各县（市、区）民族工作部门负责向考入省外高校受资助的少数民族大学生发放资金。省内有关高校和县（市、区）级民族工作部门应于每年12月15日前向少数民族大学生足额发放资助资金，并于12月31日前将发放情况书面上报省财政厅、省民族宗教委、省教育厅。

第十六条 有关县（市、区）民族工作部门开展少数民族大学生资助工作中发生的宣传、交通、拨付手续费等方面的工作费用在本专项资金中按规定标准列支。

第六章 信息公开

第十七条 本专项资金的相关信息按照《广东省省级专项资金信息公开办法》等规定向社会公开，接受社会各界的监督，确保资助工作公开透明。

第十八条 省民族宗教委会同省财政厅、省教育厅依托省政府网上办事大厅建立的专项资金管理平台，公开专项资金相关信息。信息公开的日期不少于7个工作日，公开的内容包括：

（一）专项资金管理办法；

（二）专项资金的申请指南，包括申请条件、扶持范围和对象、经办部门、申请流程、业务查询等；

（三）申报情况；

（四）专项资金的使用情况，包括受助学生名单、金额、就读高校名称等；

（五）专项资金绩效评价、监督检查和审计结果，包括项目财务决算报告、项目验收情况、绩效评价自评和重点评价报告、第三方评价报告、审计结果公告等；

（六）公开接受、处理投诉情况，包括投诉事项和原因、涉诉处理情况等；

（七）其他按规定应公开的内容。

第七章 监督管理和绩效评价

第十九条 省民族宗教委、省教育厅、省财政厅要加强对专项资金使用情况的监督检查，及时发现和纠正存在的问题；省民族宗教委、省教育厅按规定组织地市民族工作部门、教育部门、各项目学校开展绩效自评，并配合省财政部门做好其他评价工作；省财政部门按照《广东省省级财政专项资金管理办法》等有关规定以及年度工作计划，组织开展重点评价或引入第三方评价。

第二十条 各地、各有关部门（单位）必须严格执行国家相关财经法规和本办法的规定，实行分账核算，专款专用，不得截留、挤占和挪用资助专项资金，同时应接受财政、审计、纪检监察、主管机关等部门的检查和监督。

第二十一条 实行专项资金管理责任追究机制，对骗取、截留、挤占、挪用等违规使用专项资金的单位和个人，按照《财政违法行为处罚处分条例》（国务院令第427号）等有关规定予以处理。

第八章 附 则

第二十二条 各地有关部门可依据本办法制定实施细则，并报省财政厅、省民族宗教委和省教育厅备案。

第二十三条 本办法自2014年6月1日起施行，原制定出台的《关于印发〈广东省少数民族聚居区少数民族大学生资助专项资金管理办法〉的通知》（粤财教〔2013〕262号）同时废止。

附件：广东省少数民族聚居区少数民族大学生助学金申请表（略）

江苏省教育厅　江苏省财政厅关于印发《江苏省国家助学贷款还款救助暂行办法》的通知

（2016 年 1 月 27 日　苏教助〔2016〕1 号）

各市、县（市、区）教育局、财政局，各高校，国家开发银行、中国工商银行、中国银行、中国农业银行、中国建设银行江苏省分行，国家开发银行、中国银行、中国建设银行苏州分行：

为落实国家关于精准资助的工作要求，进一步提升国家助学贷款政策实施效果，确保国家助学贷款工作持续健康发展，根据江苏省教育厅江苏省财政厅中国人民银行南京分行中国银监会江苏监管局《关于转发教育部财政部中国人民银行银监会完善国家助学贷款政策若干意见的通知》（苏教财〔2015〕6 号）精神，省教育厅、财政厅制定了《江苏省国家助学贷款还款救助暂行办法》。现印发给你们，请遵照执行。

附件：

江苏省国家助学贷款还款救助暂行办法

第一条　为进一步提升国家助学贷款政策实施效果，确保国家助学贷款工作持续健康发展，根据《江苏省教育厅江苏省财政厅中国人民银行南京分行中国银监会江苏监管局关于转发教育部财政部中国人民银行银监会完善国家助学贷款政策若干意见的通知》（苏教财〔2015〕6 号）精神，制定本办法。

第二条　本办法中“国家助学贷款”包括生源地信用助学贷款和普通高校校园地国家助学贷款；“还款救助”指省学生资助管理中心对符合条件的已毕业借款学生

给予代偿贷款余额本息的救济措施。

第三条 在江苏省申请获得国家助学贷款的毕业借款学生，在还款期内遇有以下情形之一，确实无法按期偿还贷款的，可以申请还款救助。

（一）借款学生死亡。需凭死亡证明和公安部门出具的居民户口注销证明。

（二）借款学生全部丧失劳动能力或重度残疾。全部丧失劳动能力的，需凭县级以上（含县级）劳动鉴定委员会或者县级以上（含县级）人民医院，根据《职工工伤与职业病致残程度鉴定标准》（GB/T 16180—2006）一级至四级标准出具的鉴定证明。被评定为一级或者二级残疾的，需凭《中华人民共和国残疾人证》。

（三）借款学生家庭遭遇重大自然灾害后恢复重建确有困难。需凭县级人民政府民政部门出具的，按照《自然灾害救助条例》第十九、二十、二十一条采取救助之后，家庭恢复重建仍有困难的证明，证明中应详细列示家庭成员伤亡和财产损失情况。

（四）借款学生家庭成员患重大疾病。需凭当地纳入城镇居民医保或者新型农村合作医疗重大疾病保障范围的医保报销凭证和病历复印件。

（五）经省学生资助管理中心审核确认的其他符合还款救助情形的借款学生。

第四条 还款救助由借款学生（或共同借款人）自愿申请，县级学生资助管理机构或者高校学生资助管理中心（以下统称“学生资助管理机构”）受理并初审，省学生资助管理中心审批。

第五条 还款救助申请。毕业借款学生符合还款救助条件的，由本人（或共同借款人）填写《江苏省国家助学贷款还款救助申请审批表》（附件1），持居民身份证、国家助学贷款合同和有关证明材料的原件和复印件，向县级学生资助管机构（生源地信用助学贷款）或者毕业高校（校园地国家助学贷款）提出救助申请。申请人对所提交材料的真实性负责。对持伪造或无效材料申请还款救助者，一经查实，由有关部门根据《江苏省自然人失信惩戒办法（试行）》予以惩戒。

第六条 还款救助受理。学生资助管理机构常年受理还款救助申请，无正当理由的不得拒绝受理。对工作中发现的符合救助条件的借款人，学生资助管理机构应主动协助其申请还款救助。申请人所提供材料不符合要求的，学生资助管理机构应一次性告知需补正的全部内容。申请人明显不符合还款救助条件的，应不予受理并告知具体原因。

第七条 还款救助初审。学生资助管理机构现场受理时，应认真核实申请材料的真实性和完整性，确认证明材料原件与复印件一致后，退还原件并将申请人居民身份证和主要证明材料扫描备用。学生资助管理机构初审时，应采取入户调查、邻里走访、信息采集等措施，调查核实申请人提供的申请理由和证明材料，做好相关记录。每年5月和10月，学生资助管理机构将初审通过的还款救助申请录入省学生资助管理系统，上传相关材料扫描文件，填写《江苏省国家助学贷款还款救助初审汇总表》（附件2），打印并加盖公章后报送省学生资助管理中心，将原始申请材料整理成册备查。

第八条 还款救助终审。省学生资助管理中心应及时审核还款救助申请，按不低于45%的比例进行现场核查，将终审结果书面反馈有关学生资助管理机构，对不同意给予救助的应在反馈中说明具体原因。

第九条 国家助学贷款还款救助所需经费来源包括上年国家助学贷款风险补偿结余奖励资金、社会捐资助学资金和学生奖助基金等。

第十条 每年6月和11月，省学生资助管理中心就审批确定的救助申请商有关国家助学贷款经办银行，集中进行国家助学贷款救助代偿操作，凭经办银行出具的回单进行账务处理。

第十一条 各级学生资助管理机构应加强国家助学贷款还款救助政策的宣传，安排专人负责还款救助工作，确保政策应知尽知、工作职责明确。

第十二条 还款救助资金接受财政、审计、监察部门的监督检查。学生资助管理机构应将救助申请、审批和资金代偿材料完整存档，妥善保管备查。

第十三条 本办法由江苏省教育厅和江苏省财政厅负责解释。

第十四条 本办法自2016年2月1日起执行。

附件：1. 江苏省国家助学贷款还款救助申请审批表（略）

2. 江苏省国家助学贷款还款救助初审汇总表（略）

浙江省财政厅　浙江省教育厅关于印发《浙江省普通本科高校 高等职业学校省政府奖学金管理办法》的通知

（2016年6月22日　浙财教〔2016〕49号）

各市及义乌市财政局、教育局，省级各有关部门，各高等院校（宁波不发）：

为激励普通本科高校和高等职业学校学生勤奋学习，积极进取，在德、智、体、美等方面全面发展，根据《国务院关于建立健全普通本科高校、高等职业学校和中等职业学校家庭经济困难学生资助政策体系的意见》（国发〔2007〕13号）、《浙江省人民政府办公厅关于支持省重点建设高校的若干意见》（浙政办发〔2016〕25号）有关精神，经省政府同意，决定设立“省政府奖学金”。现将《浙江省普通本科高校 高等职业学校省政府奖学金管理办法》印发给你们，请遵照执行。

附件：

浙江省普通本科高校 高等职业学校省政府奖学金管理办法

第一章　总　则

第一条　为激励普通本科高校和高等职业学校学生勤奋学习，积极进取，在德、智、体、美等方面全面发展，根据《国务院关于建立健全普通本科高校、高等职业学校和中等职业学校家庭经济困难学生资助政策体系的意见》（国发〔2007〕13号）、《浙江省人民政府办公厅关于支持省重点建设高校的若干意见》（浙政办发

〔2016〕25 号）有关精神，特设立省政府奖学金，并制定本办法。

第二条 本办法所称普通本科高校、高等职业学校是指根据国家有关规定批准设立、实施高等学历教育的全日制普通本科高等学校、高等职业学校和高等专科学校（以下简称高校）。

第三条 省政府奖学金由省财政出资设立，用于奖励浙江省高校全日制本专科学生（以下简称学生）中特别优秀的学生。

各高校省政府奖学金名额按高校类别、办学层次、办学质量、在校本专科人数和生源结构等因素确定。在分配名额时，向重点建设高校予以倾斜。

第二章 奖励标准和申请条件

第四条 省政府奖学金的奖励标准为每人每年 6000 元。

第五条 省政府奖学金的基本申请条件：

（一）热爱社会主义祖国，拥护中国共产党的领导；

（二）遵守宪法和法律，遵守学校规章制度；

（三）诚实守信，道德品质优良；

（四）二年级以上（含二年级）高校在校学生；

（五）在校期间学习成绩优异，对社会实践、创新能力、综合素质等方面特别突出的给予倾斜。

第六条 省政府奖学金是国家奖学金的补充和延伸，同一学年内，获得国家奖学金的学生不能同时获得省政府奖学金。

第三章 名额分配与预算下达

第七条 省学生资助管理中心按照本办法第三条的规定，于每年 8 月 15 日前，提出全省高校省政府奖学金分配建议方案，报省财政厅、省教育厅审批。

第八条 省财政厅、省教育厅将省政府奖学金分配名额下达全省各高校，经费编入下年部门预算。

第四章 申请和评审

第九条 省政府奖学金每学年评审一次，实行等额评审，坚持公开、公平、公正、择优的原则。

第十条 高校要根据本办法的规定，制定具体评审办法，并报省学生资助管理中心备案。

第十一条 每年9月30日前，学生根据本办法规定的省政府奖学金的基本申请条件及其他有关规定，向学校提出申请，并提交《浙江省政府奖学金申请审批表》。

第十二条 高校学生资助管理机构具体负责组织评审工作，提出本校当年省政府奖学金获奖学生建议名单，报学校领导集体研究审定后，在校内进行不少于5个工作日的公示。每年11月15日前，各高校将评审结果报省学生资助管理中心备案。

第五章 奖学金发放、管理与监督

第十三条 高校于次年4月30日前将省政府奖学金一次性发放给获奖学生，并记入学生学籍档案。

第十四条 各高校要切实加强管理，认真做好省政府奖学金的评审和发放工作，确保省政府奖学金真正用于奖励特别优秀的学生。

第十五条 各高校必须严格执行国家相关财经法规和本办法的规定，对省政府奖学金专款专用，不得截留、挤占、挪用，同时接受财政、审计、纪检监察、主管部门的检查和监督。

第六章 附 则

第十六条 本办法由省财政厅、省教育厅负责解释。

第十七条 本办法自2016年9月1日起施行。

附件：浙江省政府奖学金申请审批表（略）

（二）中职学生资助政策

财政部　教育部关于完善中等职业教育贫困家庭学生资助体系的若干意见

（2006年7月24日　财教〔2006〕74号）

各省、自治区、直辖市财政厅（局）、教育厅（教委），计划单列市财政局、教育局，新疆生产建设兵团财务局、教育局：

中等职业教育是我国经济社会发展的重要基础和现代国民教育体系的重要组成部分，在提高劳动者素质、推进我国走新型工业化道路、促进农村劳动力转移、加快社会主义新农村建设等方面，发挥着重要的作用。加快中等职业教育发展，对于繁荣经济、促进就业、消除贫困、构建和谐社会具有十分重要的意义。

当前，一部分中等职业教育学校贫困家庭学生因得不到有效资助，不能顺利完成学业；还有一部分初中毕业生因为家庭经济困难不能顺利入学接受中等职业教育。这些问题制约了中等职业教育的快速健康发展。为此，必须按照《国务院关于大力发展职业教育的决定》（国发〔2005〕35号）的精神，进一步完善中等职业教育贫困家庭学生助学政策体系，吸引更多的初中毕业生报考中等职业学校，资助贫困家庭学生顺利完成学业，满足国民经济和社会发展对高素质劳动者和技能型人才的需求。现就加快建立和完善中等职业学校学生资助体系提出如下意见：

一、中等职业教育贫困家庭学生资助工作，要以党的十六大精神和“三个代表”重要思想为指导，坚持科学发展观，认真落实全国职业教育工作会议精神，以不断满足中等职业学校贫困家庭学生的学习和生活需要为基本出发点，保证每个中等职业学校学生不因家庭贫困而失学。要充分发挥中央和地方政府、中等职业学校、金融机构、社会团体、企事业单位以及公民个人在资助体系中的作用，通过各方面共同努力，构建覆盖面广、形式多样、功能完善、机制健全的中等职业学校学生资助体系，帮助每个贫困家庭学生顺利完成学业，促进教育公平。

二、坚持政府主导、多渠道筹措资助资金。实施中等职业学校贫困家庭学生助学制度，资金来源的主渠道是各级政府。各级财政要加大对中等职业学校贫困生的资助力度，坚持地方财政投入为主、中央财政适当补助的原则，同时要动员行业企业和社会各界提供资助。金融机构也要为接受中等职业教育的贫困家庭学生提供助学贷款。

三、建立贫困家庭学生助学金制度，安排专项资金，对中等职业学校贫困家庭学生就学提供补助。从2006年起，中央财政安排专项资金，建立中等职业教育国家助学金，用于资助中等职业学校贫困家庭学生。各地财政要安排相应的专项资金设立助学金。

四、建立奖学金制度。在中等职业学校设立政府奖学金、专业奖学金和定向奖学金，资金来源为各级地方政府和有关行业企业。奖学金主要用于支持品学兼优的学生。其中，政府奖学金主要由省、市（地）政府安排专项资金设立。专业奖学金和定向奖学金由有关行业企业或地方政府设立。

五、建立以学生参加生产实习为核心的助学制度。中等职业学校必须坚持“以服务为宗旨、以就业为导向”的办学方针，大力推行工学结合、校企合作的培养模式，力争做到学生在最后一学年到企业等用人单位顶岗实习，让学生通过顶岗实习，获取一定的报酬，用于支付学习和生活开支。同时，要逐步建立和完善半工半读制度。在部分职业院校中开展通过半工半读，实现学生免费接受中等职业教育的试点工作。各地和各中等职业学校要把这项工作作为建立中等职业教育助学制度的重要措施和对学生进行资助的有效方式，积极探索，逐步加以完善。

六、建立学费减免制度。中等职业学校都要建立学费减收和免收制度，对贫困家庭学生，特别是孤残学生、单亲贫困家庭学生、父母丧失劳动能力学生、少数民族学生、烈士子女、单亲贫困家庭学生、农村绝对贫困或低收入家庭学生、享受城镇居民最低生活保障政策家庭和因突发事件导致家庭经济困难的学生等减免学费。各中等职业学校每年都要安排不低于事业收入5%的资金，专项用于贫困家庭学生的学费减免。

七、建立助学贷款或延期支付学费制度。要鼓励和引导金融机构为接受中等职业教育的贫困家庭学生提供小额助学贷款，可由地方政府予以贴息（鉴于中等职业学校学生一般年龄偏小，有些入学时尚不具备承担完全的民事责任能力，助学贷款可提供给学生家庭）。同时，具备实力的职业学校可由学校集中贷款后，与学生家长协商确立延期支付学习费用合同，以吸引更多的学生进入中等职业学校学习。

八、建立社会资助制度。各地要对从事中等职业学校贫困家庭学生资助工作的金融机构、社会团体、企事业单位以及公民个人，采取有效的激励措施。企事业单位、社会团体和公民个人通过政府部门或非营利组织为资助中等职业学校学生给予的捐赠，比照有关公益性捐赠，准予在缴纳企业所得税和个人所得税前全额扣除。有条件的地方可建立中等职业教育贫困家庭学生社会助学基金，对捐资额度大的法人或自然人允许在基金前冠名。

九、各地要从职业教育改革与发展的大局出发，充分认识做好中等职业学校学生资助工作的重大意义，高度重视中等职业教育贫困家庭学生的资助工作；要从实际出发，制订本地中等职业教育学生资助规划，增加投入，完善相关政策措施，保证资助体系的有效运作，逐步扩大中等职业教育贫困家庭学生的资助面；要加强管理，明确专人具体负责资助贫困生工作，认真调查摸底，掌握贫困学生特别是特困学生的情况，从严掌握标准和条件，切实把资助资金落实到需要资助的学生身上。

十、加强资助工作的监督管理。中等职业教育贫困家庭学生资助工作接受社会监督，经费的使用情况接受审计部门的审计检查。中等职业教育贫困家庭学生的资助资金专款专用，任何部门、学校和个人不得以任何理由截留、挤占、挪用资助资金。如有上述行为的，一经查实，严肃惩处。财政部和教育部将对各地、各学校资助贫困生工作情况进行检查考核。对资助工作完成好的地区和学校给予表彰，对工作不力的予以通报批评。

十一、加大宣传力度，使每个初中毕业生和中等职业学校学生都能获得资助信息。在每年中等职业学校招生期间，各地、各校要充分利用新闻媒体等渠道，向广大初中毕业生和社会广泛宣传中等职业学校贫困家庭学生资助政策。各中等职业学校在印发招生简章和入学通知书时，都要介绍资助贫困生工作的有关政策和本校资助贫困生工作的具体措施，使资助政策家喻户晓、深入人心，确保中等职业教育贫困家庭学生资助工作深入开展。

财政部 国家税务总局关于企业支付学生实习报酬有关所得税政策问题的通知

（2006年11月1日 财税〔2006〕107号）

各省、自治区、直辖市、计划单列市财政厅（局）、国家税务局、地方税务局，新疆生产建设兵团财务局：

根据《国务院关于大力发展职业教育的决定》（国发〔2005〕35号）有关要求，为促进教育事业发展，现对企业支付中等职业学校和高等院校实习生报酬有关所得税政策问题明确如下：

一、凡与中等职业学校和高等院校签订三年以上期限合作协议的企业，支付给学生实习期间的报酬，准予在计算缴纳企业所得税税前扣除。具体征管办法由国家税务总局另行制定。

对中等职业学校和高等院校实习生取得的符合我国个人所得税法规定的报酬，企业应代扣代缴其相应的个人所得税款。

二、本通知所称中等职业学校包括普通中等专业学校、成人中等专业学校、职业高中（职教中心）和技工学校；高等院校包括高等职业院校、普通高等院校和全日制成人高等院校。

三、本通知自2006年1月1日起执行。

请遵照执行。

国家税务总局关于印发《企业支付实习生报酬税前扣除管理办法》的通知

（2007 年 4 月 10 日　国税发〔2007〕42 号）

各省、自治区、直辖市和计划单列市国家税务局、地方税务局：

为了贯彻实施《财政部　国家税务总局关于企业支付学生实习报酬有关所得税政策问题的通知》（财税〔2006〕107 号），税务总局制定了《企业支付实习生报酬税前扣除管理办法》，现印发给你们，请遵照执行。

附件：

企业支付实习生报酬税前扣除管理办法

第一条　为进一步促进教育事业的发展，加强企业支付学生实习报酬税前扣除的管理，根据《中华人民共和国企业所得税暂行条例》及其实施细则、《中华人民共和国税收征收管理法》及其实施细则、《财政部　国家税务总局关于企业支付学生实习报酬有关所得税政策问题的通知》（财税〔2006〕107 号）和有关规定，制定本办法。

第二条　本办法所称“企业”，是指在中华人民共和国境内依照《中华人民共和国企业所得税暂行条例》缴纳企业所得税的纳税人。

第三条　本办法所称“学校”，是指在中华人民共和国境内依法设立的中等职业学校和高等院校（包括公办学校与民办学校）。其中，中等职业学校包括中等专业学校、成人中等专业学校、职业高中（职教中心）和技工学校；高等院校包括高等职业院校、普通高等院校和全日制成人高等院校。

第四条 企业按照财税〔2006〕107号文件规定支付给在本企业实习学生的报酬，可以在计算缴纳企业所得税时依照本办法的有关规定扣除。

第五条 接收实习生的企业与学生所在学校必须正式签订期限在三年以上（含三年）的实习合作协议，明确规定双方的权利与义务。

第六条 对未与学校签订实习合作协议或仅签订期限在三年以下实习合作协议的企业，其支付给实习生的报酬，不得列入企业所得税税前扣除项目。

第七条 企业虽与学校正式签订期限在三年以上（含三年）的实习合作协议，如出现未满三年停止履行协议情况的，主管税务机关对已享受税前扣除实习生报酬税收政策的企业应调增应纳税所得额，补征企业所得税，并依法加收滞纳金；对因企业主体消亡或学校撤销等客观原因导致未满三年停止履行协议情况的，不再补征企业所得税和加收滞纳金。

第八条 企业可在税前扣除的实习生报酬，包括以货币形式支付的基本工资、奖金、津贴、补贴（含地区补贴、物价补贴和误餐补贴）、加班工资、年终加薪和企业依据实习合同为实习生支付的意外伤害保险费。

企业以非货币形式给实习生支付的报酬，不允许在税前扣除。

第九条 企业或学校必须为每个实习生独立开设银行账户，企业支付给实习生的货币性报酬必须以转账方式支付。

第十条 企业税前扣除的实习生报酬，依照税收规定的工资税前扣除办法进行管理。实际支付的实习生报酬高于允许税前扣除工资标准的，按照允许税前扣除工资标准扣除；实际支付的实习生报酬低于允许税前扣除工资标准的，按照实际支付的报酬税前扣除。

第十一条 企业税前扣除实习生报酬实行备查制，即企业在向主管税务机关申报时自行计算扣除，但企业日常管理中必须备齐以下资料供税务机关检查核实：

（一）企业与学校签订的实习合作协议书；

（二）实习生名册（必须注明实习生身份证号、学生证号及实习合同号）；

（三）实习生报酬银行转账凭证；

（四）为实习生支付意外伤害保险费的缴付凭证。

第十二条 企业因接受学生实习而从国家或学校取得的补贴收入，应并入企业的应税收入，缴纳企业所得税。

第十三条 各地税务机关应加强实习生报酬税前扣除的监督管理，对企业故意弄虚作假骗取实习生报酬税前扣除的，税务机关除责令其纠正外，应根据《中华人民共和国税收征收管理法》等有关规定，予以处罚。

第十四条 本办法从2006年1月1日起执行。

第十五条 各省、自治区、直辖市和计划单列市国税局、地税局，可根据本办法制定具体实施方案。

第十六条 本办法由国家税务总局负责解释。

财政部　教育部关于印发《中等职业学校国家助学金管理暂行办法》的通知

(2007年6月21日　财教〔2007〕84号)

各省、自治区、直辖市财政厅（局）、教育厅（教委）：

为落实《国务院关于建立健全普通本科高校、高等职业学校和中等职业学校家庭经济困难学生资助政策体系的意见》（国发〔2007〕13号），加强中等职业学校国家助学金的管理，确保资助工作顺利实施，财政部、教育部制定了《中等职业学校国家助学金管理暂行办法》，现印发给你们，请遵照执行。

附件：

中等职业学校国家助学金管理暂行办法

第一条　为落实《国务院关于建立健全普通本科高校、高等职业学校和中等职业学校家庭经济困难学生资助政策体系的意见》（国发〔2007〕13号），加强中等职业学校国家助学金（以下简称国家助学金）的管理，确保资助工作顺利实施，制定本办法。

第二条　本办法所称中等职业学校是指政府有关部门根据国家有关规定批准设立并备案，实施中等学历教育的各类职业学校，包括公办和民办的普通中专、成人中专、职业高中、技工学校、职业技术学院附属的中专部和中等职业学校等。

第三条　国家助学金资助对象是具有中等职业学校全日制正式学籍的在校一、

二年级所有农村户籍的学生和县镇非农户口的学生以及城市家庭经济困难学生。

中等职业学校在校三年级学生通过工学结合、顶岗实习获得一定报酬，用于支付学习和生活费用。

第四条 国家助学金由中央和地方政府共同出资设立，主要资助受助学生的生活费开支，资助标准每生每年1500元。

第五条 国家助学金按学年申请和评定，按月发放。学校应将《中等职业学校国家助学金申请表》（详见附件1）及《中等职业学校国家助学金申请指南》（详见附件2）随同入学通知书一并寄发给录取的新生。新生和二年级学生在新学年开学一周内向就读学校提出申请，并递交相关证明材料。

第六条 每年年初，各省（自治区、直辖市）根据本省份中等职业学校上一年度在校学生数及生源状况等，向财政部、教育部提出国家助学金预算申请。财政部、教育部审核后，于每年5月底前将国家助学金分配名额及预算下达各省级财政、教育部门。每年8月底之前，省以下各级财政、教育部门负责将上级下达的经费预算和本级财政应分担的经费预算以及国家助学金分配名额下达到所属各中等职业学校。

第七条 中等职业学校要根据本办法和各地制定的国家助学金实施细则，受理学生申请，组织初审，并将初审结果在学校内进行不少于5个工作日的公示。公示无异议后，学校将《中等职业学校国家助学金受助学生汇总表》（详见附件3）报至同级学生资助管理机构审核、汇总；学生资助管理机构将审核意见报同级财政、教育部门审批；同级财政、教育部门要及时向学生资助管理机构和所辖学校批复审核意见。尚未成立学生资助管理机构的地方，由教育部门按上述程序完成相关工作。

学校应于学生入学一个月内将国家助学金发放到受助学生手中。

第八条 学校应按实际受助学生名单填写《中等职业学校国家助学金受助学生汇总表》，及时报送同级学生资助管理机构，由学生资助管理机构审核汇总后报同级财政、教育部门备案，同时逐级上报至省级学生资助管理机构。省级学生资助管理机构应于12月底前将《中等职业学校国家助学金统计表》（详见附件4）上报全国学生资助管理中心，由全国学生资助管理中心审核汇总，报财政部、教育部备案。

国家建立全国统一的中等职业学校学生信息管理系统，实行统一电子注册，为中等职业学校国家助学金的发放和管理提供支持。

第九条 中等职业学校国家助学金实行学校法人代表负责制，校长是第一责任人，对学校助学工作负主要责任。学校要制定本校国家助学金具体实施办法，设立专门机构和配备专职人员具体负责助学工作，要为每位受助学生分别办理银行储蓄卡，直接将助学金发放到受助学生手中，一律不得以实物或服务等形式，抵顶或扣减国家助学金。为学生办理银行储蓄卡，不得向学生收取卡费或押金等费用，也不得从学生享受的国家助学金中抵扣。

中等职业学校要建立专门档案，将学生申请表、受理结果、资金发放等有关凭证和工作情况分年度建档备查。

第十条 省级教育、财政部门要根据实际情况，对享受资助政策的民办中等职业学校，在办学条件、学费标准、招生就业、资助家庭经济困难学生措施等方面做出明确规定。民办中等职业学校要依法办学，规范管理，要按照国家有关规定收取学费，并从事业收入中足额提取5%的经费，用于家庭经济困难学生的学费减免、校内奖学金、助学金和特殊困难补助等方面的开支。

第十一条 中等职业教育实行以国家助学金为主，以校内奖学金、学生工学结合、顶岗实习、学校减免学费等为辅的资助政策体系。国家鼓励地方政府、行业企业和社会团体设立中等职业学校助学金、奖学金，鼓励和引导金融机构为接受中等职业教育的学生提供助学贷款。

有条件的中等职业学校要积极实行“绿色通道”制度，对携有可证明其家庭经济困难材料的新生，可先办理入学手续，根据核实后的家庭经济情况予以不同方式的资助，再办理学籍注册。

第十二条 各级财政、教育部门应加强对国家助学金的管理，实行专款专用、专账核算，并接受审计、监察部门的检查和社会的监督。对弄虚作假、套取财政专项资金或挤占、挪用、滞留国家助学金的行为，将追究直接责任人和相关领导的责任。财政部、教育部将对中等职业学校家庭经济困难学生资助工作开展好、成绩突出的地区和学校予以表彰。

第十三条 本办法由财政部、教育部负责解释，各省（自治区、直辖市）可依据本办法制定实施细则，并报财政部、教育部和全国学生资助管理中心备案。

第十四条 劳动保障部门管理的实施中等学历教育的技工学校国家助学金发放管理工作另行通知。

第十五条 本办法自发布之日起执行。原《财政部 教育部关于印发〈中等职业教育国家助学金管理暂行办法〉的通知》（财教〔2006〕73号）同时废止。

附件：1. 中等职业学校国家助学金申请表（略）

2. 中等职业学校国家助学金申请指南（略）

3. 中等职业学校国家助学金受助学生汇总表（略）

4. ××省（市、区）中等职业学校国家助学金统计表（略）

教育部　财政部关于印发《中等职业学校学生实习管理办法》的通知

（2007年6月26日　教职成〔2007〕4号）

各省、自治区、直辖市教育厅（教委）、财政厅（局），计划单列市教育局、财政局，新疆生产建设兵团教育局、财务局，有关部门（单位）教育司（局）、财务司（局）：

根据教育法律法规和国务院的有关规定，教育部、财政部制定了《中等职业学校学生实习管理办法》，现予发布，本办法自发布之日起施行。

附件：

中等职业学校学生实习管理办法

第一条　为规范管理中等职业学校开展学生实习工作，保护实习学生的合法权益，根据《中华人民共和国教育法》《中华人民共和国劳动法》《中华人民共和国职业教育法》和国家有关规定，制定本办法。

第二条　中等职业学校（以下简称“学校”）学生实习，应全面贯彻国家的教育方针，实施素质教育，坚持教育与生产劳动相结合，遵循职业教育规律，培养学生职业道德和职业技能，促进学生全面发展和就业，提高教育质量。

第三条　本办法所称学生实习，主要是指中等职业学校按照专业培养目标要求和教学计划的安排，组织在校学生到企业等用人单位进行的教学实习和顶岗实习，是中等职业学校专业教学的重要内容。中等职业学校三年级学生要到生产服务一线参加顶岗实习。

第四条 学生实习由学校和实习单位共同组织和管理。学校和实习单位在安排学生实习时，要共同制订实习计划，开展专业教学和职业技能训练，组织参加相应的职业资格考试；要建立辅导员制度，定期开展团组织活动，加强思想政治教育和职业道德教育。学校和实习单位在学生实习期间，要维护学生的合法权益，确保学生在实习期间的人身安全和身心健康。

第五条 组织安排学生实习，要严格遵守国家有关法律法规，为学生实习提供必要的实习条件和安全健康的实习劳动环境。不得安排一年级学生到企业等单位顶岗实习；不得安排学生从事高空、井下、放射性、高毒、易燃易爆、国家规定的第四级体力劳动强度以及其他具有安全隐患的实习劳动；不得安排学生到酒吧、夜总会、歌厅、洗浴中心等营业性娱乐场所实习；不得安排学生每天顶岗实习超过8小时；不得通过中介机构代理组织、安排和管理实习工作。

第六条 学校应当建立健全学生实习管理制度，要有专门的实习管理机构，要加强实习指导教师队伍建设，要建立学生实习管理档案，定期检查实习情况，处理实习中出现的有关问题，确保学生实习工作的正常秩序。

第七条 实习单位要指定专门人员负责学生实习工作，根据需要推荐安排有经验的技术或管理人员担任实习指导教师。

第八条 实习单位应向实习学生支付合理的实习报酬。学校和实习单位不得扣发或拖欠学生的实习报酬。

第九条 企业接收学生实习并支付给实习学生的报酬，按照《财政部　国家税务总局关于企业支付学生实习报酬有关所得税政策问题的通知》（财税〔2006〕107号）有关规定在计算缴纳企业所得税前扣除。

第十条 建立学校、实习单位和学生家长经常性的学生实习信息通报制度。学生到实习单位顶岗实习前，学校、实习单位和学生本人或家长应当签订书面协议，明确各方的责任、权利和义务。学生在校内参加教学实习，学校和学生本人或家长是否签订书面协议，由学校根据情况确定。

第十一条 学校安排学生赴国（境）外实习的，应当根据需要通过国家驻外有关机构了解实习环境、实习单位和实习内容等情况，必要时可派人实地考察。要选派指导教师全程参与，做好实习期间的管理和相关服务工作。

第十二条 学校和实习单位应当加强对实习学生的实习劳动安全教育，增强学生安全意识，提高其自我防护能力；要为实习学生购买意外伤害保险等相关保险，具体事宜由学校和实习单位协商办理。实习期间学生人身伤害事故的赔偿，依据《学生伤害事故处理办法》和有关法律法规处理。

第十三条 实习学生应当严格遵守学校和实习单位的规章制度，服从管理；未经学校批准，不准擅自离开实习单位；不得自行在外联系住宿；违反实习纪律的学生，应接受指导教师、学校和实习单位的批评教育，情节严重的，学校可责令其暂停实习，限期改正。学生实习考核的成绩应当作为评价学生的重要依据。

第十四条 各级教育行政部门应当加强实习管理工作，建立健全实习管理制度，加强监督检查，协调有关职能部门、实习单位和其他有关方面，共同做好实习管理工作，保证实习工作的健康、安全和有序开展。

第十五条 对积极开展中等职业学校学生顶岗实习工作、管理规范、成绩显著的学校和单位，以及先进个人给予表彰奖励。

第十六条 对不履行实习管理职责的学校和实习单位，负有管理责任的政府有关部门应当责令其限期改正，对拒不改正或者因工作失误造成重大损失的，应当对直接负责的主管人员和其他直接责任人员给予行政处分；构成犯罪的，依法追究刑事责任。

第十七条 本办法自发布之日起施行。

财政部　国家发展改革委　教育部
人力资源社会保障部《关于中等职业学校农村家庭经济困难学生和涉农专业学生免学费工作的意见》

（2009 年 12 月 14 日　财教〔2009〕442 号）

根据党的十七届三中全会精神和 2009 年《政府工作报告》关于“大力发展职业教育，特别要重点支持农村中等职业教育。逐步实行中等职业教育免费，今年先从农村家庭经济困难学生和涉农专业做起”的要求，经国务院同意，从 2009 年秋季学期起，对中等职业学校农村家庭经济困难学生和涉农专业学生免学费。现就免学费工作提出如下意见：

一、充分认识免学费工作的重大意义

发展职业教育是我国经济社会发展的重要基础和教育工作的战略重点。逐步实施中等职业教育免费政策，是落实科教兴国和人才强国战略，全面提高国民素质，把我国巨大的人口压力转化为人力资源优势的重要途径，是优化教育结构，促进教育公平和社会公正的有效手段；是推进我国走新型工业化道路，建设社会主义新农村，调整产业结构、促进就业再就业的重大举措；是继全部免除城乡义务教育阶段学生学杂费之后，促进教育公平的又一件大事，具有重要的现实意义和深远的历史意义。

目前，我国中等职业学校学生绝大部分来自农村，其中，相当一部分来自低收入和困难家庭。中等职业教育免学费工作先从农村家庭经济困难学生和涉农专业学生做起，对于减轻农民负担，增强中等职业教育的吸引力，鼓励高素质劳动者在农村创业就业，改善农村劳动力结构，加快新农村建设，发展现代农业，发展农村经济，缩小城乡差别，具有重要的推动作用。

二、免学费工作的基本原则和主要内容

免学费工作涉及面广、政策性强，根据“中央政策引导、地方统筹安排、积极稳妥起步、逐步推进实施”的原则，从2009年秋季学期起，对公办中等职业学校全日制正式学籍一、二、三年级在校生中农村家庭经济困难学生和涉农专业学生逐步免除学费（艺术类相关表演专业学生除外）。西藏自治区和新疆维吾尔自治区喀什、和田、克孜勒苏柯尔克孜三地州农村户籍的学生全部享受免学费政策；其他地区享受免学费政策的农村家庭经济困难学生分地区按以下比例确定：西部地区按在校生的25%确定；中部地区按在校生的15%确定；东部地区按在校生的5%确定。中央财政参照上述比例安排中央补助资金。各地可根据实际，合理确定行政区域内农村家庭经济困难学生的比例。

涉农专业为2000年教育部发布的《中等职业学校专业目录》（教职成〔2000〕8号）中的农林类所有专业，具体包括：种植、农艺、园艺、蚕桑、养殖、畜牧兽医、水产养殖、野生动物保护、农副产品加工、棉花检验加工与经营、林业、园林、木材加工、林产品加工、森林资源与林政管理、森林采运工程、农村经济管理、农业机械化、航海捕捞，以及能源类的农村能源开发与利用专业和土木水利工程类的农业水利技术专业等21类专业。

对因免除学费导致学校收入减少的部分，通过财政给予的补助和学校开展校企合作及顶岗实习获取的收入来解决，以保证学校正常运转。具体办法是：第一、二学年学校因免除学费导致的运转经费缺口，由财政按免除的学费标准给予补助；第三学年学校因免除学费导致的运转经费缺口，原则上由学校通过校企合作和顶岗实习等方式获取的收入予以弥补，对涉农专业和经认定顶岗实习有困难的其他专业，由财政按一定标准给予学校顶岗实习补助，具体办法由国务院相关部门另行制定。

免学费标准按各省（区、市）人民政府及其价格主管部门批准的学费标准确定。对在政府职业教育行政管理部门依法批准的民办中等职业学校就读的一、二年级符合免学费政策条件的学生，按照当地同类型同专业公办中等职业学校免除学费标准，

给予补助。

免学费补助资金，由中央财政统一按照每生每年平均2000元标准，与地方财政按比例分担。其中，西部地区，不分生源，中央与地方分担比例为8∶2；中部地区，生源地为西部地区的，中央与地方分担比例为8∶2，生源地为其他地区的，中央与地方分担比例为6∶4；东部地区，生源地为西部地区和中部地区的，中央与地方分担比例分别为8∶2和6∶4，生源地为东部地区的，中央与地方分担比例分省（市）确定。免学费资金由省级财政统筹落实。

今年秋季学期前已出台中等职业教育免费政策的省（区、市），免费标准和免费范围高于本《意见》要求的，可按照本地的办法继续实施；低于本《意见》要求的，应逐步调整，到明年秋季学期开学时要达到本《意见》的要求。尚未实施免费政策的省（区、市），要抓紧组织实施，今年财政确有困难的地方，可视自身财力情况统筹安排资金，但从明年秋季学期开始，要按规定落实地方应承担的补助资金；对未按规定落实地方应承担的补助资金的，财政部将核减中央财政补助资金。各地要将2009年秋季学期至2011年春季学期两个学年的免学费工作方案，于今年年底前报财政部、发展改革委、教育部和人力资源社会保障部。

要在总结2009学年中职免学费工作的基础上，就实施中的有关问题和进一步推进中职免学费工作进行研究，修订完善相关政策措施。

三、实施免学费政策的配套改革措施

在实行免学费政策的同时，中等职业教育要坚持以服务为宗旨，以就业为导向，坚持多元化办学，大力推进改革和创新，全面提高办学质量，提升中等职业教育的吸引力。

（一）建立“工学结合、校企合作、顶岗实习”的办学模式。坚持理论学习与技能培养结合、课堂教学与岗位技能培训结合、校内实训与校外实训结合的原则，推进顶岗实习制度的落实。创新教材应用、教学方式和专业设置，使中等职业教育面向企业、面向农村、面向市场培养技能型人才。

（二）建立健全质量保障机制。规范办学行为，严格教学管理，提高教育质量。建立针对学生、教师和学校的质量评价体系，形成多方参与、内外结合的评价机制。

（三）加强师资队伍建设，完善技能课教师补充机制。探索建立聘请企业在职或退休技术人员担任中等职业学校专业课教师的机制。同时，创新教师教学和综合素质考核制度。

（四）建立健全就业准入的政策法规。落实“先培训、后上岗”、“先培训、后就业”制度；完善职业资格证书政策；改革行政事业单位用人制度，按岗位实际需要确定用人标准。

在实施免学费政策的同时，国务院相关部门将选择部分中等职业学校进行改革创新示范。

四、实施免学费政策的工作要求

（一）加强组织领导，明确职责分工。地方各级人民政府要切实加强对中等职业教育免学费工作的组织领导，明确分工，落实责任，要制订切实可行的实施方案，确保免学费政策全面落实到位。中等职业学校要把免学费和深化改革作为工作重点，制订具体工作方案。国务院相关职能部门将加强免学费和深化改革的指导与协调工作。

（二）落实经费责任，强化预算管理。各省级财政要统筹安排中央补助资金和地方应分担的资金，制订本行政区域内各级财政的具体分担办法，完善省对困难市（县、区）的转移支付制度，确保免学费补助资金落实到位。要加强免学费补助资金的科学化、精细化管理，中等职业学校必须建立严格的预决算制度，将各项收入全部纳入学校预算，按部门预算要求，编制综合预算；严格按照规定的范围与标准支出；加强学校财务管理和资产管理等基础性工作，建立健全会计账簿，规范会计核算；加强内部控制和审计制度，确保免学费资金使用的规范和有效。

（三）严格收费审批，规范收费行为。省级人民政府和有关部门要依据培养成本，制定生均经费拨款标准。公办中等职业学校不得因免学费而提高其他收费标准，或擅自设立收费项目乱收费。同时，根据《国务院关于建立健全普通本科高校高等职业学校和中等职业学校家庭经济困难学生资助政策体系的意见》（国发〔2007〕13号）的规定，2012 年秋季学期前，中等职业学校的学费、住宿费标准不得高于 2006 年秋季学期相关标准。各地要按照《民办教育促进法》及其实施条例的要求，进一步规范民办中等职业学校各项收费的管理。

（四）加强学校管理，做好基础工作。各地职业教育行政管理部门要对中等职业学校办学资质进行全面清查，尤其要加强对民办中等职业学校办学资质的核查，并定期公布不合格中等职业学校名单。同时，要建立和完善中等职业学校学生信息管理系统，实行电子注册制度，做好免学费对象的认定工作，保证学生基本信息的完整和准确。

（五）部门通力合作，狠抓监督检查。各级财政、价格、教育、人力资源社会保障部门要与审计、监察等有关部门密切合作，齐抓共管，加强对免学费政策落实情况的监督检查。各级人民政府要把中等职业教育改革发展和免学费工作，作为教育督导的重要内容，抓实抓好。对虚报学生人数，骗取国家补助资金等违规行为，要按照《财政违法行为处罚处分条例》（国务院令第427号）等有关规定严肃处理，并追究相关学校领导的责任。

（六）加大宣传力度，形成良好氛围。各地要深刻领会中等职业教育免学费政策的精神实质，制定宣传工作方案，通过多种形式广泛开展宣传，使党和政府这项惠民政策家喻户晓、深入人心，为免学费政策的实施创造良好的社会氛围，确保免学费工作顺利进行。

财政部　国家发展改革委　教育部　人力资源社会保障部关于扩大中等职业学校免学费政策覆盖范围的通知

（2010 年 9 月 14 日　财教〔2010〕345 号）

各省、自治区、直辖市、计划单列市财政厅（局）、发展改革委、教育厅（局、教委）、人力资源社会保障厅（局），新疆生产建设兵团财务局、发展改革委、教育局、人力资源社会保障局：

为贯彻落实《国家中长期教育改革和发展规划纲要（2010—2020 年）》精神，进一步增强中等职业教育吸引力，促进教育公平，经研究决定，从 2010 年秋季学期起，将中等职业学校城市家庭经济困难学生纳入免学费政策范围。为做好中等职业学校城市家庭经济困难学生免学费工作，现将有关要求通知如下：

从 2010 年秋季学期起，对公办中等职业学校全日制正式学籍一、二、三年级在校生中城市家庭经济困难学生免除学费（艺术类相关表演专业学生除外）。享受免学费政策的城市家庭经济困难学生分地区按以下比例确定：西部地区按在校城市学生的 15% 确定；中部地区按在校城市学生的 10% 确定；东部地区按在校城市学生的 5% 确定。中央财政参照上述比例安排中央补助资金。各地可根据实际，合理确定行政区域内城市家庭经济困难学生的比例。

免学费标准、免学费资金补助方式、中央与地方分担比例以及对民办学校符合免学费条件学生的补助政策，按照《财政部　国家发展改革委　教育部　人力资源社会保障部关于中等职业学校农村家庭经济困难学生和涉农专业学生免学费工作的意见》（财教〔2009〕442 号）有关规定执行。

地方财政、发展改革、教育和人力资源社会保障部门要切实加强对中等职业教育免学费工作的组织领导，进一步完善本地区中等职业学校免学费工作方案，确保免学费政策全面落实到位。各省级财政要统筹安排中央补助资金和地方应分担的资金，确保免学费补助资金落实到位。职业教育行政管理部门要进一步加强对中等职业学校的管理，完善中等职业学校学生信息管理系统，做好免学费对象的认定工作。中等职业学校要严格执行《中等职业学校管理规程》（教职成〔2010〕6号）、《中等职业学校学生学籍管理办法》（教职成〔2010〕7号）以及技工学校相关规定，加强免学费工作管理，保证学生基本信息的准确和免学费资金的规范使用。

各级财政、价格、教育、人力资源社会保障部门要与审计、监察等有关部门密切合作，齐抓共管，加强对免学费政策落实情况的监督检查。对虚报学生人数，骗取国家补助资金等违规行为，要按照《财政违法行为处罚处分条例》（国务院令第427号）等有关规定严肃处理，并追究相关学校领导的责任。

财政部　国家发展改革委　教育部　人力资源社会保障部联合印发《关于扩大中等职业教育免学费政策范围进一步完善国家助学金制度的意见》

（2012年10月22日　财教〔2012〕376号）

各省、自治区、直辖市人民政府，国务院各部委、各直属机构：

为贯彻落实2012年《政府工作报告》和《国家中长期教育改革和发展规划纲要（2010—2020年）》有关要求，加快发展中等职业教育，促进教育公平和劳动者素质提高，经国务院同意，现就做好扩大中等职业教育免学费政策范围、进一步完善国家助学金制度的工作提出如下意见：

一、扩大中等职业教育免学费政策范围

从2012年秋季学期起，对公办中等职业学校全日制正式学籍一、二、三年级在校生中所有农村（含县镇）学生、城市涉农专业学生和家庭经济困难学生免除学费（艺术类相关表演专业学生除外）。

为保证学校正常运转，对因免除学费导致学校收入减少的部分，第一、二学年由财政按照享受免学费政策学生人数和免学费标准补助学校；第三学年原则上由学校通过校企合作和顶岗实习等方式获取的收入予以弥补，不足部分由财政按照不高于三年级享受免学费政策学生人数50%的比例和免学费标准，适当补助学校。

免学费标准按照各省（区、市）人民政府及其价格主管部门在2012年6月30日前批准的学费标准确定。

免学费补助资金由各级财政共同分担。中央财政统一按照每生每年2000元的标准与地方财政按比例分担，其中，对西部地区，不分生源，中央与地方分担比例为8∶2；对中部地区，生源地为西部地区的，中央与地方分担比例为8∶2，生源地为其他地区的，中央与地方分担比例为6∶4；对东部地区，生源地为西部地区和中部地区的，中央与地方分担比例分别为8∶2和6∶4，生源地为东部地区的，中央与地方分担比例分省（市）确定。地方各级财政承担的免学费补助资金，由省级财政统筹落实。

涉农专业范围，根据教育部发布的中等职业学校专业目录及专业设置管理办法确定。中央财政按区域确定城市家庭经济困难学生比例，西部地区按在校城市学生的15%确定；中部地区按在校城市学生的10%确定；东部地区按在校城市学生的5%确定。各省级人民政府应根据实际情况，合理确定本行政区域内家庭经济困难学生的具体比例。

对在职业教育行政管理部门依法批准、符合国家标准的民办中等职业学校就读的一、二年级符合免学费政策条件的学生，按照当地同类型同专业公办中等职业学校免除学费标准给予补助。民办中等职业学校经批准的学费标准高于补助的部分，学校可以按规定继续向学生收取。

二、进一步完善中等职业教育国家助学金制度

从2012年秋季学期起，将中等职业学校国家助学金资助对象由全日制正式学籍一、二年级在校农村（含县镇）学生和城市家庭经济困难学生，逐步调整为全日制正式学籍一、二年级在校涉农专业学生和非涉农专业家庭经济困难学生。具体调整步骤如下：（1）2012年秋季学期至2013年春季学期，助学金政策覆盖一年级涉农专业学生和非涉农专业家庭经济困难学生，以及二年级农村（含县镇）学生和城市家庭经济困难学生。（2）从2013年秋季学期起，将助学金政策覆盖范围调整为一、二年级涉农专业学生和非涉农专业家庭经济困难学生。

助学金继续按每生每年1500元的标准由中央财政和地方财政按比例分担，具体分担比例与免学费补助资金的分担比例一致。

中央财政按区域确定家庭经济困难学生比例，西部地区按在校学生的20%确定，中部地区按在校学生的15%确定，东部地区按在校学生的10%确定。各省级人民政

府应根据实际情况，合理确定本行政区域内家庭经济困难学生的具体比例。为切实减轻贫困地区中等职业学校学生家庭经济负担，根据《中国农村扶贫开发纲要（2011—2020年）》有关精神，将六盘山区等11个连片特困地区和西藏、四省藏区、新疆南疆三地州中等职业学校农村学生（不含县城）全部纳入享受助学金范围。

地方出台的中等职业教育免学费政策和助学金政策，范围大于或相关标准高于本意见的，可按照本地的办法继续实施。

三、配套改革措施

在扩大免学费政策范围、进一步完善国家助学金制度的同时，要大力推进中等职业教育改革创新，以服务为宗旨，以就业为导向，全面提高办学质量，满足经济社会对高素质劳动者和技能型人才的需要。

（一）健全“工学结合、校企合作、顶岗实习”的人才培养模式。坚持理论学习与技能培养、课堂教学与岗位技能培训、校内实训与校外实训相结合的原则，推进顶岗实习制度的落实。推进教产合作、校企一体化办学，促进优势互补、资源共享、合作共赢。创新教学方式和专业设置，加强教材建设，使中等职业教育面向企业、面向农村、面向市场培养技能型人才。

（二）严格执行职业资格证书和就业准入制度。坚持“先培训，后就业”、“先培训，后上岗”的原则，推进职业资格证书制度实施，加快建立适应经济社会发展和劳动力市场需要的职业资格标准体系，严格落实就业准入的法规和政策。

（三）以“双师型”教师为重点加强教师队伍建设。完善相关人事制度，聘用（聘任）具有实践经验的专业技术人员和高技能人才担任专兼职教师，提高持有专业技术资格证书和职业资格证书教师的比例。创新教师教学和综合素质考核制度，探索实行学校、学生、企业等多方参与的评价办法。

（四）建立中等职业教育生均拨款制度。在落实免学费政策的同时，各省级人民政府要根据中等职业学校国家办学条件基本标准和教育教学基本需要，结合财力可能，制定本行政区域中等职业学校生均经费拨款标准，进一步加大对中等职业教育的财政投入力度，保障中等职业学校正常运行、健康发展。

四、有关工作要求

（一）加强组织领导，完善工作机制。扩大中等职业教育免学费政策范围、进一步完善国家助学金制度涉及面广，政策性强，要按照“中央政策引导、地方统筹安排、积极稳妥推进、保持平稳过渡”的原则认真做好各项工作。各地要加强组织领导，抓紧制订实施方案，明确责任分工，建立健全责任追究制度，切实抓好各项工作的落实。国务院财政、发展改革、教育、人力资源社会保障等部门要加强督促检查，指导和协调各地认真做好扩大免学费政策范围和完善国家助学金制度工作，推进中等职业教育办学模式改革。

（二）加强学校管理，做好基础工作。各地教育、人力资源社会保障等职业教育行政管理部门要加强对中等职业学校特别是民办学校办学资质的核查，定期公布合格和不合格学校名单；要严格规范中等职业学校学生学籍管理工作，进一步完善学生信息管理系统，实行电子注册制度，加强对“一牌两校”、“联合招生”、“学籍异动”等情况的监管，坚决杜绝“双重学籍”现象，保证学生基本信息的完整和准确。教育部要会同有关部门逐步建立完善各教育阶段相通的学生信息管理系统。有关部门和中等职业学校要做好免学费和助学金资助对象的认定工作。

（三）落实经费责任，强化资金管理。各省（区、市）人民政府要统筹安排中央补助资金和地方应分担的资金，制订本行政区域内各级政府的具体分担办法，完善转移支付等制度，确保中等职业教育免学费补助资金和国家助学金落实到位。地方各级财政部门要按照财政国库管理的有关要求，及时拨付资金，确保学校正常运转和助学金按时发放。要健全中等职业学校经费预决算制度，加强资金的科学化精细化管理，确保资金使用规范、安全和有效。对发生虚报冒领、挤占、挪用、滞留国家相关补助资金的部门和学校，要予以严肃处理。

（四）严格收费审批，规范收费行为。扩大中等职业教育免学费政策范围实施后，公办中等职业学校不得因免学费而提高其他收费标准，或者擅自设立收费项目乱收费。各地要按照《中华人民共和国民办教育促进法》及其实施条例的要求，进一步规范民办中等职业学校收费管理。

（五）加大宣传力度，形成良好氛围。各地要认真学习、准确把握相关政策，通过多种形式开展政策解读和宣传工作，使这项惠民政策家喻户晓，使广大学生及时了解受资助权利，为扩大中等职业教育免学费政策范围和完善国家助学金制度创造良好的社会氛围。要做好2012年秋季学期入学新生的思想工作，确保政策平稳衔接。

财政部　教育部　人力资源社会保障部关于印发《中等职业学校免学费补助资金管理办法》的通知

（2013 年 6 月 3 日　财教〔2013〕84 号）

各省、自治区、直辖市、计划单列市财政厅（局）、教育厅（局、教委）、人力资源社会保障厅（局），新疆生产建设兵团财务局、教育局、人力资源社会保障局：

按照《财政部　国家发展改革委　教育部　人力资源社会保障部关于扩大中等职业教育免学费政策范围进一步完善国家助学金制度的意见》（财教〔2012〕376 号）的规定，为加强中等职业学校免学费补助资金的管理，确保免学费政策顺利实施，我们制定了《中等职业学校免学费补助资金管理办法》，现印发给你们，请遵照执行。

附件：

中等职业学校免学费补助资金管理办法

第一条　为了规范中等职业学校免学费补助资金管理，确保免学费政策顺利实施，根据《财政部　国家发展改革委　教育部　人力资源社会保障部关于扩大中等职业教育免学费政策范围进一步完善国家助学金制度的意见》（财教〔2012〕376 号）等有关规定，制定本办法。

第二条　本办法所称中等职业学校是指经政府有关部门依法批准设立，实施全日制中等学历教育的各类职业学校，包括公办和民办的普通中专、成人中专、职业高中、技工学校和高等院校附属的中专部、中等职业学校等。

第三条　中等职业学校免学费补助资金是指中等职业学校学生享受免学费政策

后，为弥补学校运转出现的经费缺口，财政核拨的补助资金。

第四条 中等职业学校免学费补助资金由中央和地方财政共同承担，省级财政统筹落实，省和省以下各级财政根据各省（区、市）人民政府及其价格主管部门批准的公办中等职业学校学费标准予以补助。

第五条 中央财政统一按每生每年平均2000元测算标准和一定比例与地方财政分担，具体分担比例为：西部地区，不分生源，分担比例为8∶2；中部地区，生源地为西部地区的，分担比例为8∶2，生源地为其他地区的，分担比例为6∶4；东部地区，生源地为西部地区和中部地区的，分担比例分别为8∶2和6∶4，生源地为东部地区的，分担比例分省确定。

第六条 对公办中等职业学校免学费资金的补助方式为：第一、二学年因免除学费导致学校运转出现的经费缺口，由财政按照享受免学费政策学生人数和免学费标准补助学校；第三学年原则上由学校通过校企合作和顶岗实习等方式获取的收入予以弥补，不足部分由财政按照不高于三年级享受免学费政策学生人数50%的比例和免学费标准，适当补助学校。

第七条 对民办中等职业学校学生的补助方式为：对一、二年级符合免学费条件的学生，按照当地同类型同专业公办中等职业学校免学费标准给予补助。学费标准高出公办学校免学费标准部分由学生家庭负担；低于公办学校免学费标准的，按照民办学校实际学费标准予以补助。

第八条 中央财政于每年9月30日前按照财政部提前通知转移支付指标的有关规定，根据全国中等职业学校学生管理信息系统和技工学校学生管理信息系统核定的学生数和生源结构，按照一定比例提前下达下一年度应承担的免学费补助资金预算。省级财政部门在收到提前下达的免学费中央补助资金预算后，应尽快分解下达，确保下一年度春季学期学校正常运转。

中央财政于每年10月重新核定当年应承担的免学费补助资金预算。地方各级财政部门应当足额安排应承担的免学费补助资金预算，按时拨付免学费补助资金，保证中等职业学校教育教学活动的正常开展。

第九条 中等职业学校应当根据本办法和各地制定的免学费实施细则，受理学生申请，组织初审，并通过全国中等职业学校学生管理信息系统和技工学校学生管理信息系统报至同级学生资助管理机构审核、汇总。学生资助管理机构将审核结果在相关学校内进行不少于5个工作日的公示。

第十条 中等职业学校免学费工作实行学校法人代表负责制，校长是第一责任人，对学校免学费工作负主要责任。中等职业学校应当加强财务管理，建立规范的预决算制度，按照预算管理的要求，编制综合预算，收支全部纳入学校预算管理，年终应当编制决算。

第十一条 各地职业教育行政管理部门应当加强学生学籍管理，建立健全学生信息档案，保证享受免学费政策的学生信息完整和准确。

第十二条 各级财政、教育和人力资源社会保障部门应当加强对中等职业学校免学费补助资金使用情况的监督检查。对虚报学生人数，骗取财政补助资金或挤占、挪用、截留免学费补助资金等违规行为，按照《财政违法行为处罚处分条例》有关规定追究法律责任。涉嫌犯罪的，依法移送司法机关。

第十三条 每年春季学期开学前，各地职业教育行政管理部门应当对中等职业学校办学资质进行全面清查并公示，对年检不合格的学校，取消其享受免学费补助资金的资格。各地职业教育行政管理部门应当根据《民办教育促进法》的规定，加强对民办中等职业学校的监管，纳入免学费补助范围的民办学校名单由省级教育和人力资源社会保障部门负责审定。

第十四条 本办法由财政部、教育部和人力资源社会保障部负责解释。各省（区、市）可依据本办法制定实施细则，并报财政部、教育部、人力资源社会保障部备案。

第十五条 本办法自2013年7月1日起施行。《中等职业学校免学费补助资金管理暂行办法》（财教〔2010〕3号）同时废止。

财政部　教育部　人力资源社会保障部
关于印发《中等职业学校国家助学金管理办法》的通知

（2016 年 12 月 6 日　财科教〔2016〕35 号）

各省、自治区、直辖市、计划单列市财政厅（局）、教育厅（局、教委），新疆生产建设兵团财务局、教育局：

为规范和加强中等职业学校国家助学金管理，提高资金使用效益，根据国家有关法律制度规定，财政部、教育部、人力资源和社会保障部修订了《中等职业学校国家助学金管理办法》，现予印发，请遵照执行。

附件：

中等职业学校国家助学金管理办法

第一条　为了规范中等职业学校国家助学金管理（以下简称国家助学金），确保资助工作顺利实施，根据国家有关法律制度规定，制定本办法。

第二条　本办法所称中等职业学校是指经政府有关部门依法批准设立，实施全日制中等学历教育的各类职业学校，包括公办和民办的普通中专、成人中专、职业高中、技工学校和高等院校附属的中专部、中等职业学校等。

第三条　国家助学金资助对象是具有中等职业学校全日制学历教育正式学籍的一、二年级在校涉农专业学生和非涉农专业家庭经济困难学生。

六盘山区、秦巴山区、武陵山区、乌蒙山区、滇桂黔石漠化区、滇西边境山区、大兴安岭南麓山区、燕山—太行山区、吕梁山区、大别山区、罗霄山区等 11 个连片特困地区和西藏及四省藏区、新疆南疆四地州中等职业学校农村学生（不含县城）全部纳入享受国家助学金范围。

第四条 国家助学金由中央和地方政府共同出资设立，主要资助受助学生的生活费开支，资助标准每生每年2000元。以后年度，将根据经济发展水平和财力状况适时调整资助标准。

计算公式为：

某省份中央财政应承担的国家助学金 = 该省份受助学生人数 × 资助标准 × 中央财政分担比例。

第五条 国家助学金按学期申请和评定，按月发放。学校应将《中等职业学校国家助学金申请表》（附1）及《中等职业学校国家助学金申请指南》（附2）随同入学通知书一并寄发给录取的新生。新生和二年级学生在新学年开学一周内向就读学校提出申请，并递交相关证明材料。

中等职业学校应当根据本办法和各地制定的国家助学金实施细则，受理学生申请，组织初审，并通过全国中等职业学校学生管理信息系统和技工学校学生管理信息系统报至同级学生资助管理机构审核、汇总。学生资助管理机构将审核结果在相关学校内进行不少于5个工作日的公示。

第六条 财政部、教育部、人力资源和社会保障部于每年全国人民代表大会批准中央预算后九十日内正式下达国家助学金预算。每年10月31日前，向各省份提前下达下一年度国家助学金预计数。省级财政、教育、人力资源和社会保障部门在收到国家助学金（含提前下达预计数）后，应当在三十日内按照预算级次将预算合理分配、及时下达，并抄送财政部驻当地财政监察专员办事处。

第七条 国家助学金通过学生资助卡发放给受助学生。中等职业学校或学生资助管理机构为每位受助学生办理学生资助卡，学生本人持身份证原件和学生证，到发卡银行网点柜台激活资助卡后方可使用。不得向学生收取卡费或押金等费用，也不得以实物或服务等形式，抵顶或扣减国家助学金。

第八条 中等职业学校国家助学金实行学校法人代表负责制，校长是第一责任人，对学校助学工作负主要责任。学校应当制定本校国家助学金具体实施办法，设立专门机构和配备专职人员具体负责助学工作。

中等职业学校应当建立专门档案，将学生申请表、受理结果、资金发放等有关凭证和工作情况分年度建档备查。

第九条 省级教育、人力资源社会保障、财政部门要根据实际情况，对享受资助政策的民办中等职业学校，在办学条件、学费标准、招生就业、资助家庭经济困难学生措施等方面做出明确规定，督促民办中等职业学校依法办学，规范收费。

第十条 国家鼓励地方政府、行业企业和社会团体设立中等职业学校助学金、奖学金，鼓励和引导金融机构为接受中等职业教育的学生提供助学贷款。

中等职业学校应当开辟“绿色通道”，对携有可证明其家庭经济困难材料的新生，可先办理入学手续，根据核实后的家庭经济情况予以不同方式的资助，再办理学籍注册。

第十一条 财政部、教育部、人力资源和社会保障部根据工作需要适时开展监督检查和绩效管理。地方各级财政、教育、人力资源和社会保障部门应当加强国家助学金的监督检查和绩效管理，建立健全全过程预算绩效管理机制，不断提高资金使用效益，并按照规定做好信息公开工作。财政部驻各地财政监察专员办事处应当按照工作职责和财政部要求，对国家助学金实施监管。

第十二条 国家助学金应当专款专用、专账核算。对于挤占、挪用、虚列、套取国家助学金等行为，将按照《预算法》《财政违法行为处罚处分条例》等国家有关法律规定严肃处理。

第十三条 各级财政、教育、人力资源和社会保障部门及其工作人员在国家助学金分配方案的制定和复核过程中，违反规定分配国家助学金或者向不符合条件的单位分配国家助学金以及滥用职权、玩忽职守、徇私舞弊的，按照《预算法》《公务员法》《行政监察法》《财政违法行为处罚处分条例》等国家有关法律规定追究责任；涉嫌犯罪的，移送司法机关处理。

第十四条 本办法由财政部、教育部、人力资源和社会保障部负责解释，各省（区、市）可依据本办法制定实施细则，并报财政部、教育部、人力资源社会保障部备案。

第十五条 本办法自2017年1月1日起施行。原《中等职业学校国家助学金管理办法》（财教〔2013〕110号）同时废止。

附：1. 中等职业学校国家助学金申请表（略）

2. 中等职业学校国家助学金申请指南（略）

黑龙江省财政厅　黑龙江省教育厅　黑龙江省人力资源和社会保障厅关于印发《黑龙江省中等职业学校免学费补助资金管理暂行办法》的通知

（2015 年 4 月 27 日　黑财教〔2015〕25 号）

各市（地）、县（市）财政局、教育局、人力资源和社会保障局，省森工总局，省属中等职业学校：

根据国家有关规定，省财政厅会同省教育厅、省人力资源和社会保障厅重新修订了《黑龙江省中等职业学校免学费补助资金管理办法》。现将修订后的文件印发给你们，请认真贯彻执行。

附件：

黑龙江省中等职业学校免学费补助资金管理暂行办法

第一条　为了规范我省中等职业学校免学费补助资金管理，确保免学费政策顺利实施，根据《财政部　国家发展改革委　教育部　人力资源社会保障部关于扩大中等职业教育免学费政策范围进一步完善国家助学金制度的意见》（财教〔2012〕376 号）和《财政部　教育部　人力资源社会保障部关于印发〈中等职业学校免学费补助资金管理办法〉的通知》（财教〔2013〕84 号）精神，按照国家关于调整完善中等职业学校免学费财政补助方式的有关规定，制定本办法。

第二条　中等职业学校是指经政府有关部门依法批准设立，实施全日制中等学历教育的各类职业学校，包括公办和民办的普通中专、成人中专、职业高中、技工学校和高等院校附属的中专部、中等职业学校等。

第三条 中等职业学校免学费（以下简称“中职免学费”）补助资金是指中等职业学校学生享受免学费政策后，为弥补学校运转出现的经费缺口，由政府财政部门核拨的补助资金。各地公办中等职业学校的免学费补助资金，应优先用于保障学校公用经费支出。

第四条 中职免学费政策范围包括公办中等职业学校全日制正式学籍第一、二、三年级在校学生中所有农村（含县镇）学生、城市的涉农专业学生和家庭经济困难学生（艺术类相关表演专业学生除外），以及在职业教育主管部门依法批准、符合国家标准的民办中等职业学校中就读的符合中职免学费政策条件的学生。

第五条 中等职业学校涉农专业为教育部发布的《中等职业学校专业目录(2010年修订)》（教职成〔2010〕4号）及专业设置管理办法规定的农林牧渔类所有32个专业，以及轻纺食品类的粮油饲料加工技术、粮油运输与检验技术和医药卫生类的农村医学等3个专业。

第六条 中职免学费补助资金由中央和地方财政共同承担。中央财政统一按每生每年平均2000元的标准和一定比例与地方财政分担。其中，生源地为西部地区的，中央与地方按8∶2比例分担；生源地为其他地区的，中央与地方按6∶4比例分担。地方负担部分由省与市县统一按6∶4比例分担。

中职免学费标准按照各级人民政府及其价格主管部门批准的公办中等职业学校学费标准确定，中职免学费补助资金扣除上级财政按比例分担部分后，差额部分资金由本级财政予以补助。

第七条 省财政厅依据国家核定我省的中职免学费资助名额和中央补助资金额度，会同省教育厅、省人力资源和社会保障厅依据我省中职学校在校生人数和生源结构等因素，将中央和省级财政补助资金下达省属学校和市县。

第八条 中直单位、企业、农垦、大兴安岭林管局所属中等职业学校所需资金及其拨付方式，按现行财政体制予以保障。

第九条 自2015年春季学期起，我省对公办中等职业学校免学费补助方式为：对因免除学费导致学校收入减少的部分，第一、二、三学年由同级财政按照享受免学费政策学生人数和免学费标准补助学校。

第十条 自2015年春季学期起，我省对民办中等职业学校免学费补助方式为：对在职业教育行政管理部门依法批准、符合国家标准的民办中等职业学校就读的一、二、三年级符合免学费政策条件的学生，按照当地同类型同专业公办中等职业学校免除学费标准给予补助。民办中等职业学校经批准的学费标准高于补助的部分，学校可以按规定继续向学生收取。低于公办学校免学费标准的，按照民办学校实际学费予以补助。

第十一条 中等职业学校要本着公开、公平、公正的原则，受理学生申请，组织初审，并将补助学生名单通过全国中等职业学校学生管理信息系统、全国技工学校电子注册和统计信息管理系统，报至同级学生资助管理机构审核、汇总。各地学生资助管理机构将审核结果在相关学校内进行不少于5个工作日的公示。

第十二条 中职免学费工作实行学校法人代表负责制，校长对学校上报的学生信息的真实性和补助资金的使用管理等工作负主要责任。各学校要加强财务管理，建立规范的预决算制度，按照预算管理的要求，编制综合预算，收支全部纳入学校预算管理，年终应当编制决算。学校要严格按照规定要求免除学生学费，对符合免学费条件的学生，学校不应再收取任何学费。已经收取学费的，要及时将学费一次性退还学生。

第十三条 各级财政部门要按分担比例足额落实应承担的配套资金，及时拨付中职免学费补助资金，并对资金实行专账核算，确保专款专用，严禁挤占、挪用、滞拨资金。

第十四条 各级教育、人力资源和社会保障部门要进一步加强中等职业学校的学籍和学生信息管理，严格“办学点”学生的学籍注册审核，严禁学校虚假注册学生学籍，坚决杜绝“双重学籍”现象，严禁降低免学费补助标准。

第十五条 各级财政、教育、人力资源和社会保障部门要加强对中职免学费补助资金的管理，强化对中职学校的监督检查，并接受审计、监察部门检查和社会监督。对弄虚作假、虚报学生人数，套取财政专项资金或挤占、挪用、滞拨补助资金的行为，将按照《财政违法行为处罚处分条例》（国务院令第427号）有关规定，追究直接责任人和相关领导的责任。

第十六条 中职免学费补助的结余资金要继续留在财政国库账户中。各地教育、人力资源和社会保障部门会同财政部门，每年终要对本地资金结余情况进行核实统计，并分别上报省级对口部门。对连续两年未用完的结转资金，按照新修订的《预算法》规定管理。

第十七条 每年春季学期开学前，各地教育、人力资源和社会保障部门要对中等职业学校办学资质进行全面清查并公示，对年检不合格的学校，取消其享受免学费补助资金的资格。省级职业教育主管部门要根据《中华人民共和国民办教育促进法》的规定，加强对民办中等职业学校免学费工作的监管，纳入免学费补助范围的民办学校名单由省级教育、人力资源和社会保障部门负责审查备案。

第十八条 本办法由省财政厅、省教育厅、省人力资源和社会保障厅负责解释。

第十九条 本办法自公布之日起实施。《黑龙江省中等职业学校免学费补助资金管理办法》（黑财教〔2013〕106 号）同时废止。

辽宁省财政厅　辽宁省教育厅　辽宁省人力资源和社会保障厅关于印发辽宁省中等职业学校国家助学金管理办法的通知

（2013 年 8 月 8 日　辽财教〔2013〕499 号）

各市（不含大连）、绥中县、昌图县财政局、教育局、人力资源社会保障局：

现将《辽宁省中等职业学校国家助学金管理办法》印发给你们，请遵照执行。执行中遇到问题，请及时反馈。

附件：

辽宁省中等职业学校国家助学金管理办法

第一条　为了规范中等职业学校国家助学金管理（以下简称国家助学金），确保资助工作顺利实施，根据省财政厅、省教育厅、省物价局和省人力资源社会保障厅《关于扩大中等职业教育免学费政策范围进一步完善国家助学金制度的意见》（辽财教〔2012〕915 号）和《财政部　教育部　人力资源社会保障部关于印发中等职业学校国家助学金管理办法的通知》（财教〔2013〕110 号）等有关规定，制定本办法。

第二条　本办法所称中等职业学校是指经政府有关部门依法批准设立，实施全日制中等学历教育的各类职业学校，包括公办和民办的普通中专、成人中专、职业高中、技工学校和高等院校附属的中专部、中等职业学校等。

第三条　国家助学金资助对象是具有中等职业学校全日制学历教育正式学籍的一、二年级在校涉农专业学生和非涉农专业家庭经济困难学生。

第四条 国家助学金由各级财政共同出资设立，主要资助受助学生的生活费开支，资助标准每生每年1500元。以后年度，将根据经济发展水平和财力状况适时调整资助标准。

第五条 国家助学金按学期申请和评定，按月发放。学校应将《中等职业学校国家助学金申请表》（附件1）及《中等职业学校国家助学金申请指南》（附件2）随同入学通知书一并寄发给录取的新生。新生和二年级学生在新学年开学一周内向就读学校提出申请，并递交相关证明材料。

中等职业学校应当根据本办法和各地制定的国家助学金实施细则，受理学生申请，组织初审，并通过全国中等职业学校学生管理信息系统和技工学校学生管理信息系统报至同级学生资助管理机构审核、汇总。学生资助管理机构将审核结果在相关学校内进行不少于5个工作日的公示。

第六条 省本级所属中职学校所需资金，由省财政全额承担。市县所属学校，省财政根据上学期各市县助学金实际发放人数，按照我省教育资助政策体系的分担比例安排本学期省以上补助资金。市县财政部门应当足额安排应承担的国家助学金预算，按时拨付国家助学金。

第七条 国家助学金通过学生资助卡发放给受助学生。中等职业学校或学生资助管理机构为每位受助学生办理学生资助卡，学生本人持身份证原件和学生证，到发卡银行网点柜台激活资助卡后方可使用。不得向学生收取卡费或押金等费用，也不得以实物或服务等形式，抵顶或扣减国家助学金。

第八条 中等职业学校国家助学金实行学校法人代表负责制，校长是第一责任人，对学校助学工作负主要责任。学校应当制定本校国家助学金具体实施办法，设立专门机构和配备专职人员具体负责助学工作。

中等职业学校应当建立专门档案，将学生申请表（附件1）、受理结果（附件3）、资金发放等有关凭证和工作情况分学期建档备查。

第九条 省教育厅、省人力资源社会保障厅和省财政厅将根据实际情况，对享受资助政策的民办中等职业学校，在办学条件、学费标准、招生就业、资助家庭经济困难学生措施等方面做出明确规定，督促民办中等职业学校依法办学，规范收费。

第十条 国家鼓励地方政府、行业企业和社会团体设立中等职业学校助学金、奖学金，鼓励和引导金融机构为接受中等职业教育的学生提供助学贷款。中等职业学校应当开辟“绿色通道”，对携有可证明其家庭经济困难材料的新生，可先办理入学手续，根据核实后的家庭经济情况予以不同方式的资助，再办理学籍注册。

第十一条 市县财政、教育、人力资源社会保障部门应加强对国家助学金的管理，实行专款专用、专账核算，并按学期填写辽宁省中等职业学校国家助学金统计表（附件4），接受审计、监察部门的检查和社会的监督。对弄虚作假、套取财政专项资金或挤占、挪用、滞留国家助学金的行为，将追究直接责任人和相关领导的责任。

第十二条 本办法由省财政厅、省教育厅、省人力资源社会保障厅负责解释，各市县可依据本办法制定实施细则，并报省财政厅、省教育厅、省人力资源社会保障厅备案。

第十三条 本办法自2013年7月1日起施行。原省财政厅和省教育厅《关于印发中等职业学校国家助学金管理暂行办法的通知》（辽财教〔2007〕573号）和省财政厅、省劳动和社会保障厅《关于做好技工学校国家助学金发放管理工作的通知》（辽财教〔2007〕572号）同时废止。

附件：1. 中等职业学校国家助学金申请表（略）
2. 中等职业学校国家助学金申请指南（略）
3. 中等职业学校国家助学金受助学生汇总表（略）
4. 辽宁省中等职业学校国家助学金统计表（略）

四川省财政厅　四川省教育厅　四川省人社厅关于印发《四川省中等职业学校免学费补助资金管理办法》的通知

（2014 年 5 月 22 日　川财教〔2014〕56 号）

各市（州）及扩权试点县（市）财政局、教育局、人力资源社会保障局，省属中职学校主管部门：

为加强中等职业学校免学费补助资金的发放和管理，确保惠民政策进一步顺利实施，根据《财政部、教育部、人力资源社会保障部关于印发中等职业学校免学费补助资金管理办法的通知》（财教〔2013〕84 号），我们制定了《四川省中等职业学校免学费补助资金管理办法》，现印发给你们，请遵照执行。

附件：

四川省中等职业学校免学费补助资金管理办法

第一条　根据《财政部、教育部、人力资源社会保障部关于印发〈中等职业学校长免学费补助奖金管理办法〉的通知》（财教〔2013〕84 号）和《省财政厅　省发改委　省教育厅　省人社厅关于全面实行中等职业教育免学费政策　进一步完善国家助学金制度的通知》（川财教〔2012〕298 号）有关要求和规定，为加强中等职业学校免学费补助资金的管理，确保免学费政策顺利实施，制定本办法。

第二条　本办法所称中等职业学校是指经政府有关部门依法批准设立，实施全日制中等学历教育的各类职业学校，包括公办和民办的普通中专、成人中专、职业高中、技工学校和高等学校附属的中专部、中等职业学校等。

第三条 中等职业学校免学费补助资金是指中等职业学校学生享受免学费政策后，为弥补学校运转出现的经费缺口，财政核拨的补助资金。

第四条 中等职业学校实行全面免学费政策后，对因免除学费导致学校收入减少的部分，由政府财政给予补助，以保证学校的正常运转学。具体计算办法是：

1. 对公办中职业学校，按各年级符合免费政策的学生人数的财政补助标准计算补助资金。财政补助标准按政府价格主管部门批准的学费标准确定；批准学费标准为固定数的，财政补助标准按批准学费标准确定；批准学费标准为幅度区间的，根据不同情况分别确定；实际收费在批准幅度区间以内的，财政补助标准按实际收费确定；实际收费低于批准幅度区间下限的，财政补助标准按批准幅度区间的下限确定。

2. 对民办中职学校，按一二年级符合免费政策的学生人数和当地同类型同专业公办中职学校的财政补助标准计算补助资金。经批准的学费标准高于财政补助额的部分，学校可按规定继续向学生收取；低于财政补助标准的，按民办学校实际收费标准予以补助。

第五条 实行全面免学费后，按政策应补助学校的财政资金，在省财政厅统筹中央财政补助资金的基础上，由省市县三级财政共同分担。具体办法是：

1. 对市（州）、县（市、区）属中职学校的财政补助资金，省财政对各地实行“定额包干，人数据实，年初预拨，年终结算”的办法，省对各地每生每学年补助标准是：成都市1600元，攀枝花、德阳、绵阳和宜宾四市1800元，其余十三市1900元，扩权试点县1950元，民族地区（含自治州、自治县、待遇县）和国家扶贫工作重点县2000元。其余部分由学校的同级财政承担（市州本级对非扩权县的补助标准，由市州政府自行确定）。省财政补助定额如有结余，全部用于补充学校公用经费。

2. 对省属中职学校，省财政根据学费标准分别确定各校补助定额，按符合免学费政策的实际人数计算补助，包干使用。

3. 对到内地学校就读的“9+3”中职学生和接收学校，补助标准和方法仍按现行“9+3”经费政策执行不变，学生人数单独统计，省财政按政策标准和学生人数给予全额补助。

第六条 免学费财政补助资金实行预拨和结算制度。

中央财政于每年9月30日前，根据全国中等职业学校学生管理信息系统和技工学校学生管理信息系统核定的学生数和生源结构，按照一定比例提前下达下一年度应承担的免学费补助资金预算。省财政厅、省教育厅、省人力资源社会保障厅于每年10月31日前，根据财政部提前下达的下年度免学费补助资金预算，按照全国中等职业学校学生管理信息系统和技工学校学生管理信息系统核定的免学费学生数，将下年度免学费补助预拨资金预算下达至各市（州）、扩权县（市）财政部门和省属学校。市（州）收到上级下达的预算后，应尽快分解下达到所属各县（市、区）。

中央财政于每年10月底重新核定当年应承担的免学费补助资金预算。省财政厅、省教育厅、省人力资源社会保障厅于每年11月底前，根据全国中等职业学校学生管理信息系统和技工学校学生管理信息系统核定的月平均免学费人数，按照“多退少补”的原则核定各市（州）、扩权县（市）和省属学校当年免学费补助资金预算。

市、县各级财政部门应足额安排应承担的免学费补助资金，及时拨付资金，保证中等职业学校教育教学活动的正常开展。

第七条 中等职业学校免学费政策享受对象为公办中等职业学校全日制正式学籍一、二、三年级学生（艺术类相关表演专业学生除外）。公办中等职业学校有三年级以上学生的，计入三年级学生人数。

对在职业教育行政管理部门依法批准、符合国家标准的民办中等职业学校就读的一、二年级符合免学费政策条件的学生，按当地同类型同专业公办中等职业学校免除学费标准给予补助（艺术类相关表演专业学生除外）。

艺术类相关表演专业包括：舞蹈、唱歌、乐器、播音等，美术、动漫设计等非表演专业属免学费范围。

第八条 中等职业学校免学费学生应严格执行学籍管理规定。跨省及城乡联合招生、合作办学招收的学生，在就读学校注册学籍并进行免学费资助。禁止民办中等职业学校招收的学生以联合办学的名义注册公办学校学籍并进行资助。中等职业学校原则上不设立校外教学点（班），未经教育主管部门批准擅自设立的校外教学点（班）学生不予资助。严禁不具备办学资质的办学机构在中等职业学校挂靠招生并注册学籍，凡是招收的此类学生不予资助。五年一贯制高等职业教育学生前三年统一注册中等职业教育学籍并进行资助。

严格按规定认定免学费学生范围。下述情况不符合实施全日制中等学历教育的规定，一般不能享受免学费资助：工学结合、半工半读等弹性学制学生；注册中等职业教育学生学籍，实际没有开展全日制中等职业教育，主要进行成人高等教育、自学考试教育、普通高中教育或补习的学生；参加职业技能培训、岗前技能培训等短期培训的学生。

与普通高中、普通高校以及与其他中等职业学校、技工学校重复注册的学生，必须削除重复注册才能予以资助。

退学、转学、休学、参军等已经离开学校的学生，从离校的次月起不再计入免学费学生范围。

第九条 中等职业学校应根据本办法和相关规定制定免学费工作制度，按办法和制度规定受理学生申请，组织审查，并通过全国中等职业学校学生管理信息系统和技工学校学生管理信息系统报至同级学生资助管理机构审核、汇总。学生资助管理机构将审核结果在相关学校内进行不少于5个工作日的公示。

学校要做好学生学籍管理工作，在《中等职业学校学生管理信息系统》中注册时要明确区分“全日制”与“非全日制”。享受免学费学生信息要及时、准确、真实、完整地在信息系统中进行处理、上报，对于退学、转学、休学、参军及其它流失学生信息，要及时在信息系统中做异动处理。

免学费学生须填写《中等职业学校学生免学费审核备案表》（见附件），由学生及家长（或监护人）签字，班主任审核签字后，学校校长签字并盖学校公章。《备案表》由学校保存备查。

第十条 中等职业学校免学费工作实行校长负责制，校长对学校免学费工作，对上报的免学费学生信息的真实性和补助资金的使用管理负主要责任。学校应加强财务管理，建立规范的预决算制度，按照预算管理的要求，编制综合预算，收到全部纳入学校预算管理，年终应编制决算。

第十一条 各地职业教育行政管理部门要加强中等职业学校学籍管理，建立健全学生信息档案，确保免学费学生信息的完整和准确。各级教育、人社部门，对中等职业学校学生管理信息系统和技工学校学生管理信息系统中基础信息的真实性和准确性负责。

第十二条 各级财政、教育和人力资源社会保障部门应加强对中等职业学校免费学生情况和补助资金使用情况的监督检查。对虚报学生人数和隐瞒流失学生人数，骗取财政补助资金或挤占、挪用、截留免学费补助资金等违规行为，按照《财政违法行为处罚处分条例》有关规定追究法律责任。涉嫌犯罪的，依法移送司法机关。

各级教育和人力资源社会保障部门应建立监督检查工作机制，检查中等职业学校免学费工作制度制定及执行情况，学生在校情况，课程开设、教学计划执行情况，免学费学生公示情况，检查工作档案、资料，以及了解师生对资助工作的评价和反应，督促学校严格执行政策，确保受助学生信息真实。重点加强对非全日制学生、大龄学生、无身份证学生、无户口学生、已流失学生、重复注册学生、虚假注册学生享受免学费资助的检查。

市（州）、县（市、区）教育部门、人力资源社会保障部门及学生资助管理部门原则上每学期应到所属的每所学校检查至少一次。省属中等职业学校（含省属高校附属中专部、中专校，不含技工学校）纳入所在市（州）或县（市、区）教育部门及学生资助管理部门监督检查（包括免学费学生公示）范围。

第十三条 每年秋季学期开学前，各地职业教育行政管理部门应对中等职业学校办学资质进行全面清查并公示，对年检不合格的学校，取消其享受免学费补助资金的资格。各地职业教育行政管理部门应根据《民办教育促进法》的规定，加强对民办中等职业学校的监管，纳入免学费补助范围的民办学校名单由省教育厅、省人力资源社会保障厅负责审定。

第十四条 本办法由省财政厅、省教育厅、省人力资源社会保障厅负责解释。各市（州）可依据本办法制定实施细则，并报省财政厅、省教育厅、省人力资源社会保障厅备案。

第十五条 本办法自发布之日起执行，我省原相关文件同时废止。

附表：中等职业学校学生免学费审核备案表（略）

（三）普通高中学生资助政策

普通高级中学收费管理暂行办法

（1996年12月16日　教财〔1996〕101号）

第一条　为了加强普通高级中学收费管理工作，理顺管理体制，规范学校收费行为，保障学校和受教育者的合法权益，根据《中华人民共和国教育法》第二十九条的规定和国家有关行政事业性收费管理的规定，制定本暂行办法。

第二条　本暂行办法适用于中华人民共和国境内由国家和企事业单位举办的全日制普通高中学校、完全中学的高中部、初中学校附设的高中班。

第三条　高中教育属于非义务教育阶段，学校依据国家有关规定，向学生收取学费。

第四条　学费标准根据年生均教育培养成本的一定比例确定。不同地区学校的学费收费标准可以有所区别。

教育培养成本包括以下项目：公务费、业务费、设备购置费、修缮费、教职工人员经费等正常办学费用支出。不包括灾害损失、事故、校办产业支出等非正常办学费用支出。

第五条　学费占年生均教育培养成本的比例和标准的审批权限在省级人民政府。由省级教育部门提出意见，物价部门会同财政部门根据当地经济发展水平、办学条件和居民经济承受能力进行审核，三部门共同报省级人民政府批准后，由教育部门执行。

第六条　学费标准的调整，由省级教育、物价、财政部门按照第五条规定的程序，根据本行政区域内的物价上涨水平和居民收入平均增长水平，提出方案，报省级人民政府批准后执行。

第七条 对家庭经济困难的学生应酌情减免收取学费，具体减免办法，由省、自治区、直辖市人民政府制定。

第八条 学费收费按学期进行，不得跨学期预收。

第九条 学费由学校财务部门统一收取，到指定的物价部门申领收费许可证，并使用省级财政部门统一印制的行政事业性收费专用票据。

第十条 学费是学校经费的必要来源之一，纳入单位财务统一核算，统筹用于办学支出。任何部门、单位和个人不得截留、挤占和挪用。学费的收支情况应按级次向教育主管部门和财政、物价部门报告，并接受社会和群众监督。

第十一条 学校为学生提供的住宿收费，应严格加以控制，住宅费收费标准必须严格按照实际成本确定，不得以营利为目的。具体收费标准，由学校主管部门提出意见，报当地物价部门会同财政部门审批。

第十二条 普通高中除收取学费和住宿费以外，未经财政部、国家计委、国家教委联合批准或省级人民政府批准，不得再向学生收取任何费用。

第十三条 各省、自治区、直辖市人民政府必须高度重视并加强对学校收费工作的统一领导和集中管理，根据国家有关规定研究制定必要的收费管理办法，规范审批程序，制定学生年生均教育培养成本等确定学费标准的依据文件，定期向社会公布，接受群众监督。

第十四条 教育收费管理由各级教育、物价、财政部门共同负责。各级教育、物价、财政部门要加强对学校收费的管理和监督，督促学校严格执行国家有关教育收费管理的政策和规定，建立健全收费管理的规章和制度，对巧立名目擅自增设收费项目，扩大收费范围和提高收费标准的，对挤占挪用学费收入的，要按国家有关规定予以严肃查处；对乱收费屡禁不止、屡查屡犯，情节严重的，要按国家有关规定对学校负责人给予行政处分。

第十五条 各省、自治区、直辖市教育、物价、财政部门，应根据本办法，制定具体实施办法，并报国家教委、国家计委、财政部备案。

第十六条 本办法由国家教委、国家计委、财政部负责解释。

第十七条 本办法自颁布之日起执行。

财政部　教育部关于建立普通高中家庭经济困难学生国家资助制度的意见

（2010年9月19日　财教〔2010〕356号）

国务院有关部委、有关直属机构，各省、自治区、直辖市、计划单列市财政厅（局）、教育厅（教委、教育局），新疆生产建设兵团财务局、教育局：

为贯彻落实《国家中长期教育改革和发展规划纲要（2010—2020年）》（中发〔2010〕12号）精神，完善国家资助政策体系，加快普及高中阶段教育，切实解决普通高中家庭经济困难学生的就学问题，现就建立健全普通高中家庭经济困难学生资助政策体系提出如下意见：

一、充分认识建立健全普通高中家庭经济困难学生资助政策体系的重大意义

党中央、国务院历来高度重视家庭经济困难学生的就学问题。近年来，国家采取一系列有力措施，不断完善助学政策体系，大幅度增加助学经费投入，全面免除义务教育阶段学生学杂费，向全部农村学生提供免费教科书，对家庭经济困难寄宿生补助生活费，建立健全了普通本科高校、高等职业学校和中等职业学校家庭经济困难学生资助政策体系，安排部分彩票公益金用于普通高中助学，并逐步对中等职业教育实行免学费政策，较好地解决了家庭经济困难学生的就学问题。

但目前我国普通高中家庭经济困难学生国家资助制度尚未完全建立，多数普通高中家庭经济困难学生尚未得到有效资助。建立普通高中家庭经济困难学生国家资助制度，是贯彻落实科学发展观、构建社会主义和谐社会的重要举措，是实施科教兴国和

人才强国战略，优化教育结构，加快普及高中阶段教育的有效手段，对于完善国家资助政策体系，帮助家庭经济困难学生顺利完成学业，促进教育公平，具有重大意义。

二、建立普通高中家庭经济困难学生国家资助制度的原则及主要内容

按照“加大财政投入、经费合理分担、政策导向明确、多元混合资助、各方责任清晰”的基本原则，建立以政府为主导，国家助学金为主体，学校减免学费等为补充，社会力量积极参与的普通高中家庭经济困难学生资助政策体系，从制度上基本解决普通高中家庭经济困难学生的就学问题。

（一）建立国家助学金制度。从 2010 年秋季学期起，中央与地方共同设立国家助学金，用于资助普通高中在校生中的家庭经济困难学生，资助面约占全国普通高中在校生总数的 20%。财政部、教育部根据生源情况、平均生活费用等因素综合确定各省资助面。其中：东部地区为 10%、中部地区为 20%、西部地区为 30%。各地可结合实际，在确定资助面时适当向农村地区、贫困地区和民族地区倾斜。国家助学金平均资助标准为每生每年 1500 元，具体标准由各地结合实际在 1000 元—3000 元范围内确定，可以分为 2—3 档。

国家助学金所需资金由中央与地方按比例分担。其中：西部地区为 8∶2，中部地区为 6∶4；东部地区除直辖市外，按照财力状况分省确定。省以下分担比例由各地根据中央确定的原则自行确定。

（二）建立学费减免等制度。普通高中要从事业收入中提取一定比例的经费，用于减免学费、设立校内奖助学金和特殊困难补助等。

（三）鼓励社会捐资助学。要进一步落实、完善鼓励捐资助学的相关优惠政策措施，积极引导和鼓励企业、社会团体及个人等面向普通高中设立奖学金、助学金。

三、加强组织领导，确保政策顺利实施

（一）加强组织领导。各地财政、教育部门要密切配合，制定本地区具体的实施方案，确保政策顺利实施。教育部门要将普通高中资助工作纳入办学水平评估指标体系。各普通高中要把资助家庭经济困难学生作为一项重要的工作任务，实行校长

负责制，指定专门机构，确定专职人员，具体负责此项工作。

（二）落实分担责任。省级财政部门要合理确定省内普通高中助学经费具体的分担办法，完善省以下转移支付制度，确保区域内各级财政应当负担的资金落实到位。

（三）强化资金管理。各级财政、教育部门和普通高中要切实加强资助资金管理，确保资金及时发放、专款专用。各级教育行政部门和有关学校要加强学生的学籍管理，确保学生资助信息真实、可靠。要加强监督检查，对于挤占挪用资金、弄虚作假套取资金等行为，将按照《财政违法行为处罚处分条例》（国务院令427号）有关规定严肃处理。

（四）加大宣传力度。各地区、各有关部门和各学校要通过多种形式开展宣传，使党和政府的这项惠民政策家喻户晓、深入人心，使广大学生知晓受助的权利，营造良好的社会氛围。

财政部　教育部关于印发普通高中国家助学金管理暂行办法的通知

（2010 年 11 月 3 日　财教〔2010〕461 号）

国务院有关部委、有关直属机构，各省、自治区、直辖市、计划单列市财政厅（局）、教育厅（教委、教育局），新疆生产建设兵团财务局、教育局：

根据《财政部　教育部关于建立普通高中家庭经济困难学生国家资助制度的意见》（财教〔2010〕356 号），为加强普通高中国家助学金管理，确保资助工作顺利实施，财政部、教育部制定了《普通高中国家助学金管理暂行办法》。现印发给你们，请遵照执行。

附件：

普通高中国家助学金管理暂行办法

第一条　根据《财政部　教育部关于建立普通高中家庭经济困难学生国家资助制度的意见》（财教〔2010〕356 号），为加强普通高中国家助学金管理，确保资助工作顺利实施，制定本办法。

第二条　本办法适用于根据国家有关规定批准设立、实施普通高中学历教育的全日制普通高中学校和完全中学的高中部。

第三条　普通高中国家助学金的资助对象为具有正式注册学籍的普通高中在校生中的家庭经济困难学生。

第四条　普通高中国家助学金资助面约占全国普通高中在校生总数的 20%。财政部、教育部根据生源情况、平均生活费用等因素综合确定各省资助面。其中：东部地区为10%、中部地区为20%、西部地区为30%。各地可结合实际，在确定资助面时适当向农村地区、贫困地区和民族地区倾斜。

第五条 国家助学金由中央和地方政府共同出资设立。地方所属普通高中国家助学金所需资金由中央与地方财政按比例分担。中央部门所属普通高中国家助学金政策，与所在地区同步实施，所需经费按照现行经费渠道予以保障。

第六条 普通高中国家助学金平均资助标准为每生每年1500元，用于资助家庭经济困难学生的学习和生活费用开支，具体标准由各地结合实际在1000元—3000元范围内确定，可以分为2—3档。

第七条 国家助学金的基本申请条件：

1. 热爱祖国，拥护中国共产党的领导；
2. 遵守宪法和法律，遵守学校规章制度；
3. 诚实守信，道德品质优良；
4. 勤奋学习，积极上进；
5. 家庭经济困难，生活俭朴。

第八条 国家助学金按学年申请和评审，按学期发放。

第九条 每年5月底前，财政部、教育部将国家助学金分配名额及预算下达中央主管部门和省级财政、教育部门。每年8月底前，地方财政、教育部门和中央主管部门负责将国家助学金分配名额和预算逐级下达到所属普通高中。

第十条 各普通高中要根据本办法和各地制定的国家助学金实施细则，结合家庭经济困难学生等级认定情况，于每年9月30日前受理学生申请，并按照公开、公平、公正的原则，对学生提交的《普通高中国家助学金申请表》及相关材料，组织由学校领导、班主任和学生代表组成的评审小组进行认真评审，并在学校内进行不少于5个工作日的公示。公示无异议后，即可发放国家助学金。每年11月15日前，各普通高中将当年国家助学金政策的落实情况报同级教育、财政部门备案。

第十一条 各普通高中要把资助家庭经济困难学生作为一项重要的工作任务，实行校长负责制，指定专门机构，确定专职人员，具体负责此项工作。学校要制定国家助学金具体实施办法，要为每位受助学生分别办理银行储蓄卡，直接将国家助学金发放到受助学生手中，一律不得以实物或服务等形式，抵顶或扣减国家助学金。为学生办理银行储蓄卡，不得向学生收取卡费或押金等费用，也不得从学生享受的国家助学金中抵扣。

各普通高中要建立专门档案，将学生申请表、受理结果、资金发放等有关凭证和工作情况分年度建档备查。

第十二条 各地教育行政部门和普通高中要加强学生学籍管理，统筹利用现有中小学电子学籍信息系统，建立完善普通高中学生电子学籍及学生资助信息系统，确保学生资助信息真实、可靠。

第十三条 各级财政、教育部门和普通高中要切实加强国家助学金的管理，严格执行国家财经法规和相关管理办法的规定，对国家助学金实行分账核算，专款专用，同时接受财政、审计、纪检监察、主管机关等部门的检查和监督。对于挤占挪用资金、弄虚作假套取资金等行为，将按照《财政违法行为处罚处分条例》（国务院令427号）有关规定严肃处理。

第十四条 普通高中要从事业收入中足额提取3—5%的经费，用于减免学费、设立校内奖助学金和特殊困难补助等支出。中央部门所属普通高中提取的具体比例由财政部商中央主管部门确定，地方所属普通高中提取的具体比例由各省（自治区、直辖市）确定。

第十五条 民办普通高中学校按照国家有关规定规范办学、举办者按照本办法第十四条规定的比例从事业收入中足额提取经费用于资助家庭经济困难学生的，其招收的符合本办法规定申请条件的普通高中学生，也可以申请国家助学金，具体办法由各省（自治区、直辖市）制定。

第十六条 各级财政、教育部门要进一步落实、完善鼓励捐资助学的相关优惠政策措施，积极引导和鼓励企业、社会团体及个人等面向普通高中设立奖学金、助学金。

第十七条 本办法由财政部、教育部负责解释。

第十八条 本办法自发布之日起执行。

教育部办公厅等四部门关于印发《普通高中建档立卡家庭经济困难学生免除学杂费政策对象的认定及学杂费减免工作暂行办法》的通知

（2016 年 10 月 18 日　教财厅〔2016〕4 号）

各省、自治区、直辖市教育厅（教委）、民政厅（局）、扶贫办、残联，各计划单列市教育局、民政局、扶贫办、残联，新疆生产建设兵团教育局、民政局、扶贫办、残联，黑龙江农垦总局、广东农垦总局：

为深入贯彻党的十八大和十八届三中、四中、五中全会精神，落实《中共中央　国务院关于打赢脱贫攻坚战的决定》等要求，2016 年 8 月，经国务院同意，财政部、教育部印发《关于免除普通高中建档立卡家庭经济困难学生学杂费的意见》（财教〔2016〕292 号），决定自 2016 年秋季学期起，免除公办普通高中建档立卡等家庭经济困难学生（含非建档立卡的家庭经济困难残疾学生、农村低保家庭学生、农村特困救助供养学生）学杂费。为确保以上政策顺利落实，现将《普通高中建档立卡家庭经济困难学生免除学杂费政策对象的认定及学杂费减免工作暂行办法》（以卜简称《暂行办法》）印发给你们，并就有关事项通知如下：

一、各地教育、民政、扶贫、残联等部门要高度重视此项工作，加强沟通和配合，按照《暂行办法》确定的政策界限和分工要求，做好政策对象的认定、审核及免除学杂费工作。按地方标准认定的建档立卡家庭普通高中学生免学杂费问题，由地方负责解决。

教育管理部门依法批准的民办性质的中央高校附属普通高中，以及其他已纳入地方统一管理的中央高校附属普通高中，免学杂费政策按照财教〔2016〕292 号文件有关规定执行，财政补助资金由所在地财政、教育部门安排。未纳入地方统一管理的公办性质中央高校附属普通高中学生资助工作，由全国学生资助管理中心统筹组织实施，其建档立卡等四类家庭经济困难学生免除学杂费资金按现行经费渠道由中央财政安排，因地方扩大免学费政策范围所需资金由地方财政负责解决。

二、各地教育、民政、扶贫、残联等部门要高度重视相关人群基础信息的填报、核查工作，做到信息完整准确，并通过本部门全国信息系统及时上传数据。

三、各地在政策对象的认定及审核工作中，如有问题请及时向教育、民政、扶贫、残联等部门反映。

附件：

普通高中建档立卡家庭经济困难学生免除学杂费政策对象的认定及学杂费减免工作暂行办法

一、建档立卡家庭及建档立卡家庭经济困难学生的认定

根据《国务院扶贫办关于印发〈扶贫开发建档立卡工作方案〉的通知》（国开办发〔2014〕24号）规定，建档立卡家庭也就是建档立卡贫困户，是指以2013年农民人均纯收入2736元（相当于2010年2300元不变价）的国家农村扶贫标准为识别标准，以农户收入为基本依据，综合考虑住房、教育、健康等情况，通过农户申请、民主评议、公示公告和逐级审核的方式，整户识别的贫困户。

建档立卡贫困家庭中的在校学生为建档立卡家庭经济困难学生，由扶贫部门负责认定。

二、农村低保家庭学生的认定

根据《社会救助暂行办法》（国务院令第649号）和《国务院关于进一步加强和改进最低生活保障工作的意见》（国发〔2012〕45号）规定，最低生活保障标准，由省、自治区、直辖市或者设区的市级人民政府按照当地居民生活必需的费用确定、公布，并根据当地经济社会发展水平和物价变动情况适时调整。

国家对共同生活的家庭成员人均收入低于当地最低生活保障标准，且符合当地最低生活保障家庭财产状况规定的家庭，给予最低生活保障。

农村低保家庭学生由民政部门负责认定。

三、农村特困救助供养学生的认定

根据《社会救助暂行办法》和《国务院关于进一步健全特困人员救助供养制度的意见》（国发〔2016〕14 号）规定，国家对无劳动能力、无生活来源且无法定赡养抚养扶养义务人或者其法定义务人无履行义务能力的老年人、残疾人以及未满 16 周岁的未成年人，给予特困人员救助供养。同时规定，特困人员中的未成年人，满 16 周岁后仍在接受义务教育或在普通高中、中等职业学校就读的，可继续享有救助供养待遇。

纳入特困人员救助供养的学生由民政部门负责认定。

四、残疾学生的认定

以持有中华人民共和国残疾人证为准。残疾人证是认定残疾学生的合法凭证。

事实上残疾但暂未持有残疾人证的学生，按规定应享受免除学杂费政策的，需先办理残疾人证。

残疾学生由残联负责认定。

五、工作程序

（一）常规程序

1. 县（市、区）教育部门在普通高中招生结束后，应于 5 个工作日内，将普通高中学生录取名册及按照与相应部门约定的数据格式形式的电子版提供同级民政、扶贫部门和残联。

教育部门提供的需查询学生信息项应至少包含以下内容：学生本人的姓名、身份证号、学籍所在地（县级）、学籍所在地国家标准区划代码（县级）、户籍所在地（县级）、户籍所在地区划代码（县级）。

2. 县（市、区）民政、扶贫部门和残联在取得普通高中学生录取名册（含电子版）后，应于5个工作日内，将符合条件的名单（含电子版）反馈同级教育部门。

县（市、区）民政、扶贫部门和残联返回名单至少包括数据项：学生本人的姓名、身份证号、学籍所在地（县级）、学籍所在地区划代码（县级）、户籍所在地（县级）、户籍所在地区划代码（县级），学生类型（值域：低保、特困、扶贫、残疾）。

3. 县（市、区）教育部门应于开学前，将同级民政、扶贫部门和残联提供的符合条件人员名单提供给相应学校，并指导学校做好学生的免学杂费工作。

4. 学校根据县（市、区）教育部门提供的名单，免除相应学生的学杂费。

有条件的地方，可以通过网络专线进行数据比对，具体比对办法由地方教育部门与民政、扶贫部门和残联商定。

（二）特殊情况程序

1. 学校应在开学后15个工作日内，将免除建档立卡等家庭经济困难学生学杂费政策告知所有学生。因遗漏、身份变化、跨区域入学、信息存疑等情况，经学生提出申请并填写《普通高中免学杂费申请表》后，学校在5个工作日内将汇总后的学生申请报送县（市、区）教育部门。对于提出申请的学生，学校暂缓收取其学杂费，待相关部门审核后，予以免除或补收。

2. 县（市、区）教育部门应将各校报送的《普通高中免学杂费申请表》形成汇总表，于5个工作日内将汇总表及按照与相应部门约定数据格式形成的电子版提供同级民政、扶贫部门和残联审核。

3. 县（市、区）民政、扶贫部门和残联取得教育部门提供的汇总表（含电子版）后，应于30个工作日内完成审核工作，并将符合条件人员名单（含电子版）反馈同级教育部门。在本县（市、区）入学的学生，由同级民政、扶贫部门和残联审核。

对跨区域入学的学生，审核程序如下：

（1）由县级民政、扶贫部门和残联将户籍为非本县（区、市）的需审核的学生信息通过信息系统上报地市级、省级和国家民政、扶贫部门和残联。

（2）对于户籍跨县（市、区）需审核的学生信息，由市级民政、扶贫部门和残联审核。

（3）对于户籍跨市（地、州）需审核的学生信息，由省级民政、扶贫部门和残联审核。

（4）对于户籍跨省需审核的学生信息，由民政部、国务院扶贫办和中国残联审核。

（5）审核结果逐级返回。

对有条件地区，民政、扶贫部门和残联相关信息系统可以向本系统的县级部门直接提供跨区域查询权限。

4. 县（市、区）教育部门将同级民政、扶贫部门和残联反馈的符合条件人员名单提供给相应学校，并指导学校做好学生的免学杂费工作。

5. 学校根据县（市、区）教育部门提供的享受普通高中免除学杂费政策学生名单，于5个工作日内，完成学生学杂费减免或补收工作。

（三）其他事项

1. 学校应及时将免学杂费情况告知享受免学杂费政策的学生家长。

2. 除按上述时间节点集中办理外，其他时间接到学生免学杂费申请，也应及时受理、及时认定。

3. 中央部门所属高等学校附属普通高中对免学杂费学生的认定及学杂费减免工作参照上述程序开展。

4. 2016年秋季学期普通高中免除学杂费工作，应抓紧时间按上述程序，于10月底前完成免学杂费学生认定和学杂费返还工作。

六、做好普通高中免除学杂费学生信息管理工作

地方教育部门应加强对普通高中免除学杂费学生信息管理，及时将信息录入学生资助信息管理系统，确保学生信息完整准确，促进学生资助信息管理系统进一步完善。

七、加强信息安全管理

各级教育、民政、扶贫部门和残联，各普通高中，应严格管理普通高中免除学杂费工作的相关信息，妥善保管相关纸制档案和存储介质上的学生信息，不得用于免除学杂费工作和更新本部门信息以外的事项，不得未经许可对外提供，更不得随意泄露。通过网络比对的，要加强网络安全建设，确保学生信息不被泄露和窃取。

财政部　教育部关于免除普通高中建档立卡家庭经济困难学生学杂费的意见

（2016 年 8 月 30 日　财教〔2016〕292 号）

各省、自治区、直辖市人民政府，国务院有关部委、有关直属机构：

为深入贯彻党的十八大和十八届三中、四中、五中全会精神，落实《中共中央　国务院关于打赢脱贫攻坚战的决定》等要求，经国务院同意，从 2016 年秋季学期起，免除普通高中建档立卡家庭经济困难学生学杂费。现就有关工作提出如下意见：

一、重大意义

普通高中教育是学生个性形成、能力培养、自主发展的关键时期，对于提高国民素质和培养创新人才具有特殊意义。党中央、国务院高度重视普通高中教育发展，免除普通高中建档立卡家庭经济困难学生学杂费，是完善国家助学政策体系、推进教育机会公平、阻断贫困代际传递、实施精准扶贫帮困的重要举措，也是加快普及高中阶段教育、全面建成小康社会的客观要求，具有十分重要的意义。

二、主要内容

按照"中央政策引导、地方统筹实施"的原则，从 2016 年秋季学期起，免除公办普通高中建档立卡等家庭经济困难学生（含非建档立卡的家庭经济困难残疾学生、农村低保家庭学生、农村特困救助供养学生）学杂费。其中：建档立卡家庭经济困难学生是指符合国务院扶贫办发布的《扶贫开发建档立卡工作方案》相关规定，在全国扶贫开发信息系统中建立电子信息档案，持有《扶贫手册》的普通高中学生。

各省（区、市，下同）免学杂费学生人数由各省根据全国中小学学生学籍信息管理系统和全国扶贫开发信息系统等有关数据确定。西藏、四省藏区和新疆喀什、和田、阿克苏、克孜勒苏柯尔克孜四地州学生继续执行现行政策。

免学杂费标准按照各省级人民政府及其价格、财政主管部门批准的学费标准执行（不含住宿费）。对在政府教育行政管理部门依法批准的民办普通高中就读的符合免学杂费政策条件的学生，按照当地同类型公办普通高中免除学杂费标准给予补助。民办学校学杂费标准高于补助的部分，学校可以按规定继续向学生收取。

对因免学杂费导致学校收入减少的部分，由财政按照免学杂费学生人数和免学杂费标准补助学校，以保证学校正常运转。免学杂费补助资金由中央与地方按比例分担。其中：西部地区为8∶2，中部地区为6∶4；东部地区除直辖市外，按照财力状况分省确定。

中央财政逐省核定免学杂费财政补助标准，原则上三年核定一次。各省应充分考虑本行政区域内普通高中学杂费收费标准、已实施免学杂费政策补助标准等因素，合理确定免学杂费财政补助标准，并报财政部、教育部核定。

各地普通高中免学杂费政策范围宽于或标准高于本意见要求的，可继续执行。

三、工作要求

（一）加强组织领导，强化统筹协调。各省要发挥省级统筹作用，结合精准扶贫、精准脱贫的要求，制定切实可行的实施方案，逐市、逐县（区）确定免学杂费标准，明确省以下免学杂费资金分担办法，确保政策落实到位。各省应于2016年8月底前，就今年免学杂费实施方案和免学杂费财政补助标准与财政部、教育部做好衔接，确保落实。以后年度按要求申报。国务院有关部门要发挥职能作用，加强工作指导和协调。

（二）规范收费行为，强化基础管理。各公办普通高中不得因免学杂费而提高其他收费标准或擅立收费项目。各地要按照《民办教育促进法》及其实施条例的要求，进一步规范民办普通高中各项收费的管理。各级教育行政管理部门要加强普通高中基础信息管理工作，完善全国中小学学生学籍信息管理系统，做好与民政部门、扶贫办公室、残疾人联合会相关数据对接工作。普通高中要安排专人，做好免学杂费对象认定工作，保证学生基本信息真实准确。

（三）落实经费责任，强化资金管理。地方各级财政、教育部门要统筹安排中央补助资金和地方应承担的资金，并确保及时足额拨付到位。加强普通高中预算管理，细化预算编制，严格预算执行，强化预算监督。加强学校财务资产管理等基础性工作，规范会计核算，严格按规定范围和标准支出，确保免学杂费资金使用安全、规范和有效。

（四）推进信息公开，强化监督检查。各地要加强监督检查和信息公开工作，按规定公布政策落实情况，并接受社会监督。对于虚报学生人数、骗取补助资金等行为，将按照《财政违法行为处罚处分条例》等有关规定严肃处理，并追究相关学校领导的责任。

（五）加大宣传力度，形成良好氛围。各地要采取多种形式加强政策宣传解读，使这项惠民政策家喻户晓，使相关学生及时了解受助权利，营造良好的社会氛围。

湖南省财政厅　湖南省教育厅关于印发《湖南省普通高中国家助学金管理办法》的通知

（2011年1月27日　湘财教〔2011〕3号）

各市州、省直管县财政局、教育局，省属普通高中：

为加强我省普通高中国家助学金管理，确保普通高中家庭经济困难学生资助工作顺利实施，根据《财政部、教育部关于印发普通高中国家助学金暂行管理办法的通知》（财教〔2010〕461号）、《湖南省财政厅、湖南省教育厅关于建立普通高中家庭经济困难学生国家资助制度的意见》（湘财教〔2010〕75号），省财政厅、省教育厅制定了《湖南省普通高中国家助学金管理办法》，现印发给你们，请遵照执行。

附件：

湖南省普通高中国家助学金管理办法

第一条　为加强我省普通高中国家助学金管理，确保普通高中家庭经济困难学生资助工作顺利实施，根据《财政部、教育部关于建立普通高中家庭经济困难学生国家资助制度的意见》（财教〔2010〕356号）、《湖南省财政厅、湖南省教育厅关于建立普通高中家庭经济困难学生国家资助制度的意见》（湘财教〔2010〕75号），制定本办法。

第二条　本办法适用于根据国家有关规定批准设立、实施普通高中学历教育的全日制普通高中学校和完全中学的高中部。

第三条　普通高中国家助学金的资助对象为具有正式注册学籍的普通高中在校

生中的家庭经济困难学生，优先考虑城乡低保家庭学生、孤残学生、烈士子女、父母丧失劳动能力学生、少数民族贫困学生和家庭遭受重大灾害或变故的学生。

第四条 我省普通高中国家助学金和平均资助面为普通高中在校生总数的20%，具体由各地结合实际分类确定，适当向农村和县镇普通高中学校倾斜。

第五条 我省普通高中国家助学金平均资助标准为每生每年1500元，具体由各地结合实际在1000元－3000元范围内确定，可以参照以下办法分为2档或3档：一是分2档资助，一等助学金每生每年2000元，二等助学金每生每年1000元；二是分3档资助，一等助学金每生每年3000元，二等助学金每生每年2000元，三等助学金每生每年1000元。

第六条 普通高中国家助学金由中央和地方政府共同出资设立。我省普通高中国家助学金所需资金由中央与地方按6∶4的比例分担，地方负担部分由省、市、县财政按照《湖南省财政厅、湖南教育厅关于建立普通高中家庭经济困难学生国家资助制度的意见》（湘财教〔2010〕75号）明确的办法分担。

第七条 申请国家助学金的基本条件：

1. 热爱祖国，拥护中国共产党的领导；
2. 遵守宪法和法律，遵守学校规章制度；
3. 诚实守信，道德品质优良；
4. 勤奋学习，积极上进；
5. 家庭经济困难，生活俭朴。

第八条 国家助学金按学年申请和评审，按学期发放。

第九条 每年7月底前，省财政厅、省教育厅将财政部、教育部下达我省的国家助学金名额及预算分解下达到省级主管部门和各市州、省直管县市财政、教育部门。每年8月底前，市县财政、教育部门和省级主管部门负责将国家助学金名额和预算下达到所属普通高中。

第十条 各普通高中要根据本办法和各地制定的国家助学金实施细则，结合家庭经济困难学生等级认定情况，于每年9月30日前受理学生申请，按照公开、公平、公正的原则，对学生提交的《普通高中国家助学金申请表》（附表1）及相关材料，组织由学校领导、班主任和学生代表、家长代表组成的评审小组进行认真评审，评审结果在学校内进行不少于5个工作日的公示。公示无异议后，即可发放国家助学金。每年11月15日前，各普通高中将当年国家助学金政策的落实情况报同级教育、财政部门备案，并填写《湖南省普通高中国家助学金受助学生明细表》（附表2）报同级学生资助管理中心。每年11月20日前，市县学生资助管理中心将《湖南省普通高中国家助学金市县汇总表》（附表3）报送省学生资助管理中心备案。

第十一条 各普通高中要把资助家庭经济困难学生作为一项重要的工作任务，实行校长负责制，指定专门机构，确定专职人员，具体负责此项工作。学校要制定国家助学金具体实施办法，要为每位受助学生分别办理银行储蓄卡，直接将国家助学金发放到受助学生手中，一律不得以实物或服务等形式，抵顶或扣减国家助学金。为学生办理银行储蓄卡，不得向学生收取卡费或押金等费用，也不得从学生享受的国家助学金中抵扣。

各普通高中要建立专门档案，将学生申请表、受理结果、资金发放等有关凭证和工作情况分年度建档备查。

第十二条 各地教育部门和普通高中要加强学生学籍管理，统筹利用现有中小学电子学籍信息系统，建立完善普通高中学生电子学籍及学生资助信息系统，确保学生资助信息真实、可靠。

第十三条 各级财政、教育部门和普通高中要切实加强国家助学金的管理，严格执行国家财经法规和相关管理办法的规定，对国家助学金实行分账核算，专款专用，同时接受财政、审计、纪检监察、主管机关等部门的检查和监督。对于挤占挪用资金、弄虚作假套取资金等行为，财政部门将按照《财政违法行为处罚处分条例》（国务院令427号）有关规定严肃处理。

第十四条 普通高中要从事业收入中提取3—5%的经费，用于减免学费、设立校内奖助学金和特殊困难补助等支出。省属普通高中提取的具体比例由省财政厅商省教育厅确定，市县所属普通高中提取的具体比例由各市县确定。

第十五条 民办普通高中学校按照国家有关规定规范办学、举办者按照本办法第十四条规定的比例从事业收入中足额提取经费用于资助家庭经济困难学生的，其招收的符合本办法规定申请条件的普通高中学生，也可以申请国家助学金。具体由市县综合考虑民办普通高中收费标准、学生平均家庭经济状况等因素制定实施办法。

第十六条 各级财政、教育部门要进一步落实、完善鼓励捐资助学的相关优惠政策措施，积极引导和鼓励企业、社会团体及个人等面向普通高中设立奖学金、助学金。

第十七条 本办法自公布之日起30日后施行。

附表：1. 普通高中国家助学金申请表（略）

2. 湖南省普通高中国家助学金受助学生明细表（略）

3. 湖南省普通高中国家助学金市（县）汇总表（略）

山东省财政厅　山东省教育厅关于修订《山东省普通高中国家助学金管理办法》的通知

（2015 年 7 月 3 日　鲁财教〔2015〕38 号）

各市财政局、教育局，各省财政直接管理县（市）财政局、教育局，省属普通高中：

为加强我省普通高中国家助学金管理，确保资助工作顺利实施，根据政策调整和工作需要，我们对 2010 年制定的《山东省普通高中国家助学金管理暂行办法》进行了修订，现印发给你们，请遵照执行。

附件：

山东省普通高中国家助学金管理办法

第一条　根据《财政部　教育部普通高中国家助学金管理暂行办法》（财教〔2010〕461 号）、《财政部　教育部关于下达 2015 年学生资助补助经费（普通高中国家助学金）预算的通知》（财教〔2015〕91 号），结合我省实际，制定本办法。

第二条　本办法适用于根据国家有关规定批准设立、实施普通高中学历教育的全日制普通高级中学和完全中学的高中部。

第三条　国家助学金的资助对象为具有正式注册学籍、家庭经济困难的普通高中在校生，包括民办学校的普通高中在校生。

第四条　国家助学金平均资助面为普通高中在校生的 10%，以后年度将根据国家统一要求以及我省财力状况逐步扩大。各地要综合考虑区域内城乡居民收入水平差异和学校贫困学生分布等因素，制定具体的资助对象认定办法和指标分配动态调整办法，科学合理确定各校资助面，重点向农村学生和少数民族学生较多的农村学校和薄弱学校倾斜。

第五条 国家助学金由各级财政共同出资设立。省属普通高中所需资金由省财政负担，各市、省财政直接管理县（市）所属普通高中所需资金由省和地方按比例分担。

第六条 国家助学金主要资助家庭经济困难学生的学习和生活费用开支，平均资助标准为每生每学年 2000 元，具体分为三档，1 档 1500 元，2 档 2000 元，3 档 2500 元。

第七条 国家助学金的基本申请条件：

（一）热爱祖国，拥护中国共产党的领导；

（二）遵守宪法和法律，遵守学校规章制度；

（三）诚实守信，道德品质优良；

（四）勤奋学习，积极上进；

（五）家庭经济困难，生活俭朴。

第八条 国家助学金按学年申请和评审，按学期发放。

第九条 每年 11 月底前，省财政厅按一定比例，提前下达下一年度市县所属普通高中国家助学金省级应负担的经费。省属普通高中国家助学金在年初部门预算中按一定比例下达。每年 7 月中旬前，省财政厅对当年全省普通高中国家助学金经费进行清算。8 月底前，市以下各级财政、教育部门将上级下达的经费预算和本级财政应分担的经费预算下达所属普通高中。

第十条 各普通高中要根据本办法和各地制定的实施意见制定本校国家助学金具体实施细则，于每年秋季开学后受理学生申请，学生提交《普通高中国家助学金申请表》及相关材料，学校组成由学校领导、班主任和学生代表组成的评审小组，按照公开、公平、公正的原则，对学生申请组织评审，对孤儿、残疾学生、长期特困户子女、因病因灾造成家庭特别困难的学生要优先考虑。学校评审结果通过全国学生资助管理信息系统报至同级学生资助管理机构审核、汇总。同级学生资助管理机构审核通过后，学校要在校内进行不少于 5 个工作日的公示。公示期结束一个月内，将国家助学金发放到受助学生手中。

第十一条 国家助学金通过“普通高中学生资助卡”发放给受助学生。学校或学生资助管理机构为每位受助学生办理学生资助卡，学生本人持身份证原件和学生证，到发卡银行网点柜台激活资助卡后使用。不得向学生收取卡费或押金等费用，也不得以实物或服务等形式，抵顶或扣减国家助学金。

第十二条 普通高中家庭经济困难学生资助工作实行校长负责制。学校要配备学生资助专职管理人员，负责家庭经济困难学生的建档管理和国家助学金的评审、发放及资助政策宣传等工作，协助升入高校的家庭经济困难学生办理生源地信用助学贷款相关业务。

第十三条 各普通高中要建立学生资助专门档案，将学生申请表、受理结果、资金发放等有关凭证和工作情况分年度建档备查。

第十四条 各地教育行政部门和普通高中要加强学生学籍和资助信息管理，统筹使用现有中小学电子学籍信息系统和全国学生资助管理信息系统普通高中子系统，确保学生资助信息真实、可靠。

第十五条 各级财政、教育部门和普通高中要严格执行国家财经法规和相关管理规定，对国家助学金实行分账核算，专款专用，同时接受财政、审计、纪检监察、主管机关等部门的检查和监督。对挤占挪用、弄虚作假套取国家助学金行为，按照《财政违法行为处罚处分条例》（国务院令427号）有关规定严肃处理。

第十六条 普通高中要从事业收入中按照5%的比例足额提取资助经费，专项用于孤儿学生和家庭经济困难学生学费和住宿费减免、设立校内奖助学金和特殊困难补助等支出。

第十七条 各级财政、教育部门要进一步落实和完善捐资助学优惠政策措施，积极引导和鼓励企业、社会团体及个人面向普通高中设立奖学金、助学金。

第十八条 本办法由省财政厅、省教育厅负责解释。

第十九条 本办法自发布之日起执行，省财政厅、省教育厅《关于印发〈山东省普通高中政府助学金管理暂行办法〉的通知》（鲁财教〔2010〕90号）同时废止。

湖北省财政厅　湖北省教育厅
关于印发《湖北省普通高中国家助学金管理办法（试行）》的通知

（2017 年 6 月 19 日　鄂财教规〔2017〕7 号）

各市、州、林区、直管市、县（市、区）财政局、教育局：

为进一步规范和加强普通高中国家助学金管理，提高资金使用效益，根据《财政部　教育部关于印发〈普通高中国家助学金管理办法〉的通知》（财科政厅〔2016〕37 号）文件精神和国家有关法律、法规，省财政厅、省教育厅制定了《湖北省普通高中国家助学金管理办法（试行）》，报经省政府审定，现予印发，请遵照执行。

附件：

湖北省普通高中国家助学金管理办法（试行）

第一章　总　则

第一条　为进一步规范和加强普通高中国家助学金（以下简称国家助学金）管理，提高资金使用效益，根据《财政部　教育部关于印发〈普通高中国家助学金管理办法〉的通知》（财科教〔2016〕37 号）文件精神和国家有关法律，法规，结合我省实际，特制定本办法。

第二条　本办法所称普通高中，是指按国家有关规定批准设立、实施普通高中学历教育的全日制普通高中学校、完全中学的高中部及特殊教育学校高中班。

第二章　管理职责

第三条　高中助学金由省财政厅、省教育厅共同管理。省财政厅负责会同省教育厅组织高中助学金资金年度预算的编制和下达工作、根据工作需要适时组织开展财政重点支出绩效评价工作、对资金的使用情况进行监督检查；省教育厅负责为预算编制和资金分配提供基础数据，指导各地加强资金使用管理并对资金的使用情况进行管理监督，适时开展资金绩效评价工作。

第四条　市州教育、财政部门负责指导、监督、检查所辖县（市、区）高中助学金管理和发放工作，并统筹管理城市辖区高中国家助学金资金。

第五条　县级教育、财政部门承担高中助学金工作管理的主体责任。县级教育部门负责制定高中助学金资金分解计划、高中助学金工作的组织实施、监督检查和绩效管理；县级财政部门负责资金筹措、拨付和监管，适时开展资金重点绩效评价工作。

第六条　学校是高中助学金工作的直接实施者，具体负责组织申报、评审认定、奖金发放、政策宣传及资助档案管理等具体工作。校长是学校高中助学实施工作的第一责任人。

第三章　资助对象及资金渠道

第七条　普通高中国家助学金资助对象为具有正式注册学籍的普通高中在校生中家庭经济困难学生。

第八条　国家核定我省普通高中国家助学金资助面为全省普通高中在校生总数的20%。省财政厅、省教育厅根据财政部、教育部核定人数以及各地社会经济发展情况分类核定各地高中国家助学金资助面，原则上按以下类别安排：

1. 36个比照西部大开发政策的县（市、区）（以下简称“参西地区”）和神农架林区为高中在校生总数的25%；

2. 一般县（市、区）（含比照县市管理的12个县改区）为高中在校生总数的20%；

3. 市（州）本级及市辖区为高中在校生总数的15%。

分地区名单见《高中国家助学金分地区资助比例》（附件1）。各地可结合实际，在确定资助面时适当向农村高中、民族高中、城郊高中、特殊教育学校高中班等家庭经济困难学生集中的学校予以倾斜。各地可结合当地家庭经济困难学生实际在核定比例基础上提高资助比例，提高比例所需资金由地方自行承担。

第九条 普通高中国家助学所需经费由中央和地方按6∶4分担。其中，地方负担部分，“参西地区”和神农架林区学校全部由省级财政承担；一般县（市、区）按省、县（市、区）5∶5比例分担；市（州）本级按省与市2∶8比例分担，市辖区按省、市 、区2∶5∶3比例分担。

第十条 普通高中国家助学金用于资助家庭经济困难学生的学习和生活费用开支。国家助学金平均资助标准为每生每年2000元，具体标准根据受助学生家庭经济困难程度分别确定为每生每年1500元、2000元、3000元三档标准。

计算公式为：

某地区中央和省财政应承担的国家助学金 = 该地区普通高中学生人数 × 资助面 × 资助标准 × 中央和省财政分担比例。

第十一条 普通高中要从事业收入中足额提取一定比例经费，用于减免学费、设立校内奖助学金和特殊困难补助等支出。其中，“参西地区”和神农架林区普通高中按事业收入5%提取经费，其他地区普通高中按事业收入4%提取经费。

第十二条 民办普通高中学校按照国家有关规定规范办学、举办者按照4%比例从事业收入中足额提取经费用于资助家庭经济困学生的，其招收的符合本办法规定申请条件的普通高中学生，也可以申请国家助学金，具体办法由各市（州）、县（市、区）制定。

第四章 认定条件

第十三条 申请资助的条件：

（一）申请普通高中国家助学金资助的学生应具备以下基本条件：

1. 热爱社会主义祖国，拥护中国共产党的领导；

2. 遵守宪法和法律，遵守学校和项规章制度；

3. 诚实守信，品德优良；

4. 勤奋学习，积极上进；

5. 家庭经济困难，生活俭朴。

（二）在评审过程中，同等条件下，对以下家庭经济困难学生优先评定：

1. 农村建档立卡家庭学生；

2. 残疾学生；

3. 低保户家庭学生；

4. 其他家庭经济特别困难的学生。

第五章　工作程序

第十四条　普通高中国家助学金按学年申请和评审，按学期发放。

第十五条　省财政厅和省教育厅每年在收到中央补助资金预算（含提前下达预算）后，30 日内将资金分解并下达各县（市、区），各地教育、财政部门要按照本办法规定的分担比例，认真测算本地普通高中国家助学金本级所需资金，纳入年度财政预算。各市、州、县（市、区）财政、教育部门在收到省级下达的高中国家助学金资金预算后，在规定时限内分解下达到项目实施学校。

第十六条　各普通高中按以下程序完成高中国家助学金评审发放等工作：

1. 9 月 30 日前组织学生填写《普通高中国家助学金申请表》（见附件 2）及提供相关证明材料，受理学生申请；

2. 组织由学校领导、班主任和学生代表组成的评审小组进行认真评审；

3. 将评定的资助名单在校内进行不少于 5 个工作日的公示；

4. 公示无异议后向受助学生发放国家助学金；

5. 学校于每年 4 月底、11 月 10 日前分春、秋季学期将当年国家助学金政策落实情况书面报告及数据统计表报同级教育、财政部门备案。每年 5 月 20 日、11 月 20 日前县（市、区）教育局将当年分春、秋季情况汇总表（见附件 3）报市（州）教育部门，市（州）教育部门每年 5 月底，11 月底前将汇总情况报省学生资助管理中心。

第十七条　各普通高中要把资助家庭经济困难学生作为一项重要的工作任务，指定专门机构，确定专职人员，具体负责此项工作。学校要制定国家助学金具体实施办法，要为每位受助学生分别办理银行储蓄卡，直接将国家助学金发放到受助学生手中，一律不得以实物或服务等形式，抵顶或扣减国家助学金。为学生办理银行储蓄卡，不得向学生收取卡费或押金等费用，也不得从学生享受的国家助学金中抵扣。

各普通高中要建立专门档案，将学生申请表、受理结果、资金发放等有关凭证和工作情况分年度建档备查。

第十八条 各地教育行政部门和普通高中要加强学生学籍管理，统筹利用现有中小学电子学籍信息系统，建立完善普通中学生电子学籍及学生资助信息系统，确保学生资助信息真实、可靠。

第六章 监督管理

第十九条 地方各级财政、教育部门应当加强国家助学金的监督检查和绩效管理，按照事先确定绩效目标、事中加强绩效监控、事后实施绩效评价、评价结果通报及应用的原则进行高中国家助学金工作全过程绩效管理。各地每年要开展高中国家助学金实施情况的绩效评价工作，重点对资助对象是否符合规定、评审程序是否公开透明、资金发放是否及时安全、政策宣传是否应知尽知、资助档案是否规范管理、资助过程是否全程监管等内容进行分析评价。县（市、区）教育、财政部门要对所辖学校高中国家助学金工作开展绩效评价。市、州教育、财政部门要对所辖县（市、区）高中国家助学金工作开展绩效评价，绩效评价结果报省教育厅、省财政厅。

第二十条 国家助学金应当纳入国库集中支付管理，实行专款专用，专账核算。对于挤占、挪用、虚列、套取国家助学金等行为，将按照《预算法》《财政违法行为处罚处分条例》等国家有关法律规定严肃处理。

第二十一条 各级财政、教育部门及其工作人员在国家助学金分配方案的制定和复核过程中，违反规定分配国家助学金或者向不符合条件的单位分配国家助学金以及滥用职权、玩忽职守、徇私舞弊的，按照《预算法》《公务员法》《行政监察法》《财政违法行为处罚处分条例》等国家有关法律规定追究责任；涉嫌犯罪的，移送司法机关处理。

第二十二条 各地财政、教育部门要统筹各类资助资金，切实做好家庭经济困难学生资助工作。要进一步落实、完善鼓励社会捐资助学的相关优惠政策措施，积极引导和鼓励企业、社会团体及个人等面向普通高中设立奖学金、助学金。

第七章　附　则

第二十三条　本办法由省财政厅、省教育厅负责解释，各地可根据本办法制定实施细则，并报省财政厅、省教育厅备案。

第二十四条　本办法自发布之日起施行。《湖北省普通高中国家助学金管理暂行办法》（鄂财教发〔2010〕205号）同时废止。

附件：1. 高中国家助学金分地区资助比例（略）

2. 高中国家助学金申请表（略）

3. 高中国家助学金落实情况表（略）

（四）义务教育学生资助政策

财政部　教育部关于印发《对农村义务教育阶段家庭经济困难学生免费提供教科书工作暂行管理办法》的通知

（2004 年 2 月 16 日　财教〔2004〕5 号）

各省、自治区、直辖市、计划单列市财政厅（局）、教育厅（教委），新疆生产建设兵团财务局、教育局：

为保证农村家庭经济困难学生接受义务教育，提高农村人口素质，根据《国务院关于进一步加强农村教育工作的决定》（国发〔2003〕19 号）、《国务院办公厅转发体改办等部门关于降低中小学教材价格深化教材管理制度改革意见的通知》（国办发〔2001〕34 号）的有关规定，中央财政设立专项资金，对农村义务教育阶段家庭经济困难学生实行免费提供教科书的制度。为保证免费提供教科书制度的顺利实施，提高专项资金的使用效益，财政部、教育部共同制定了《对农村义务教育阶段家庭经济困难学生免费提供教科书工作暂行管理办法》，现印发给你们，请遵照执行。

附件：

对农村义务教育阶段家庭经济困难学生免费提供教科书工作暂行管理办法

第一条　为保证农村家庭经济困难学生接受义务教育，提高农村人口素质，根据《国务院关于进一步加强农村教育工作的决定》（国发〔2003〕19号）、《国务院办公厅转发体改办等部门关于降低中小学教材价格深化教材管理制度改革意见的通知》（国办发〔2001〕34号）的有关规定，中央财政设立专项资金，对农村义务教育阶段家庭经济困难学生实行免费提供教科书的制度。为保证免费提供教科书制度的顺利实施，提高专项资金的使用效益，制定本办法。

第二条 免费提供教科书的对象为农村地区因家庭经济困难而无力负担课本费的义务教育阶段学生（含特殊教育学生，下同）。对农村义务教育阶段家庭经济困难学生应按照贫困程度进行资助，优先资助孤儿，绝对贫困和低收入家庭子女，以及因突发事件导致家庭经济困难的子女等。

第三条 中央财政设立专项资金，主要为中西部部分农村义务教育阶段家庭经济困难的学生免费提供教科书。重点用于国家扶贫开发工作重点县和民族、边疆地区的省定贫困县。

列入中央财政免费提供教科书专项资金补助范围的地区，各级政府应同时承担对家庭经济困难学生免除杂费和补助寄宿生生活费的责任。中央财政将把各地落实责任的努力程度，作为分配免费教科书专项资金的重要参考依据。

第四条 免费提供教科书的科目，由省级教育行政部门按照国家现行义务教育课程计划（特殊教育学校课程计划）和课程改革的要求，商省级财政部门同意后确定。民族地区免费提供的教科书包括民族文字教材。

第五条 各地应按照中小学教学用书管理的有关规定，在教育部和省级教育行政部门发布的《中小学教学用书目录》中，优先选用经济适用型（黑白版、双色版）教科书。

第六条 免费提供教科书管理工作实行以省级政府为主，中央和地方各级政府分级管理、教育和财政部门分工负责的体制。

教育部负责统计汇总资助范围内分县的小学、初中和特教学生数。每年全国人民代表大会召开之后，财政部根据教育部提供的学生数等有关情况，拟定预算分配方案，会同教育部下达经费预算。

有关省级教育、财政部门应根据中央下达的经费预算额度和规定的资助范围及对象，分配确定本省份范围内享受免费教科书的分县学生数，并在收到预算后20天内逐级下达到有关县。

有关县级教育、财政部门收到上级下达的享受免费教科书的学生名额后 10 天内，按规定的资助条件，将资助名额分配到有关学校。

有关学校根据下达的资助名额，通过有效途径公开资助信息（包括资助的条件，受资助的名额，资助的申请、审核、批准、监督和申诉程序等），组织希望获得资助的学生填写《免费教科书申请表》（表式见附表 1）；并组成由学校、学生家长和教师代表参加的评审小组，对申请免费教科书学生的家庭贫困程度进行审核，拟定受助学生名单，并在校内及学生家庭所在乡镇范围内进行公示，公示期不得少于 7 天。公示无异议后，将受助学生名单及评审公示情况上报县级教育、财政部门审核确定。

县级教育、财政部门审核确定后，逐级联合上报省级教育、财政部门。

第七条 免费教科书的采购工作由省级教育、财政部门按照有关法律规定，对学校选用的教材统一组织公开招标和集中采购。免费提供的教科书扉页上须标明“本书由国家免费提供”字样。

出版、发行部门根据省级教育和财政部门的要求和合同规定，将免费教科书直接发往有关学校。保证课前到书，学生人手一套。

县级教育行政部门组织有关学校做好免费教科书的验收工作。验收合格后由有关学校办理收书手续，并负责发放到受助学生。再由有关学校组织填写《免费教科书领取学生花名册》（表式见附表 2），并由学生本人、家长和班主任签字后，报县级教育行政部门备案。

县级教育行政部门应建立享受免费教科书资助学生的档案制度，按年度分学校登记造册，保存 3 年备查。

第八条 中央财政下达的免费教科书专项资金要统一纳入省级财政国库管理，实行分账核算，集中支付，封闭运行，确保专款专用。地方各级财政安排的免费教科书专项资金的管理，可参照中央专项资金的管理模式。

省级财政部门要根据省级教育行政部门汇总逐级上报的有关情况，审核无误后，根据合同约定，将有关经费直接拨付出版、发行单位。

第九条 免费教科书全部的包装、保险及运输等费用均包含在教科书总价内，严禁向学生收取与免费提供教科书有关的任何费用；禁止任何部门和单位在发放免费教科书时搭售教辅用书及其他资料等。

实行“一费制”收费标准的地区，对享受免费教科书资助的学生的收费，应免收教科书等额价款的费用。

第十条 国家鼓励循环使用教科书。

第十一条 各地应加强对免费提供教科书工作的管理和监督。每年年底，有关省级财政、教育部门应将当年免费提供教科书专项资金的使用情况联合上报财政部、教育部（表式见附表3）。财政部、教育部将以此作为分配下年度中央免费教科书专项资金的重要依据。有关省份免费提供教科书工作的实施情况，教育部、财政部每年将进行检查。

第十二条 本办法由教育部、财政部负责解释。各省份应根据本办法，制定本地区免费提供教科书工作的实施细则。

本办法自发布之日起施行。《教育部、财政部关于印发〈关于对全国部分贫困地区农村中小学生试行免费提供教科书的意见〉的通知》（教基〔2001〕15号）同时废止。

附表：1. ______年免费教科书申请表（略）

2. ______年春/秋季免费教科书领取学生花名册（略）

3. ______省（市、自治区）______年春/秋季免费提供教科书情况上报表（略）

财政部　教育部关于进一步加强免费提供教科书工作的若干意见

（2005 年 1 月 28 日　财教〔2005〕4 号）

各省、自治区、直辖市财政厅（局）、教育厅（局），计划单列市财政局、教育局，新疆生产建设兵团财务局、教育局：

中央财政自 2001 年起实施的对中西部农村地区义务教育阶段贫困家庭学生免费提供教科书制度，是坚持以人为本、贯彻落实科学发展观的具体体现，对于加快农村教育事业发展，提高农村人力资源素质，切实减轻农民负担，促进解决“三农”问题，发挥了重要作用，产生了良好的社会影响，取得了较好的社会效益。今年，中央颁发了《中共中央国务院关于进一步加强农村工作提高农业综合生产能力若干政策的意见》（中发〔2005〕1 号），对于免费提供教科书工作提出了明确要求。为保障免费提供教科书制度的顺利实施，现提出以下意见。

一、中央财政对中西部地区农村义务教育阶段贫困家庭学生免费提供教科书，省级政府负责组织实施免费提供教科书工作。省级教育、财政部门应制定贫困家庭学生的界定标准。免费教科书的经费要专款专用，省级财政、教育部门要加强对经费使用的管理和监督。

二、中央免费教科书专项资金要坚持用于农村义务教育阶段贫困家庭学生，不能用于财政供养人口家庭的学生。要根据当地农村经济困难程度，对每个县每个乡镇每所学校确定不同的贫困家庭学生受益比例，不能搞平均分配。要切实保证国家级扶贫开发工作重点县所有农村贫困家庭学生均能享受到免费教科书。

三、享受免费教科书的贫困家庭学生每学年评定一次，要根据农村贫困家庭脱贫、返贫的实际情况，对受资助的贫困学生做出适当调整，确保贫困家庭学生享受资助。地方各级教育、财政部门要自下而上逐级建立贫困家庭学生动态基础数据管理系统。

四、中央财政对农村义务教育阶段贫困家庭学生免费提供国家课程必修科目的教科书。如地方要编写地方课程的教材，应限页数，限价格，同时地方财政也必须对这些学生免费提供。学校不得再以其他名目向受资助的贫困学生收取涉及教科书的任何费用。

五、免费教科书版型的选用要从实际出发。享受中央财政免费教科书专项资金补助的地区，选用经济适用型或彩色版教材的原则是，同一个地区只能采用一个版本。原先学校已选用黑白版或双色版教材的地区，如果当地群众经济条件较好、有承受能力，而且有选用彩色版教材的要求，或通过政府采购把教科书的价格降下来，或当地政府承担一部分费用，可改用彩色版教科书。否则，仍应沿用黑白版或双色版教材。

六、各学校同一年级的学生不论是否享受国家免费教科书的资助，各科目均必须使用相同版本的教科书。

七、从2005年春季开始，中央财政免费提供的教科书要实行政府采购。中西部地区省级教育部门要加强对义务教育阶段教科书选用工作的指导和统筹，选用权限应适当调整。教材选用一般以地市为单位进行。地市不具备条件的，如多民族、多文字且人口较少的地区，也可以省（自治区、直辖市）为单位选用教材。但原则要求以省（自治区、直辖市）为单位组织政府采购。在人口较多地区，如以地市为单位集中采购，需由省级教育、财政部门审批并授权。教科书选用既要看内容又要考虑价格，两者不可偏废。总的原则是：既要坚持教材多样化，又要将价格因素作为选用教材的重要因素。

八、各地教育、财政部门要积极与承担免费教科书出版发行任务的出版、租型和发行单位协调，在保证教科书质量的前提下，降低出版、发行费用。

九、免费教科书的政府采购工作是一项较为复杂的工作。为提高专项资金的使用效益，加强对该项工作的管理和指导，保证工作的顺利开展，教育部、财政部共同制定了《免费教科书政府采购工作暂行办法》。各地要按《办法》规定组织政府采购工作。

十、省级教育、财政纪检监察部门要加强对免费提供教科书工作的监督管理，建立有效的监督、检查工作机制，坚决防止发生腐败等违法违纪问题。免费教科书政府采购工作要严格程序，规范操作，教科书的选用结果、政府采购和免费教科书供应商的服务等情况必须向社会公告。各地教育、财政纪检监察部门要制定免费提供教科书工作的监督管理办法，对免费教科书政府采购工作的每个环节实施检查监督。

附件：免费提供教科书工作流程图的说明（略）

教育部　财政部关于印发《免费教科书政府采购工作暂行办法》的通知

（2005 年 1 月 28 日　教财〔2005〕6 号）

各省、自治区、直辖市教育厅（教委）、财政厅（局），计划单列市教育局、财政局，新疆生产建设兵团教育局、财务局：

为保证农村贫困家庭学生接受义务教育，加快农村教育事业发展，从 2001 年秋季开始，中央财政设立专项资金，对中西部农村地区义务教育阶段贫困家庭学生试行免费提供教科书制度。做好免费教科书的政府采购工作，是确保免费提供教科书制度顺利实施的关键环节。为加强免费教科书政府采购工作的管理，降低免费教科书价格，提高中央专项资金使用效益，使更多的贫困学生得到免费教科书的资助，教育部、财政部共同制定了《免费教科书政府采购工作暂行办法》，现印发给你们，请遵照执行。

附件：

免费教科书政府采购工作暂行办法

中央对中西部农村义务教育阶段贫困家庭学生实行免费提供教科书的制度，是切实减轻农民经济负担，保证农村贫困学生接受义务教育，保障农村义务教育持续健康发展的重大战略举措。对免费教科书实行政府采购，是确保免费提供教科书工作顺利进行的重要措施。为加强免费教科书采购工作的管理，根据《国务院办公厅转发体改办等部门关于降低中小学教材价格深化教材管理体制改革意见的通知》精神和《中华人民共和国政府采购法》，特制定本办法。

一、中央财政免费提供的教科书实行政府采购。这项规定在2004年秋季学期试行，从2005年开始正式实施。

二、各地教育、财政部门要在当地党委、政府的领导下，从实践“三个代表”重要思想，以人为本、执政为民的高度，统一思想，高度重视，通力合作，周密组织，作为一项政治任务来完成好免费教科书的采购工作。

地方县级以上教育、财政等部门应成立由分管领导参加的免费提供教科书工作领导小组。省级教育、财政部门联合成立免费教科书采购办公室（设在省级教育部门），要抽调精干人员办理免费教科书的采购工作，按时完成采购任务，确保“课前到书，免费用书”。

三、免费教科书由省（自治区、直辖市）教育、财政部门按照本地政府采购管理办法规定的程序、方法统一进行采购，其具体采购事宜应当委托经省级以上财政部门登记备案的政府采购业务代理机构办理。

各地市、县级教育、财政部门必须按要求配合上级部门做好免费教科书采购的有关工作，包括确定、统计上报享受免费教科书资助的学生数，汇总上报教材选用的情况。县级教育、财政部门负责组织验收、发放免费教科书。

四、免费教科书政府采购的对象（即供应商）是符合教材出版发行资质的出版发行机构和出版发行联营机构或若干出版发行单位组成的联合体。教科书是特殊商品，为保证教材使用的连续性，确定的免费教科书供应商有效期应在1年以上。免费教科书政府采购最终确定的供应商必须通过适当途径和方法，按照合同约定将教科书运送到有关学校。

教育部、财政部组织省级教育、财政部门每年对免费教科书供应商提供的图书质量、销售价格、服务水平进行综合评比，公布获得优秀等次的供应商名单。

五、免费教科书政府采购应充分引入和培育竞争机制，严格遵循公开、公平、公正的原则，实行公开招标；对暂不具备公开招标条件的省份，可采用邀请招标、竞争性谈判、单一来源采购、询价的方式。免费教科书政府采购打破省界区域限制，面向全国进行。

六、为保证免费教科书采购工作的顺利实施，对中西部农村地区，省级教育行政部门要加大对教科书选用工作的指导，选用的教科书尽量集中，避免因选用教科书过于分散，影响到省级教育、财政部门统一组织的政府采购。免费教科书政府采购既要适应中小学教材多样化的要求，又要在本省份范围内相对统一农村中小学教学用书，优先选用质量好、价格低的教科书。省级教育、财政部门可通过公开招标的方式对免费教科书的供应商进行资格预审，对评审合格的供应商通过竞争性谈判的方式确定几家信誉好、实力强、价格低的供应商，然后再要求各学校从中选用教科书。

七、中央财政对农村义务教育阶段贫困家庭学生免费提供国家课程必修科目的教科书。对小学生免费提供品德与生活（品德与社会）、语文、数学、外语、科学、艺术（或选择音乐、美术）、综合实践活动（信息技术等）科目的教科书；对初中生免费提供思想品德、语文、数学、外语、科学（或选择生物、物理、化学）、历史与社会（或选择历史、地理）、艺术（或选择音乐、美术）、体育与健康、综合实践活动（信息技术等）科目的教科书。

免费提供的教科书均应从教育部和省级教育行政部门颁布的《中小学教学用书目录》中选用。免费教科书的扉页上须以适当方式标明“本书由国家免费提供”字样。

地方如要编写地方课程的教材，应限页数，限价格，同时地方财政也必须对这些学生免费提供。学校不得再以其他名目向受资助的贫困学生收取涉及教科书的任何费用。

八、免费教科书政府采购的指导标准是，每生每学期小学生 35 元、初中生 70 元、特教学生 35 元。各地应制订分年级分学科的采购价指导标准。免费教科书政府采购价原则上不得突破指导价标准，超出指导价标准的经费必须由省级财政承担。

对经论证无法按指导价标准采购的省份，可由省级教育、财政部门提出书面申请，由教育部、财政部委托教育部教育政府采购中心代为采购，并由教育部指导该省份选用教科书。

九、政府采购的免费教科书印刷质量必须符合《中华人民共和国质量法》和《图书质量管理规定》的有关规定，必须具有出版单位的质量保证书。

十、财政部、教育部将提前向有关省份下达下一个学期免费教科书中央专项资金预算控制数。中央财政下达的免费教科书专项资金要统一纳入省级财政国库管理，实行分账核算集中支付，确保专款专用，不得下拨到下级财政。省级财政部门要根据省级教育行政部门逐级汇总上报的免费教科书验收等情况，审核无误后，根据合同约定，将免费教科书经费直接支付给供应商。免费教科书政府采购节约下来的资金仍用于资助农村义务教育阶段贫困家庭学生。

十一、免费教科书政府采购价包括出版、发行、包装、保险、运输等费用，严禁向学生收取与免费教科书有关的任何费用。禁止任何部门和单位在采购免费教科书时搭售教辅用书及其他资料。

十二、各地应加强对免费教科书政府采购工作的管理，建立有效的监督检查工作机制，坚决防止发生腐败等违法违纪问题。省级教育、财政纪检监察部门负责对免费教科书采购活动进行监督。教材选用结果、政府采购和免费教科书供应商的服务等情况必须以有效的方式向社会公告。教育部、财政部将对各地免费教科书政府采购工作的实施情况进行严格检查，对玩忽职守，违反采购程序，徇私舞弊的，依法依纪严肃处理。对工作不力、出现严重问题的省份，中央将取消其免费教科书政府采购的资格，并予以通报批评。

每年年底，省级教育、财政部门应将当年免费教科书政府采购情况联合上报教育部、财政部。

十三、本办法由教育部、财政部负责解释。以往有关规定与本办法不一致的，以本办法为准。各地应根据本办法，制定本地区免费教科书政府采购工作的具体实施办法。

国务院办公厅转发财政部、教育部关于加快国家扶贫开发工作重点县“两免一补”实施步伐有关工作意见的通知

（2005年2月18日　国办发〔2005〕7号）

各省、自治区、直辖市人民政府，国务院各部委、各直属机构：

财政部、教育部《关于加快国家扶贫开发工作重点县“两免一补”实施步伐有关工作的意见》已经国务院同意，现转发给你们，请认真贯彻执行。

关于加快国家扶贫开发工作重点县“两免一补”实施步伐有关工作的意见

为贯彻落实《中共中央国务院关于进一步加强农村工作提高农业综合生产能力若干政策的意见》（中发〔2005〕1号）精神，从2005年春季学期起，中央对国家扶贫开发工作重点县的农村义务教育阶段贫困家庭学生全部免费发放教科书，地方政府对这些学生要相应落实免杂费、并逐步补助寄宿生生活费的责任。现就有关工作提出以下意见：

一、对农村义务教育阶段贫困家庭学生实行“两免一补"（免书本费、免杂费、补助寄宿生生活费）政策，并加快对国家扶贫开发工作重点县的实施步伐，体现了党中央、国务院对农村义务教育的高度重视和对农村困难群体的亲切关怀。认真落实好这项政策，对于促进农村税费改革，减轻农民负担，加快贫困地区脱贫致富步伐，巩固农村义务教育“以县为主”的管理体制，加快农村义务教育事业的发展，

具有十分重要的意义。各级财政、教育部门要统一思想，提高认识，密切配合，采取有力措施，确保国家扶贫开发工作重点县农村义务教育阶段贫困家庭学生“两免一补”工作的顺利实施。

二、各地财政、教育部门要结合农村贫困人口的有关标准和农村贫困家庭学生就学的实际情况，制订科学合理的享受“两免一补”政策的贫困家庭学生标准，合理确定资助对象。“两免一补”资金不得用于城区、农村比较富裕家庭的学生，也不得平均分配、轮流享受。对国家扶贫开发工作重点县中的少数民族特别是人口较少民族地区、边境地区要予以重点支持。对符合计划生育政策的贫困家庭学生优先进行资助。中央免费教科书专项资金应统一纳入省级财政国库管理，实行分账核算，集中支付。

三、中央财政从2005年春季起将提高免费教科书补助标准，小学每学期每人35元、初中70元、特教35元。中央免费教科书的范围必须是国家规定课程必设科目的教科书，不包括地方课程教科书及各种辅助性教材。地方课程使用的教科书，由地方财政免费提供。对享受免费教科书的学生，学校及有关部门不得再向其收取任何教科书、教辅材料的费用，如发现收取此类费用，均作为乱收费行为进行处理。

四、中央免费教科书要实行政府采购制度，由省级教育、财政部门委托有资质的政府采购机构进行统一采购，降低出版、发行等环节的费用。节省的资金继续用于资助贫困家庭学生，使受助范围不断扩大。各地要根据教学实际需要和中央补助标准，合理确定免费教科书版本。凡通过政府采购等能够将价格压到补助标堆之内的，可以选用彩色版教材，否则应选用黑白版或双色版教材。同一学校、同一年级教科书种类、版本要做到一致。

五、各地要严格实行资助政策公开、资助对象公示等制度，资助范围和工作程序要公开透明，接受群众等有关方面的监督。

六、各地要调整财政支出结构，在加大财政教育投入的同时，确保地方政府负责的免杂费和补助寄宿生生活费资金的落实。国家扶贫开发工作重点县免杂费资金由地方财政在上级财力性转移支付资金和自有资金中统筹安排，足额到位。2005年年初预算已经安排免杂费和补助寄宿生生活费资金的地区，要优先用于国家扶贫开发工作重点县；尚未安排资金的，也要千方百计筹集资金，确保国家扶贫开发工作重点县免杂费和补助寄宿生生活费政策的落实。从2005年春季学期开始，凡享受中央免费教科书的国家扶贫开发工作重点县的农村义务教育阶段贫困家庭学生，地方政府必须同时免除杂费，免除杂费的标准要严格遵守“一费制”标准，并且不得再以任何名目向学生收取其他费用。各地要结合财力，逐步对贫困家庭寄宿生补助生活费，并在2007年底以前落实，补助形式和补助标准由地方根据当地实际情况具体确定。

七、各地要加强对“两免一补”工作的组织领导，财政部门和教育部门既要密切配合、加强协作，又要合理分工、明确责任，确保“两免一补”工作的顺利实施。财政部门主要负责分配管理中央免费教科书专项资金，筹集和管理地方免杂费和补助寄宿生生活费资金；会同教育部门确定贫困家庭学生的标准和范围，加强对资金使用的监督等。教育部门主要负责收集涉及“两免一补”政策的有关基础数据，组织确定资助对象，组织发放教科书；会同财政部门确定免费教科书种类、版本等。省级教育部门和财政部门负责组织免费教科书政府采购工作。

八、中央财政对于“两免一补”工作做得扎实、资金安排到位的省、自治区、直辖市，将通过中央对地方基础教育“以奖代补”专项资金给予奖励；对政策落实不到位的地区给予通报批评，性质严重的按规定通过相关财政手段处理。

国务院关于深化农村义务教育经费保障机制改革的通知

（2005年12月20日　国发〔2005〕43号）

各省、自治区、直辖市人民政府，国务院各部委、各直属机构：

为贯彻党的十六大和十六届三中、五中全会精神，落实科学发展观，强化政府对农村义务教育的保障责任，普及和巩固九年义务教育，促进社会主义新农村建设，国务院决定，深化农村义务教育经费保障机制改革。现就有关事项通知如下：

一、充分认识深化农村义务教育经费保障机制改革的重大意义

农村义务教育在全面建设小康社会、构建社会主义和谐社会中具有基础性、先导性和全局性的重要作用。党中央、国务院历来高度重视农村义务教育事业发展，特别是农村税费改革以来，先后发布了《国务院关于基础教育改革与发展的决定》《国务院关于进一步加强农村教育工作的决定》等一系列重要文件，确立了“在国务院领导下，由地方政府负责，分级管理，以县为主”的农村义务教育管理体制，逐步将农村义务教育纳入公共财政保障范围。各级人民政府按照新增教育经费主要用于农村的要求，进一步加大了对农村义务教育的投入力度，实施了国家贫困地区义务教育工程、农村中小学危房改造工程、国家西部地区“两基”攻坚计划、农村中小学现代远程教育工程、农村贫困家庭中小学生“两免一补”政策等，农村义务教育事业发展取得了显著成绩。

但是，我国农村义务教育经费保障机制方面，仍然存在各级政府投入责任不明确、经费供需矛盾比较突出、教育资源配置不尽合理、农民教育负担较重等突出问

题，在一定程度上影响了“普九”成果的巩固，不利于农村义务教育事业健康发展，必须深化改革。特别是在建设社会主义新农村的新形势下，深化农村义务教育经费保障机制改革，从理顺机制入手解决制约农村义务教育发展的经费投入等问题，具有重大的现实意义和深远的历史意义。这是践行“三个代表”重要思想和执政为民的重要举措；是促进教育公平和社会公平，提高全民族素质和农村发展能力，全面建设小康社会和构建和谐社会的有力保证；是贯彻落实“多予少取放活”方针，进一步减轻农民负担，巩固和发展农村税费改革成果，推进农村综合改革的重要内容；是完善以人为本的公共财政支出体系，扩大公共财政覆盖农村范围，强化政府对农村的公共服务，推进基本公共服务均等化的必然要求；是科学、合理配置义务教育资源，完善“以县为主”管理体制，加快农村义务教育事业发展的有效手段。各地区、各有关部门必须进一步统一思想，提高认识，切实按照国务院的部署，扎扎实实把各项改革政策贯彻落实到位。

二、深化农村义务教育经费保障机制改革的主要内容

按照“明确各级责任、中央地方共担、加大财政投入、提高保障水平、分步组织实施”的基本原则，逐步将农村义务教育全面纳入公共财政保障范围，建立中央和地方分项目、按比例分担的农村义务教育经费保障机制。中央重点支持中西部地区，适当兼顾东部部分困难地区。

（一）全部免除农村义务教育阶段学生学杂费，对贫困家庭学生免费提供教科书并补助寄宿生生活费。免学杂费资金由中央和地方按比例分担，西部地区为8∶2，中部地区为6∶4；东部地区除直辖市外，按照财力状况分省确定。免费提供教科书资金，中西部地区由中央全额承担，东部地区由地方自行承担。补助寄宿生生活费资金由地方承担，补助对象、标准及方式由地方人民政府确定。

（二）提高农村义务教育阶段中小学公用经费保障水平。在免除学杂费的同时，先落实各省（区、市）制订的本省（区、市）农村中小学预算内生均公用经费拨款标准，所需资金由中央和地方按照免学杂费资金的分担比例共同承担。在此基础上，为促进农村义务教育均衡发展，由中央适时制定全国农村义务教育阶段中小学公用经费基准定额，所需资金仍由中央和地方按上述比例共同承担。中央适时对基准定

额进行调整。

（三）建立农村义务教育阶段中小学校舍维修改造长效机制。对中西部地区，中央根据农村义务教育阶段中小学在校生人数和校舍生均面积、使用年限、单位造价等因素，分省（区、市）测定每年校舍维修改造所需资金，由中央和地方按照5∶5比例共同承担。对东部地区，农村义务教育阶段中小学校舍维修改造所需资金主要由地方自行承担，中央根据其财力状况以及校舍维修改造成效等情况，给予适当奖励。

（四）巩固和完善农村中小学教师工资保障机制。中央继续按照现行体制，对中西部及东部部分地区农村中小学教师工资经费给予支持。省级人民政府要加大对本行政区域内财力薄弱地区的转移支付力度，确保农村中小学教师工资按照国家标准按时足额发放。

三、农村义务教育经费保障机制改革的实施步骤

农村义务教育经费保障机制改革，从2006年农村中小学春季学期开学起，分年度、分地区逐步实施。

（一）2006年，西部地区农村义务教育阶段中小学生全部免除学杂费；中央财政同时对西部地区农村义务教育阶段中小学安排公用经费补助资金，提高公用经费保障水平；启动全国农村义务教育阶段中小学校校舍维修改造资金保障新机制。

（二）2007年，中部地区和东部地区农村义务教育阶段中小学生全部免除学杂费；中央财政同时对中部地区和东部部分地区农村义务教育阶段中小学安排公用经费补助资金，提高公用经费保障水平。

（三）2008年，各地农村义务教育阶段中小学生均公用经费全部达到该省（区、市）2005年秋季学期开学前颁布的生均公用经费基本标准；中央财政安排资金扩大免费教科书覆盖范围。

（四）2009年，中央出台农村义务教育阶段中小学公用经费基准定额。各省（区、市）制定的生均公用经费基本标准低于基准定额的差额部分，当年安排50%，所需资金由中央财政和地方财政按照免学杂费的分担比例共同承担。

（五）2010年，农村义务教育阶段中小学公用经费基准定额全部落实到位。

农垦、林场等所属义务教育阶段中小学经费保障机制改革，与所在地区农村同步实施，所需经费按照现行体制予以保障。城市义务教育也应逐步完善经费保障机制，具体实施方式由地方确定，所需经费由地方承担。其中，享受城市居民最低生活保障政策家庭的义务教育阶段学生，与当地农村义务教育阶段中小学生同步享受“两免一补”政策；进城务工农民子女在城市义务教育阶段学校就读的，与所在城市义务教育阶段学生享受同等政策。

四、加强领导，确保落实

农村义务教育经费保障机制改革工作，涉及面广，政策性强，任务十分艰巨和紧迫。各地区、各有关部门必须从讲政治的高度，从全局出发充分认识深化农村义务教育经费保障机制改革的重大意义，周密部署，统筹安排，扎扎实实把各项改革政策贯彻落实到位。

（一）加强组织领导，搞好协调配合。地方各级人民政府要切实加强对农村义务教育经费保障机制改革工作的组织领导，“一把手”要亲自抓、负总责。各有关部门要加强协调，密切配合。要成立农村义务教育经费保障机制改革领导小组及办公室，负责各项组织实施工作。特别是要在深入调查研究、广泛听取各方面意见的基础上，按照本通知的要求，抓紧制定切实可行的实施方案。国务院有关部门要发挥职能作用，加强对农村义务教育经费保障机制改革工作的指导和协调。

（二）落实分担责任，强化资金管理。省级人民政府要负责统筹落实省以下各级人民政府应承担的经费，制订本省（区、市）各级政府的具体分担办法，完善财政转移支付制度，确保中央和地方各级农村义务教育经费保障机制改革资金落实到位。推进农村义务教育阶段学校预算编制制度改革，将各项收支全部纳入预算管理。健全预算资金支付管理制度，加强农村中小学财务管理，严格按照预算办理各项支出，推行农村中小学财务公开制度，确保资金分配使用的及时、规范、安全和有效，严禁挤占、截留、挪用教育经费。全面清理现行农村义务教育阶段学校收费政策，全部取消农村义务教育阶段学校各项行政事业性收费，坚决杜绝乱收费。

（三）加快推进教育综合改革。深化教师人事制度改革，依法全面实施教师资格准入制度，加强农村中小学编制管理，坚决清退不合格和超编教职工，提高农村中小学师资水平；推行城市教师、大学毕业生到农村支教制度。全面实施素质教育，加快农村中小学课程改革；严格控制农村中小学教科书的种类和价格，推行教科书政府采购，逐步建立教科书循环使用制度。建立以素质教育为宗旨的义务教育评价体系。促进教育公平，防止教育资源过度向少数学校集中。

（四）齐抓共管，强化监督检查。各级人民政府在安排农村义务教育经费时要切实做到公开透明，要把落实农村义务教育经费保障责任与投入情况向同级人民代表大会报告，并向社会公布，接受社会监督。各级财政、教育、物价、审计、监察等有关部门要加强对农村义务教育经费安排使用、贫困学生界定、中小学收费等情况的监督检查。各级人民政府要改进和加强教育督导工作，把农村义务教育经费保障机制改革和教育综合改革，作为教育督导的重要内容。通过齐抓共管，真正使农村义务教育经费保障机制改革工作成为德政工程、民心工程和阳光工程。

（五）加大宣传工作力度。地方各级人民政府和国务院有关部门要高度重视农村义务教育经费保障机制改革的宣传工作，制订切实可行的宣传方案，广泛利用各种宣传媒介、采取多种形式，向全社会进行深入宣传，使党和政府的这项惠民政策家喻户晓、深入人心，营造良好的改革环境，确保农村义务教育经费保障机制改革工作顺利进行。

财政部　教育部关于对全国农村义务教育阶段学生免收学杂费的实施管理办法

（2006年1月19日　财教〔2006〕4号）

第一条　为切实做好农村义务教育阶段学生免除学杂费工作，根据《国务院关于深化农村义务教育经费保障机制改革的通知》（国发〔2005〕43号）精神，制定本办法。

第二条　享受免除学杂费政策的对象包括：在农村地区（含镇）义务教育阶段公办学校就读的学生；在农垦、林场等所属义务教育阶段学校就读的学生；在县城所在地义务教育阶段公办学校就读的贫困家庭学生。中央免学杂费补助资金以各省、自治区、直辖市2004年度教育事业统计公报学生数为准计算。免学杂费补助标准由财政部、教育部根据目前各省、自治区、直辖市制定的“一费制”文件中农村中小学学杂费（含信息技术费、取暖费）标准，按中档就高原则逐省份核定。

第三条　免学杂费补助资金由中央财政和地方财政共同承担。中央和地方分担比例分别为：西部地区8∶2，中部地区6∶4，东部地区除直辖市外，按照地方财力状况，分省确定中央和地方分担比例。东部地区未享受中央补助的省份，其免学杂费资金全部由地方财政承担。

地方财政承担的免学杂费补助资金根据国发〔2005〕43号文件精神，由省级财政负责统筹落实，并制定省以下具体分担办法。

第四条　农村义务教育阶段免收学杂费政策按区域分步推进。自2006年春季学期开始，西部地区农村义务教育阶段学生全部免收学杂费；2007年春季学期开始，中部地区和东部地区农村义务教育阶段学生全部免收学杂费。

第五条　中央和地方财政安排的免学杂费补助资金，是农村中小学公用经费的重要组成部分，各级财政必须确保资金落实到位，并全部用于学校公用经费开支，严禁以任何理由、任何方式截流、滞留、挤占和挪用，或用于平衡财政预算。

第六条 县级财政要根据农村中小学校在校学生数和学杂费标准，将免学杂费补助资金足额纳入本级预算，按规定及时拨付，不得先免后补，并确保按照规定用途和标准使用。免学杂费政策实施情况和各学校公用经费安排情况，要向社会公布，接受社会监督。免学杂费补助资金由县级财政直接核拨同级教育行政部门或农村中小学校，不得下拨到乡镇。

第七条 免收学杂费政策实施后，各级财政原来安排的中小学预算内公用经费要继续保留，严禁将免学杂费补助资金冲减、抵顶财政预算内生均公用经费拨款。

第八条 免收学杂费政策实施后，学校只能按“一费制”规定收取课本费、作业本费两项代收费项目和寄宿学生住宿费。自2009年春季学期开始起，取消寄宿制学生住宿费。学校和教职工不得再向学生收取其他任何费用。学校代学生购买课本、作业本，应据实结算，不得收取任何形式的“回扣”，严禁收取如手续费等任何形式的服务费。违反者按乱收费严肃处理，追究教育主管部门领导和学校校长的行政责任。

第九条 县级以上各级财政、教育等部门要加强对免收学杂费政策的监督检查，确保免收学杂费政策的贯彻落实。

第十条 各省、自治区、直辖市财政、教育部门可根据本办法，结合本地实际情况制定具体的实施细则，并报财政部、教育部备案。

第十一条 本办法自发布之日起执行。

第十二条 本办法由财政部、教育部负责解释。

财政部　教育部关于调整完善农村义务教育经费保障机制改革有关政策的通知

（2007年11月26日　财教〔2007〕337号）

各省、自治区、直辖市、计划单列市人民政府，国务院各部委、各直属机构：

农村义务教育经费保障机制改革自2006年实施以来，在党中央、国务院的正确领导下，各地精心组织，认真实施，改革总体进展顺利，成效显著，受到社会各界的广泛赞誉。同时，随着改革的逐步深入，也出现了一些新的情况和问题，主要表现为：补助家庭经济困难寄宿生生活费政策落实不够理想；免费教科书政策覆盖面较小，尚未做到循环使用；一些地方公用经费补助标准仍然偏低；高寒边远地区校舍维修改造长效机制落实困难等。为妥善解决这些问题，保证农村义务教育经费保障机制改革整体推进，经国务院同意，现就调整和完善农村义务教育经费保障机制改革有关政策问题通知如下：

一、进一步落实农村义务教育阶段家庭经济困难寄宿生的生活费补助政策

对中西部地区，参照各地现行政策和生活水平，中央出台农村义务教育阶段家庭经济困难寄宿生的生活费基本补助标准，从2007年秋季学期起执行。具体标准为：小学生每生每天补助2元，初中生每生每天补助3元，学生每年在校天数均按250天计算。享受寄宿生生活费补助的家庭经济困难学生的比例，由省级财政、教育部门根据当地实际情况确定。中央财政对中西部地区落实基本标准所需资金按照50%的比例给予奖励性补助。中西部地区地方财政应承担的50%部分，由省级财政统筹落实。中西部地区可在中央确定的基本标准的基础上，根据实际情况调高标准。调高

标准所需资金，由地方财政负责解决。

从2007年秋季学期开始，东部地区也应加大落实农村义务教育阶段家庭经济困难寄宿生生活费补助政策的力度，所需资金主要由地方财政自行承担。根据东部地区各省市政策落实情况及其财力状况等因素，中央财政给予适当奖励。

二、向全国农村义务教育阶段学生免费提供教科书，提高中央财政免费教科书补助标准，推进教科书循环使用工作

从2007年秋季学期开始，向全国农村义务教育阶段学生免费提供国家课程的教科书，所需资金由中央财政承担。从2008年春季学期开始，免费提供地方课程的教科书，所需资金由地方财政承担。

从2008年春季学期起，中央财政进一步提高国家课程免费教科书的补助标准，同时建立部分科目免费教科书的循环使用制度。为保证循环使用教科书的质量，中央财政每年按照循环使用教科书书款的一定比例安排资金，用于循环教科书的补充更新。

三、提高中西部地区部分省份农村义务教育阶段中小学的生均公用经费基本标准，提前落实基准定额

从2007年开始，对中西部地区农村义务教育阶段中小学的生均公用经费基本标准，小学低于150元或初中低于250元的省份，分别提高到150元和250元（其县镇标准相应达到180元和280元）。2008年，中央出台农村义务教育阶段中小学公用经费基准定额，分两年将基准定额落实到位，2008年和2009年，每年落实公用经费基本标准与基准定额差额的50%。中央与地方的经费分担比例，仍按《国务院关于深化农村义务教育经费保障机制改革的通知》（国发〔2005〕43号，以下简称《通知》）的规定执行。

四、适当提高中西部地区农村义务教育阶段中小学校舍维修改造测算单价标准

从2007年起，提高中西部地区农村义务教育阶段中小学校舍维修改造的测算单价标准，中部地区每平方米由300元提高到400元，西部地区每平方米由400元提高到500元。在此基础上，对校舍维修改造成本较高的高寒等地区，进一步提高测算单

价标准。中央与中西部地区的经费分担比例，仍按《通知》的规定执行。对东部地区，根据其财力状况以及校舍维修改造成效等情况，中央财政继续给予适当奖励。

五、中部地区享受西部大开发政策的243个县（市、区）执行西部地区有关政策

从2007年起，中部六省享受西部大开发政策的243个县（市、区），其免除农村义务教育阶段学生学杂费和提高农村义务教育阶段中小学公用经费保障水平所需资金，中央与地方的分担比例按照8：2执行。243个县（市、区）的具体范围，按照《国务院办公厅关于中部六省比照实施振兴东北地区等老工业基地和西部大开发有关政策范围的通知》（国办函〔2007〕2号）的规定执行。

六、做好调整完善农村义务教育经费保障机制改革有关政策的资金安排工作

此次调整完善农村义务教育经费保障机制改革有关政策所需资金，中央财政负担部分从2007年起安排。地方财政负担部分，除提高公用经费标准所需经费从2007年起安排以外，其他经费可从2008年春季开始安排。各地要按照农村义务教育“经费省级统筹、管理以县为主”的要求，合理确定省级以下各级政府的经费分担责任，通过调整完善省对下转移支付制度等方式，确保地方资金及时足额到位。

七、加强领导，细化管理，确保各项政策落实到位

各级财政、教育等有关部门要加强协调配合，明确工作职责，建立工作责任制，深入细致地做好补助寄宿生生活费覆盖范围、补助对象界定等政策的落实和管理工作，确保应享受补助政策的家庭经济困难寄宿生全部纳入政策范围。全部免费提供教科书政策实施后，学校不得再向学生收取任何教科书费用。加快推进教科书政府采购，节约财政支出。要进一步提高农村中小学校的管理水平，做好农村中小学校预算编制和执行工作。建立监督检查的长效机制，对弄虚作假、挪用资金等问题，必须及时纠正、严肃处理。要坚决清理和规范教育收费行为，加快推进农村义务教育综合改革工作，促进农村义务教育事业持续健康发展。

国务院关于做好免除城市义务教育阶段学生学杂费工作的通知

（2008 年 8 月 12 日　国发〔2008〕25 号）

各省、自治区、直辖市人民政府，国务院各部委、各直属机构：

为贯彻《中华人民共和国义务教育法》，落实科学发展观，促进教育公平，国务院决定，在全面实施农村义务教育经费保障机制改革的基础上，免除城市义务教育阶段学生学杂费，同时进一步强化政府对义务教育的保障责任。现就有关事项通知如下：

一、全面免除城市义务教育阶段学生学杂费

从 2008 年秋季学期开始，全部免除城市义务教育阶段公办学校学生学杂费。

在接受政府委托、承担义务教育任务的民办学校就读的学生，按照当地公办学校免除学杂费标准，享受补助。

免除学杂费的标准，按照各省级人民政府制定的城市义务教育阶段学校"一费制"中杂费标准执行。

免除城市义务教育阶段学生学杂费所需资金由省级人民政府统筹落实，省和省以下各级财政予以安排。

为支持和引导各地做好免除学杂费的工作，中央财政对已经整体免除城市义务教育阶段学生学杂费的省份，从免除之日起，按照免除学杂费资金的一定比例，安排奖励资金。

对享受城市居民最低生活保障政策家庭的义务教育阶段学生，继续免费提供教科书，并对家庭经济困难的寄宿学生补助生活费。

二、切实解决好进城务工人员随迁子女就学问题

进城务工人员随迁子女接受义务教育要以流入地为主、公办学校为主解决。地方各级人民政府要将进城务工人员随迁子女义务教育纳入公共教育体系，根据进城务工人员随迁子女流入的数量、分布和变化趋势等情况，合理规划学校布局和发展。

对符合当地政府规定接收条件的进城务工人员随迁子女，要按照相对就近入学的原则统筹安排在公办学校就读，免除学杂费，不收借读费。地方各级人民政府要按照预算内生均公用经费标准和实际接收人数，对接收进城务工人员随迁子女的公办学校足额拨付教育经费。

对接收进城务工人员随迁子女较多、现有教育资源不足的地区，政府要加大教育资源统筹力度，采取切实有效措施，改善学校办学条件，加大对校长和教师配备工作的支持力度，保证学校教育教学的基本需要。

中央财政将对进城务工农民工随迁子女接受义务教育问题解决较好的省份给予适当奖励。

三、强化省级统筹，确保免除城市义务教育阶段学生学杂费工作落到实处

省级人民政府要加强领导，明确责任，确保免除城市义务教育阶段学生学杂费工作落实到位。要强化省级统筹，制订切实可行的实施方案，确定省和省以下各级人民政府的经费分担责任，落实所需资金。要足额安排城市义务教育阶段学校预算内公用经费，确保学校运转水平逐步提高。

要加强预算管理，健全城市义务教育阶段学校预算编制制度和预算资金支付管理制度，严格按照预算办理各项支出，确保资金的规范和有效使用。严禁挤占、截留、挪用义务教育经费。

要规范城市义务教育阶段服务性收费和代收费。服务性收费、代收费的项目和标准要经省级人民政府审定；收费必须坚持学生自愿和非营利原则；严格执行教育收费公示制度。要按照《中华人民共和国民办教育促进法》及其实施条例的要求，进一步规范义务教育阶段民办学校各项收费的管理。

教育督导部门要强化监督检查，把免除城市义务教育阶段学生学杂费、进城务工人员随迁子女平等接受义务教育等作为教育督导的重要内容。

各相关部门要做好宣传工作，为政策实施营造良好的舆论氛围。

在免除城市义务教育阶段学生学杂费的同时，各地要进一步加大对农村义务教育的支持力度，经费投入要继续向农村倾斜，重点落实好农村义务教育经费保障机制改革的各项政策，同时做好存在安全隐患校舍的维修加固工作，加强农村寄宿制学校建设，增加对家庭经济困难寄宿学生的补助，逐步解决好农村义务教育教师待遇和农村留守儿童在校学习生活问题。

四、进一步强化政府对城市义务教育的保障责任

地方各级人民政府要在全部免除城市义务教育阶段学生学杂费基础上，统筹规划，加大投入，逐步完善城市义务教育经费保障机制，促进义务教育均衡发展。

要进一步完善相关制度，保障教师合法待遇，逐步做到同一区域内义务教育阶段学校之间教师平均工资水平大体相当。

要制订城市义务教育阶段学校预算内生均公用经费基本标准，确保落实到位和逐步提高。要加大政府统筹力度，逐步使同一区域内义务教育阶段学校运转水平基本相当。

要在城镇化和城市建设规划中，统筹义务教育阶段学校用地和建设。公办小学、初中学校校舍建设、维修改造资金由政府安排。要进一步扩大优质义务教育资源，逐步解决班额过大问题，加大城市义务教育薄弱学校改造力度，缩小校际间差距。积极探索，逐步解决义务教育择校问题。

对城市义务教育均衡发展、体制改革等相关工作，要从实际出发，循序渐进，在调研和试点的基础上逐步推进。

免除城市义务教育阶段学生学杂费是党中央、国务院确定的一项重要惠民政策。各地区、各有关部门要统一思想，提高认识，精心组织，确保免除城市义务教育阶段学生学杂费工作的顺利实施。

国务院办公厅关于实施农村义务教育学生营养改善计划的意见

（2011年11月23日　国发办〔2011〕54号）

各省、自治区、直辖市人民政府，国务院各部委、各直属机构：

为贯彻落实《国家中长期教育改革和发展规划纲要（2010—2020年）》，进一步改善农村学生营养状况，提高农村学生健康水平，加快农村教育发展，促进教育公平，经国务院同意，现就实施农村义务教育学生营养改善计划提出以下意见：

一、充分认识实施农村义务教育学生营养改善计划的重要意义

党中央、国务院历来高度重视青少年的健康成长，先后采取了一系列有效措施，不断改善农村义务教育学生学习生活条件。自2006年起，国务院决定实施农村义务教育经费保障机制改革，全面免除了农村义务教育阶段学生的学杂费、书本费，补助家庭经济困难寄宿学生生活费，农村义务教育保障水平不断提高。但是，由于长期以来我国城乡经济社会发展不平衡，农村中小学生营养不良问题仍然存在，贫困地区尤为突出。

以贫困地区和家庭经济困难学生为重点，启动实施农村义务教育学生营养改善计划，是坚持以人为本、落实科学发展观的具体体现，是维护社会公平、构建社会主义和谐社会的重要举措，是提高民族素质、建设人力资源强国的必然要求，具有重大的现实意义和深远影响。地方各级人民政府、国务院有关部门要统一思想，提高认识，切实按照国务院的有关决策部署，扎实做好农村学生营养改善工作。

二、农村义务教育学生营养改善计划的主要内容

按照“政府主导、试点先行、因地制宜、突出重点”的原则，稳步推进农村义务教育学生营养改善计划，不断提高农村学生营养健康水平。

（一）启动国家试点。从2011年秋季学期起，在集中连片特殊困难地区（以下简称连片特困地区）启动农村（不含县城，下同）义务教育学生营养改善计划试点工作。连片特困地区的具体范围按照《中国农村扶贫开发纲要（2011—2020年）》和有关文件规定确定。

试点内容包括：中央财政为试点地区农村义务教育阶段学生提供营养膳食补助，标准为每生每天3元（全年按照学生在校时间200天计算），所需资金全部由中央财政承担。试点地区和学校要在营养食谱、原料供应、供餐模式、食品安全、监管体系等方面积极探索，为稳步推进农村义务教育学生营养改善计划积累经验。试点工作由省级人民政府统筹，市、县级人民政府具体组织实施。各省、自治区、直辖市要结合各地实际情况确定试点县（市）并分县（市）制订试点工作方案，报教育部、财政部备案后实施。

（二）支持地方试点。对连片特困地区以外的地区，各地应以贫困地区、民族地区、边疆地区、革命老区等为重点，因地制宜地开展营养改善试点工作，逐步改善农村家庭经济困难学生营养健康状况。对工作开展较好并取得一定成效的省份，中央财政给予奖励性补助。

（三）改善就餐条件。各地要统筹农村中小学校舍维修改造长效机制和中西部农村初中校舍改造工程资金，将学生食堂列为重点建设内容，使其达到餐饮服务许可的标准和要求。中央财政在农村义务教育薄弱学校改造计划中专门安排食堂建设资金，对中西部地区农村学校改善就餐条件进行补助，并向国家试点地区适当倾斜。食堂建设要本着节俭、安全、卫生、实用的原则，严禁搞超标准、豪华建设，加强建设改造工作监管。规模较小的农村学校，可根据实际改造、配备伙房和相关设施，为学生在校就餐提供基本条件。地方人民政府要根据当地实际为农村学校食堂配备合格工作人员并妥善解决待遇和专业培训等问题。

（四）鼓励社会参与。鼓励共青团、妇联等人民团体，居民委员会、村民委员会

等有关基层组织，以及企业、基金会、慈善机构，在地方人民政府统筹下，积极参与推进农村义务教育学生营养改善工作，在改善就餐条件、创新供餐方式、加强社会监督等方面积极发挥作用。

（五）完善补助家庭经济困难寄宿学生生活费政策。进一步完善农村义务教育经费保障机制，根据经济社会发展水平和财力实际，对补助发放范围和标准等进行动态调整。从2011年秋季学期起，将补助家庭经济困难寄宿学生生活费标准每生每天提高1元，达到每生每天小学4元、初中5元。中央财政对中西部地区落实基本标准所需资金按照50%的比例给予奖励性补助。

三、把食品安全摆在首要位置

国务院各有关部门要发挥职能作用，加强对农村义务教育学生营养改善工作的指导和协调。农业部门负责食用农产品生产环节的监督检查。工商部门负责供餐企业主体资格的登记和管理。质检部门负责对食品生产企业进行监管，查处生产加工中的质量问题及违法行为。卫生部门负责指导做好学生营养健康状况的监测评估，对学生营养改善提出指导意见。食品药品监管部门负责学校食堂以及供餐单位、个人食品安全监管，制定不同供餐模式的准入办法，切实做好日常监督检查工作。教育部门负责学校食品安全管理，按照规定组织开展学校食堂食品日常安全自查以及购买供餐服务、个人或家庭托餐等食品安全检查。食品安全议事协调机构的办事机构要加强综合协调。

地方各级人民政府要把食品安全工作摆在首要位置，督促有关部门和单位严格按照《中华人民共和国食品安全法》等法律法规和政策要求，开展食品安全风险评估，建立食品安全保障机制和食品安全事故应急预案，确保采购、贮存、加工、配送、分餐等各环节的食品安全。县（市）级人民政府要指定专门机构、落实专门人员负责农村义务教育学生营养改善计划的食品安全工作。

各级餐饮环节食品安全监管部门要会同教育、农业等部门与学校、供餐企业（单位）和托餐的个人签订食品安全责任书，并安排专人负责，加强对食品原料采购、餐具消毒、设备清洁等环节监督管理。建立食品留样监测制度。坚持食堂从业人员体检制度。建立健全岗位责任制和责任追究制。

四、加强领导，精心组织，确保各项工作落实

学生营养改善工作涉及面广，政策性强，安全风险高，同时农村学校现有基础条件和管理力量还很薄弱，实施农村义务教育学生营养改善计划，情况复杂，任务繁重。各地区、各部门和有关学校必须高度重视，周密部署，统筹安排，扎扎实实把各项工作落实到位。

（一）明确工作责任。地方各级人民政府要切实加强对农村学生营养改善工作的组织领导，主要负责人负总责，分管负责人分工负责。省级人民政府要结合本地区经济社会发展实际，制订本地区学生营养改善工作方案和推进计划。市级人民政府负责指导和协调本行政区域内农村学生营养改善工作。县级人民政府是学生营养改善工作的行动主体和责任主体，负责制订本地区学生营养改善工作实施方案和配餐指南，因地制宜地推进学生营养改善计划的实施。教育、财政、发展改革、卫生、食品药品监管、农业、质检、工商、宣传、监察等部门要各司其职、各负其责。有关学校要把实施学生营养改善计划作为一项重要工作内容，实行校长负责制，切实承担起具体组织实施和相关管理责任。要充分发挥学生家长在本地区、本学校确定供餐模式、配餐食谱和日常管理等方面的作用。

（二）创新供餐机制。各地应从实际出发，多途径、多形式地开展学生营养改善工作。供餐模式包括学校食堂供餐，向具备资质的餐饮企业、单位集体食堂购买供餐服务，偏远地区在严格规范准入的前提下可实行个人或家庭托餐等。供餐内容包括完整的午餐，提供蛋、奶、肉、蔬菜、水果等加餐或课间餐。鼓励食品原料采购本地化，通过集中采购、与农户签订食品原料供应协议等方式，妥善解决学校食堂副食品、蔬菜供应问题。鼓励有条件的农村学校适度开展勤工俭学，补充食品原料供应，地方人民政府应为学校开展勤工俭学提供土地、经费和技术等支持。

（三）严格规范管理。地方各级人民政府应结合当地实际，制定中小学食堂供餐规范，明确数量、质量和操作标准。制定原料采购、食品配送、招标投标和经费管理办法，确保规范化操作，精细化管理。采取多种方式，及时将工作方案、实施进展、运行结果向社会公示。市、县级人民政府要将财政补助资金纳入国库管理，实行分账核算，集中支付，专款专用，严禁截留、挤占和挪用。补助资金应足额用于

为学生提供食品，不得直接发放给学生个人和家长。督促供餐单位和个人定期公布配餐食谱、数量和价格，严禁克扣和浪费。加强运营监督管理，确保相关食品采购、保管等环节不出现漏洞。建立实名制学生信息管理系统，防止套取和冒领国家补助资金的行为。建立学生营养状况监测评估制度，及时跟踪了解学生营养改善情况，为营养改善工作绩效评估提供科学依据。有关学校要进一步加强财务管理，依法健全学校财务机构，配备专（兼）职财会人员，切实加强食堂会计核算，加强内控制度建设，定期全面公开学生营养改善经费账目，确保资金使用安全、规范和有效。

（四）加强营养教育。各地区和有关部门要充分利用各种宣传教育形式，向学生、家长、教师和供餐人员普及营养科学知识，培养科学的营养观念和饮食习惯。学校要严格落实国家教学计划规定的健康教育时间，对学生进行营养健康教育，建立健康的饮食行为模式，使广大学生能够利用营养知识终身受益。实施学生营养改善计划的地区和有关学校要建立专家工作组，加强营养配餐、科学饮食方面的指导和服务。

（五）强化监督检查。地方各级人民政府要建立问责制度，制定专门的监督检查办法，对农村义务教育学生营养改善计划的实施进行全过程监督。监察、审计部门要切实履行职责，促进计划实施公开透明、廉洁运作。教育督导部门要把计划实施情况作为重要工作内容定期督导。要主动将计划实施情况向同级人大、政协报告，接受法律监督和民主监督。督促农村学校成立家长、学生、教师代表共同参加的营养改善计划监督小组。设置监督举报电话和公众意见箱，广泛接受社会监督。

（六）做好宣传工作。地方各级人民政府和国务院有关部门要高度重视农村义务教育学生营养改善计划的宣传工作，制订切实可行的宣传方案，充分利用各种媒体，采要及取多种形式，向全社会准确、深入宣传这项惠民政策。高度注重舆情分析，广泛听取社会各方面意见和建议，时改进工作。要认真总结、宣传推广典型经验，努力营造全社会共同支持、共同监督和共同推进的良好氛围，使农村义务教育学生营养改善计划真正成为民心工程、德政工程和阳光工程。

国务院关于进一步完善城乡义务教育经费保障机制的通知

（2015 年 11 月 25 日　国发〔2015〕67 号）

各省、自治区、直辖市人民政府，国务院各部委、各直属机构：

为深入贯彻党的十八大和十八届二中、三中、四中、五中全会精神，认真落实党中央、国务院决策部署，统筹城乡义务教育资源均衡配置，推动义务教育事业持续健康发展，国务院决定，自 2016 年起进一步完善城乡义务教育经费保障机制。现就有关事项通知如下：

一、重要意义

义务教育是教育工作的重中之重，在全面建成小康社会进程中具有基础性、先导性和全局性的重要作用。自 2006 年实施农村义务教育经费保障机制改革以来，义务教育逐步纳入公共财政保障范围，城乡免费义务教育全面实现，稳定增长的经费保障机制基本建立，九年义务教育全面普及，县域内义务教育均衡发展水平不断提高。但随着我国新型城镇化建设和户籍制度改革不断推进，学生流动性加大，现行义务教育经费保障机制已不能很好适应新形势要求。城乡义务教育经费保障机制有关政策不统一、经费可携带性不强、资源配置不够均衡、综合改革有待深化等问题，都需要进一步采取措施，切实加以解决。

在整合农村义务教育经费保障机制和城市义务教育奖补政策的基础上，建立城乡统一、重在农村的义务教育经费保障机制，是教育领域健全城乡发展一体化体制机制的重大举措。这有利于推动省级政府统筹教育改革，优化教育布局，实现城乡义务教育在更高层次的均衡发展，促进教育公平、提高教育质量；有利于深化财税体制改革，推动实现财政转移支付同农业转移人口市民化挂钩，促进劳动力合理流动，推动经济结构调整和产业转型升级；有利于促进基本公共服务均等化，构建社会主义和谐社会，建设人力资源强国。

二、总体要求

（一）坚持完善机制，城乡一体。适应新型城镇化和户籍制度改革新形势，按照深化财税体制改革、教育领域综合改革的新要求，统筹设计城乡一体化的义务教育经费保障机制，增强政策的统一性、协调性和前瞻性。

（二）坚持加大投入，突出重点。继续加大义务教育投入，优化整合资金，盘活存量，用好增量，重点向农村义务教育倾斜，向革命老区、民族地区、边疆地区、贫困地区倾斜，统筹解决城市义务教育相关问题，促进城乡义务教育均衡发展。

（三）坚持创新管理，推进改革。大力推进教育管理信息化，创新义务教育转移支付与学生流动相适应的管理机制，实现相关教育经费可携带，增强学生就读学校的可选择性。

（四）坚持分步实施，有序推进。区分东中西部、农村和城镇学校的实际情况，合理确定实施步骤，通过两年时间逐步完善城乡义务教育经费保障机制，并在此基础上根据相关情况变化适时进行调整完善。

三、主要内容

整合农村义务教育经费保障机制和城市义务教育奖补政策，建立统一的中央和地方分项目、按比例分担的城乡义务教育经费保障机制。

（一）统一城乡义务教育“两免一补”政策。对城乡义务教育学生免除学杂费、免费提供教科书，对家庭经济困难寄宿生补助生活费（统称“两免一补”）。民办学校学生免除学杂费标准按照中央确定的生均公用经费基准定额执行。免费教科书资金，国家规定课程由中央全额承担（含出版发行少数民族文字教材亏损补贴），地方课程由地方承担。家庭经济困难寄宿生生活费补助资金由中央和地方按照5∶5比例分担，贫困面由各省（区、市）重新确认并报财政部、教育部核定。

（二）统一城乡义务教育学校生均公用经费基准定额。中央统一确定全国义务教育学校生均公用经费基准定额。对城乡义务教育学校（含民办学校）按照不低于基准定额的标准补助公用经费，并适当提高寄宿制学校、规模较小学校和北方取暖地区学校补助水平。落实生均公用经费基准定额所需资金由中央和地方按比例分担，西部地区及中部地区比照实施西部大开发政策的县（市、区）为8∶2，中部其他地区为6∶4，东部地区为5∶5。提高寄宿制学校、规模较小学校和北方取暖地区学校公用经费补助水平所需资金，按照生均公用经费基准定额分担比例执行。现有公用经费补助标准高于基准定额的，要确保水平不降低，同时鼓励各地结合实际提高公用经费补助标准。中央适时对基准定额进行调整。

（三）巩固完善农村地区义务教育学校校舍安全保障长效机制。支持农村地区公办义务教育学校维修改造、抗震加固、改扩建校舍及其附属设施。中西部农村地区公办义务教育学校校舍安全保障机制所需资金由中央和地方按照5∶5比例分担；对东部农村地区，中央继续采取“以奖代补”方式，给予适当奖励。城市地区公办义务教育学校校舍安全保障长效机制由地方建立，所需经费由地方承担。

（四）巩固落实城乡义务教育教师工资政策。中央继续对中西部地区及东部部分地区义务教育教师工资经费给予支持，省级人民政府加大对本行政区域内财力薄弱地区的转移支付力度。县级人民政府确保县域内义务教育教师工资按时足额发放，教育部门在分配绩效工资时，要加大对艰苦边远贫困地区和薄弱学校的倾斜力度。

统一城乡义务教育经费保障机制，实现“两免一补”和生均公用经费基准定额资金随学生流动可携带。同时，国家继续实施农村义务教育薄弱学校改造计划等相关项目，着力解决农村义务教育发展中存在的突出问题和薄弱环节。

四、实施步骤

（一）从2016年春季学期开始，统一城乡义务教育学校生均公用经费基准定额。中央确定2016年生均公用经费基准定额为：中西部地区普通小学每生每年600元、普通初中每生每年800元；东部地区普通小学每生每年650元、普通初中每生每年850元。在此基础上，对寄宿制学校按照寄宿生年生均200元标准增加公用经费补助，继续落实好农村地区不足100人的规模较小学校按100人核定公用经费和北方地区取暖费等政策；特殊教育学校和随班就读残疾学生按每生每年6000元标准补助公用经费。同时，取消对城市义务教育免除学杂费和进城务工人员随迁子女接受义务教育的中央奖补政策。

（二）从2017年春季学期开始，统一城乡义务教育学生“两免一补”政策。在继续落实好农村学生“两免一补”和城市学生免除学杂费政策的同时，向城市学生免费提供教科书并推行部分教科书循环使用制度，对城市家庭经济困难寄宿生给予生活费补助。中央财政适时提高国家规定课程免费教科书补助标准。

（三）以后年度，根据义务教育发展过程中出现的新情况和新问题，适时完善城乡义务教育经费保障机制相关政策措施。

高校、军队、农垦、林场林区等所属义务教育学校经费保障机制，与所在地区同步完善，所需经费按照现行体制予以保障。

五、组织保障

（一）加强组织领导，强化统筹协调。各地区、各有关部门要高度重视，加强组织领导。省级人民政府要切实发挥省级统筹作用，制定切实可行的实施方案和省以下各级政府间的经费分担办法，完善省以下转移支付制度，加大对本行政区域内困难地区的支持。各省（区、市）要将实施方案、省以下资金分担比例和家庭经济困难寄宿生贫困面，于2016年3月底前报财政部、教育部。县级人民政府要按照义务教育“以县为主”的管理体制，落实管理主体责任。国务院有关部门要发挥职能作用，加强工作指导和协调。

（二）优化教育布局，深化教育改革。各地要结合人口流动的规律、趋势和城市发展规划，及时调整完善教育布局，将民办学校纳入本地区教育布局规划，科学合理布局义务教育学校。加快探索建立乡村小规模学校办学机制和管理办法，建设并办好寄宿制学校，慎重稳妥撤并乡村学校，努力消除城镇学校“大班额”，保障当地适龄儿童就近入学。加强义务教育民办学校管理。深化教师人事制度改革，健全城乡教师和校长交流机制，健全义务教育治理体系，加强留守儿童教育关爱。

（三）确保资金落实，强化绩效管理。各级人民政府要按照经费分担责任足额落实应承担的资金，并确保及时足额拨付到位。县级人民政府要加强县域内教育经费的统筹安排，保障规模较小学校正常运转；加强义务教育学校预算管理，细化预算编制，硬化预算执行，强化预算监督。规范义务教育学校财务管理，创新管理理念，将绩效预算贯穿经费使用管理全过程，切实提高经费使用效益。

（四）推进信息公开，强化监督检查。各级人民政府要加大信息公开力度，将义务教育经费投入情况向同级人民代表大会报告，并向社会公布，接受社会监督。各级财政、教育、价格、审计、监察等有关部门要齐抓共管，加强对义务教育经费保障机制资金使用管理、学校收费等情况的监督检查。各级教育部门要加强义务教育基础信息管理工作，确保学生学籍信息、学校基本情况、教师信息等数据真实准确。

（五）加大宣传力度，营造良好氛围。各地区、各有关部门要高度重视统一城乡义务教育经费保障机制的宣传工作，广泛利用各种宣传媒介，采取多种方式，向社会进行深入宣传，使党和政府的惠民政策家喻户晓、深入人心，确保统一城乡义务教育经费保障机制各项工作落实到位。

本通知自 2016 年 1 月 1 日起执行。凡以往规定与本通知规定不一致的，按本通知规定执行。

江西省教育厅关于印发《江西省义务教育阶段学校家庭经济困难寄宿生生活补助管理办法》的通知

（2011 年 8 月 9 日　赣教助字〔2011〕12 号）

各市、县（市、区）教育局：

根据《国务院关于深化农村义务教育经费保障机制改革的通知》（国发〔2005〕43 号）和财政部、教育部印发《关于追加 2010 年中西部地区农村义务教育阶段家庭经济困难寄宿生生活补助资金预算的通知》（财教〔2010〕462 号）精神，为进一步加强我省义务教育阶段家庭经济困难寄宿生生活补助管理，确保资助工作的顺利实施，特制定《江西省义务教育阶段学校家庭经济困难寄宿生生活补助管理办法》。现印发给你们，请遵照执行。

附件：

江西省义务教育阶段学校家庭经济困难寄宿生生活补助管理办法

第一条　为规范义务教育阶段学校家庭经济困难寄宿生生活补助管理，确保资助工作顺利实施，特制定本办法。

第二条　本办法所称义务教育阶段学校（以下简称学校）是指政府有关部门根据国家有关规定批准设立并备案、实施义务教育的全日制公办学校。

第三条　申请寄宿生生活补助的基本条件：

1. 热爱社会主义祖国；

2. 遵守学校的各项规章制度；

3. 诚实守信，品德优良；

4. 勤奋学习，积极上进；

5. 家庭经济特别困难，生活俭朴；

6. 在学校的学生宿舍内寄宿。

第四条 申请寄宿生生活补助的具体条件：

1. 父母双亡，无任何经济来源；

2. 父母双残或单残，造成家庭经济特别困难；

3. 父母中有弱智或精神不正常，丧失劳动能力，造成家庭经济特别困难；

4. 学生本人残疾，造成家庭经济特别困难；

5. 家庭经济困难的烈士子女和少数民族学生；

6. 父母（或监护人）持有当地政府部门出具的有效低保证明材料（农村特困群众和城市低保户子女）；

7. 父母一方已故或单亲家庭，造成家庭经济特别困难；

8. 因不可抗拒的自然灾害，造成家庭经济特别困难；

9. 家庭成员久病无能力医治，造成家庭经济特别困难；

10. 人口较多，劳动力少导致家庭经济困难的；

11. 其他原因造成家庭经济困难的。

第五条 寄宿生生活补助主要用于受助学生的生活费开支，补助标准按国家规定执行。

第六条 寄宿生生活补助按照“学年评定，学期发放，新增学生，重新评定”的原则审核发放。

第七条 寄宿生生活补助申报及发放程序：

1. 财政部门将上级分解的义务教育阶段贫困家庭寄宿生生活补助人数通知教育部门。市级财政部门将市本级寄宿生补助资金直接划拨到市学生资助管理中心专用账户；县（市、区）财政部门将寄宿生补助资金留存待发。

2. 学校建立健全在校寄宿制学生贫困档案库，及时更新学生家庭经济状况变动信息。

3. 学校根据教育、财政部门分解的贫困寄宿生生活补助名额及金额，参照贫困寄宿生档案库情况将名额分解到年级和班级，由班主任宣读补助政策，组织科任教师、宿舍管理员和学生评议，确定补助对象，然后发放《江西省义务教育阶段贫困寄宿生生活补助申请表》（下称《申请表》）。

4. 学生领取、填写《申请表》后，到户籍所在地（村、乡委会）开具贫困相关证明材料。

5. 学校制作《江西省义务教育阶段贫困家庭寄宿生生活补助分班级申请信息汇总表》（简称《汇总表》），由班主任组织本班受助学生对身份证、学籍号、发放金额、监护人姓名及联系电话、一卡通等相关信息进行核对签字，班主任、宿舍管理员核对签字后，通过年级将《汇总表》交回学校。学校将受助学生名单、监护人姓名、年级班级、家庭地址（村组）、资助金额和市、县（市、区）教育局举报电话在学校内和校外主要公共场所公示不少于5天，并拍照留存。

6. 公示无异议后，学校向教育局学生资助管理中心提交装订成册的《申请表》1份和学生签名的《汇总表》一式4份（教育、财政、银行和学校）。相关资料由学校和教育局学生资助管理中心存档保存5年。

7. 教育局学生资助管理中心将受助学生名单通过教育局网站向社会公布。

8. 教育局学生资助管理中心在审核《申请表》《汇总表》并盖章后，送财政局盖章备案。

9. 县（市、区）财政部门将资助金直接打入“一卡通”内，市学生资助管理中心通过银行制作学生资助卡。

10. 市本级由教育、财政、银行组成发放工作小组进校入班发放学生资助卡，学生签字领卡。学生本人凭身份证或户口本和学校证明到银行激活学生资助卡，领取资助金。

第八条 各级教育部门按照各自职责具体负责本办法的实施。市级学生资助管理机构负责汇总本级和所属县（市、区）资助信息，并于12月20日前上报省学生资助管理中心备案。

第九条 市、县（市、区）教育部门要切实加强对寄宿生生活补助发放工作的管理与监督。对弄虚作假、套取财政专项资金或挤占、挪用、滞留寄宿生生活补助资金的行为，按有关法律法规予以处理。校长是寄宿生生活补助发放工作的第一责任人，负责本校寄宿生生活补助的评审和发放等工作，确保寄宿生生活补助资金及时足额发放到家庭经济困难的学生手中。

第十条 市、县（市、区）及学校要根据本办法结合各地实际制定寄宿生生活补助发放实施细则，并通过各种渠道向学生和家长宣传资助政策。学校要切实加强寄宿学生管理，关心寄宿学生生活，妥善做好家庭经济困难寄宿生的资助工作。

第十一条 本办法由省教育厅负责解释。

第十二条 本办法自2011年秋季学期起执行。

四川省人民政府关于进一步完善城乡义务教育经费保障机制的实施意见

（2016 年 2 月 29 日　川府发〔2016〕9 号）

各市（州）、县（市、区）人民政府，省政府各部门、各直属机构：

为深入贯彻落实党中央、国务院决策部署，统筹城乡义务教育资源均衡配置，推动义务教育事业持续健康发展，根据《国务院关于进一步完善城乡义务教育经费保障机制的通知》（国发〔2015〕67 号）精神，现结合我省实际，就进一步完善我省城乡义务教育经费保障机制提出以下实施意见。

一、重要意义

自 2006 年实施农村义务教育经费保障机制改革以来，我省切实将义务教育纳入公共财政保障范围，城乡义务教育“三免一补”政策全面实施，城乡免费义务教育全面实现，为全面普及九年义务教育、实现县域内义务教育均衡发展提供了基础性保障。但是，现行保障制度存在城乡政策不统一、城乡公用经费标准“倒挂”、与新型城镇化建设和户籍制度改革不相适应、资源配置不够均衡、综合改革有待深化等问题。进一步完善城乡义务教育经费保障机制，是教育领域健全城乡发展一体化体制机制的重大举措，有利于进一步深化全省教育改革、优化教育资源配置、优化教育布局，实现城乡义务教育在更高层次的均衡发展，促进教育公平、提高教育质量；有利于深化财税体制改革，推动实现财政转移支付同农业转移人口市民化挂钩，促进劳动力合理流动，推动经济结构调整和产业转型升级；有利于促进基本公共服务均等化，构建社会主义和谐社会，建成教育强省和西部人才高地。

二、总体要求

（一）完善机制，城乡一体。适应新型城镇化和户籍制度改革新形势，按照深化财税体制改革、教育领域综合改革的新要求，统筹设计城乡一体化的义务教育经费保障机制，增强政策的统一性、协调性和前瞻性。

（二）加大投入，突出重点。继续加大义务教育投入，优化整合资金，盘活存量，用好增量，重点向农村义务教育倾斜，向贫困地区、民族地区、革命老区倾斜，统筹解决城市义务教育相关问题，促进城乡义务教育均衡发展。

（三）创新管理，推进改革。大力推进教育管理信息化，完善我省义务教育学生学籍管理系统。创新义务教育转移支付与学生流动相适应的管理机制，实现相关教育经费可携带，增强学生就读学校的可选择性。

（四）有序对接，积极推进。区分不同财力地区和农村、城市学校的实际情况，通过对接国家政策逐步完善我省城乡义务教育经费保障机制，并根据相关情况变化适时进行调整完善。

三、主要内容

整合农村义务教育经费保障机制和城市义务教育奖补、义务教育学生免作业本费等政策，根据国家规定，建立统一的中央、省、市（州）、县（市、区）各级人民政府分项目、按比例分担的城乡义务教育经费保障机制，实现城乡义务教育“三免一补”政策全面统一。

（一）统一城乡义务教育学校生均公用经费基准定额。从2016年起，统一我省城乡义务教育学校生均公用经费基准定额。对城乡义务教育学校（含民办学校）按照不低于基准定额的标准补助公用经费，并适当提高寄宿制学校、规模较小学校和高海拔地区学校补助水平。现有公用经费补助标准高于基准定额的，要确保水平不降低，同时鼓励各地结合实际提高公用经费补助标准。以后年度，我省将按国家统一部署，适时对基准定额进行调整。

（二）深化实施城乡义务教育“三免一补”政策。继续对城乡义务教育学生免除学杂费、免费提供教科书和作业本，对家庭经济困难寄宿生补助生活费（统称“三免一补”)。民办学校学生同步、同标准享受“三免一补”政策，其免除学杂费标准按照中央确定的生均公用经费基准定额执行，免费提供教科书和作业本的财政补助标准按照公办学校学生标准执行。民办学校教科书费、作业本费以及经物价部门审批备案的学杂费收费标准高出部分由学生家庭负担。

（三）巩固完善义务教育学校校舍安全保障长效机制。支持农村地区公办义务教育学校日常维修改造、抗震加固、改扩建校舍及其附属设施，根据国家规定，所需资金由中央、省、市（州）、县（市、区）共同承担。城市地区公办义务教育学校校舍安全保障长效机制由市（州）、县（市、区）建立，所需经费由市（州）、县（市、区）承担。民办义务教育学校根据《四川省人民政府办公厅转发教育厅等部门关于建立四川省中小学校舍安全保障长效机制实施意见的通知》（川办发〔2014〕41号）精神，建立健全校舍安全保障长效机制，所需资金按照“谁举办，谁负责”的原则，由举办方承担。

（四）巩固落实城乡义务教育教师工资政策。在中央对我省义务教育教师工资经费继续给予支持同时，省财政继续加大对财力薄弱地区的转移支付力度。县级人民政府要确保县域内义务教育教师工资按时足额发放，在分配绩效工资时，要加大对艰苦边远贫困地区和薄弱学校的倾斜力度。

同步完善高校、军队以及林场林区所属义务教育学校经费保障机制。除教师工资外，保障机制所需经费按属地原则由所在地人民政府予以保障。

四、分担办法

按照分级负担的原则，统一城乡义务教育经费保障机制资金分担办法，具体项目分地区、按比例分担。

（一）生均公用经费基准定额。落实生均公用经费基准定额所需资金由中央和我省按8∶2比例分担政策。应由我省承担的资金，成都市自行解决；攀枝花、德阳、绵阳、宜宾市由省级财政与市级财政按8∶2分担（以上4市中的民族县、民族待遇县和国家扶贫开发工作重点县由省级财政全额承担），市本级对非扩权试点县的分担标准由各市人民政府确定；其余市（州）和扩权试点县由省级财政全额承担。提高寄宿制学校、规模较小学校公用经费补助水平所需资金，按照生均公用经费基准定额分担比例执行。省级财政继续对高海拔地区义务教育学校给予取暖经费补助。

（二）免费提供教科书。免费提供国家规定课程教科书所需资金由中央全额承担（含出版发行少数民族文字教材亏损补贴），地方课程教科书资金由省级财政承担。

（三）免费提供作业本。所需资金由省、市（州）、县（市、区）三级财政共同分担。省财政对甘孜、阿坝、凉山州（以下简称“三州”）和扩权试点县分担55%，对其余市、县分担45%。市（州）本级对非扩权试点县的分担标准由各市（州）人民政府确定。

（四）对家庭经济困难寄宿生补助生活费。家庭经济困难寄宿生生活费补助资金按国家规定由中央和我省按照5∶5比例分担。应由我省承担的资金，藏区32县、大小凉山彝区13县由省级财政全额承担，“三州”其他县（市）纳入《四川省民族地区教育发展十年行动计划》统筹落实；省级财政对扩权试点县和内地非扩权试点的民族待遇县、国家扶贫开发工作重点县按照50%的比例给予补助，余下50%部分扩权试点县由其自行承担、其余县由市级财政统筹落实；内地其余县（市、区）统一由市级财政负责统筹落实。市本级对非扩权试点县的补助标准由各市人民政府确定。

（五）校舍安全保障长效机制。农村地区公办义务教育学校校舍安全保障长效机制所需资金按国家规定由中央和我省按5∶5比例分担。应由我省承担的资金，“三州”及内地民族县、民族待遇县和扩权试点县由省级财政全额承担；成都市自行解决；攀枝花、德阳、绵阳、宜宾市由省级财政与市级财政按5∶5比例分担；其余市由省级财政与市级财政按8∶2比例分担。市本级对非扩权试点县的补助标准由各市人民政府确定。

五、实施步骤

（一）从2016年起，城乡义务教育公用经费按统一的基准定额和分担政策执行。对城乡义务教育学校（含民办学校）按照普通小学每生每年不低于600元、普通初中每生每年不低于800元的基准定额补助公用经费。在此基础上，对寄宿制学校按照寄宿生年生均200元标准增加公用经费补助，对农村地区不足100人的学校按100人核定公用经费，并继续对高海拔地区义务教育学校补助取暖经费；特殊教育学校和随班就读残疾学生按每生每年6000元标准补助公用经费。按国家规定，取消城市义务教育免除学杂费和进城务工人员随迁子女接受义务教育的中央和省级奖补政策。

（二）从2017年起，按照国家统一部署，城市义务教育免费提供教科书和寄宿生生活补助政策按调整后的分担政策执行，并继续推行部分教科书循环使用制度。2016年维持现行分担政策不变。

（三）以后年度，根据财力状况和义务教育发展过程中出现的新情况和新问题，适时调整完善城乡义务教育经费保障机制相关政策措施。

六、组织保障

进一步完善我省城乡义务教育经费保障机制，涉及面广、政策性强，任务艰巨、时间紧迫。各地、各有关部门务必从全局出发，充分认识此项重大举措的重要意义，周密部署、统筹安排，扎扎实实把各项政策贯彻落实到位。

（一）加强组织领导，强化统筹协调。各级人民政府要在深入调查研究、广泛听取各方面意见的基础上，抓紧制订本地区切实可行的实施方案和经费分担办法，完善转移支付制度，加大对本行政区域内困难地区的支持力度。各市（州）要将实施方案、资金分担比例和家庭经济困难寄宿生贫困面，于2016年3月底前报财政厅、教育厅。县级人民政府要按照义务教育“以县为主”的管理体制，落实管理主体责任。各有关部门要加强协调、密切配合。财政厅、教育厅等部门要发挥职能作用，加强对该项工作的指导和协调。

（二）优化教育布局，深化教育改革。各级人民政府要结合人口流动的规律、趋势和城市发展规划，及时调整完善教育布局，将民办学校纳入本地区教育布局规划，科学合理布局义务教育学校。加快探索建立乡村小规模学校办学机制和管理办法，建设并办好寄宿制学校，慎重稳妥撤并乡村学校，努力消除城镇学校“大班额”，保障当地适龄儿童就近入学，加强留守儿童教育关爱。加强义务教育民办学校管理。深化教师人事制度改革，做好城乡教师和校长交流工作，健全义务教育治理体系。

（三）落实分担责任，强化资金管理。省人民政府足额落实应由省级承担的资金，并继续完善省对下财政转移支付办法；市（州）人民政府要按经费分担责任足额落实本级人民政府应承担的资金，并加大对行政区域内财力薄弱县（市、区）的转移支付力度；县级人民政府在足额落实本级人民政府应承担资金的同时，要加强县域内教育经费的统筹安排，保障规模较小学校正常运转。加强义务教育经费保障机制经费管理，确保专款专用，严禁虚报冒领，切实提高经费使用效益。

（四）坚持信息公开，加强监督检查。各级人民政府在安排义务教育经费时要切实做到公开透明，将义务教育经费投入情况向同级人民代表大会报告，并向社会公布，接受社会监督。各级人民政府要加强教育督导，把义务教育经费保障机制改革和教育综合改革作为教育督导的重要内容，实行责任追究制，确保各项政策措施落到实处。各级财政、教育、价格、审计、监察等有关部门要齐抓共管，加强对义务教育经费保障机制资金使用管理、贫困寄宿学生界定、学校收费等情况的监督检查。各级教育部门要加强义务教育基础信息管理工作，确保学生学籍信息、学校基本情况、教师信息等数据真实准确。各市（州）、县（市、区）人民政府和省直有关部门要加强统一城乡义务教育经费保障机制的宣传工作，营造良好氛围，使党和政府的惠民政策家喻户晓、深入人心。

本实施意见自2016年4月1日起施行，有效期5年。

辽宁省人民政府关于进一步完善城乡义务教育经费保障机制的实施意见

（2016 年 3 月 31 日　辽政发〔2016〕21 号）

各市人民政府，省政府各厅委、各直属机构：

为全面贯彻落实《国务院关于进一步完善城乡义务教育经费保障机制的通知》（国发〔2015〕67 号）精神，统筹城乡义务教育资源均衡配置，推动义务教育事业持续健康发展，现提出如下实施意见。

一、主要任务

整合农村义务教育经费保障机制和城市义务教育奖补政策，建立统一的各级政府分项目、按比例分担的城乡义务教育经费保障机制。通过分步实施，利用两年时间逐步完善城乡义务教育经费保障机制，并在此基础上根据相关情况变化适时进行调整完善。

（一）统一城乡义务教育“两免一补”政策。

对城乡义务教育学生免除学杂费、免费提供教科书，对家庭经济困难寄宿生补助生活费（统称“两免一补”）。民办学校应按照省政府确定的生均公用经费基准定额免除学生学杂费。

对免费教科书资金，国家规定课程由中央财政全额承担（含出版发行少数民族文字教材亏损补贴），补助标准由中央确定。省规定课程由省级财政全额承担，补助标准由我省按照教科书种类综合确定。全省特殊教育学校、少数民族学校和工读学校等发行量少的教材，按现行渠道征订和发行，所需资金由各地区自行承担。

对家庭经济困难寄宿生生活费补助资金由各级财政共同承担，根据各地区财力状况，省以上财政对下补助比例分别为：沈阳为57%；鞍山、抚顺、本溪、丹东、锦州、营口、辽阳、盘锦、葫芦岛（含绥中县）9市为77%；阜新、铁岭（含昌图县）、朝阳3市为90%。市以下分担比例由各市自行确定。

（牵头部门：各市政府，配合部门：省财政厅、省教育厅）

（二）统一城乡义务教育学校生均公用经费基准定额。

省统一确定义务教育学校生均公用经费基准定额标准。对城乡义务教育学校（含民办学校）按照不低于基准定额的标准补助公用经费，并适当提高寄宿制学校、规模较小学校补助水平。

落实生均公用经费基准定额所需资金由各级财政共同承担，省以上财政对各地补助比例与寄宿生生活费补助比例一致，市以下分担比例由各市自行确定。

提高寄宿制学校公用经费补助水平所需资金，按照生均公用经费基准定额分担比例执行。现有公用经费补助标准高于基准定额的，要确保水平不降低，同时鼓励各地结合实际提高公用经费补助标准。省将按照国家要求，结合我省经济发展水平适时对基准定额进行调整。

（牵头部门：各市政府，配合部门：省财政厅、省教育厅）

（三）巩固完善农村义务教育学校校舍安全保障长效机制。

各地区要积极履行责任，建立完善义务教育学校校舍安全保障长效机制，对新增危房“发现一所，改造一所”，要多渠道筹集资金，支持公办义务教育学校维修改造、抗震加固、改扩建校舍及其附属设施。中央和省继续采取“以奖代补”方式，根据各地区建立校舍安全保障长效机制工作开展情况给予适当奖励，并重点向农村地区倾斜。

（牵头部门：各市政府，配合部门：省财政厅、省教育厅）

（四）巩固落实城乡义务教育教师工资政策。

省政府继续加大对财力薄弱地区的转移支付力度。县级政府要确保县域内义务教育教师工资按时足额发放，在分配绩效工资时，加大对艰苦边远贫困地区和薄弱学校的倾斜力度。

统一城乡义务教育经费保障机制，实现“两免一补”和生均公用经费基准定额省以上补助资金随学生流动可携带。同时，继续实施农村义务教育薄弱学校改造计划等相关项目，着力解决农村义务教育发展中存在的突出问题和薄弱环节。

（牵头部门：各市政府，配合部门：省财政厅、省教育厅）

二、实施步骤

（一）从2016年春季学期开始，统一城乡义务教育学校生均公用经费基准定额。

我省确定2016年生均公用经费基准定额为：普通小学每生每年850元（含取暖费）、普通初中每生每年1050元（含取暖费）。在此基础上，对寄宿制学校按照寄宿生年生均200元标准增加公用经费补助，继续落实好农村地区不足100人的规模较小学校（包括乡镇中心校附设的村小）按不低于100人核定公用经费等政策；特殊教育学校和随班就读残疾学生按不低于每生每年6000元标准补助公用经费。同时，取消对城市义务教育免除学杂费和进城务工人员随迁子女接受义务教育的奖补政策。

（牵头部门：各市政府，配合部门：省财政厅、省教育厅）

（二）从2017年春季学期开始，统一城乡义务教育学生“两免一补”政策。

在继续落实好农村学生“两免一补”和城市学生免除学杂费政策的同时，向城市学生免费提供教科书并推行部分教科书循环使用制度，对城市家庭经济困难寄宿生给予生活费补助。同时，取消对农村初中进县城就读学生生活费交通费补助政策。

继续执行特殊教育学生生活费补助及为特殊教育教师免费提供就餐等政策。省财政按照走读生每天10元、寄宿生和教师每天20元（全年250天）的标准补助各地区，确保特殊教育学生在校期间由学校免费提供就餐、洗理、被褥和校服等。

（牵头部门：各市政府，配合部门：省财政厅、省教育厅）

（三）以后年度，根据义务教育发展过程中出现的新情况和新问题，适时完善城乡义务教育经费保障机制相关政策措施。

1. 省确定的生均公用经费基准定额为最低标准，各地区可根据经济发展水平适时适当提高生均公用经费标准。生均公用经费定额的核定以县（市、区）为单位（不以学校为单位），由县区统筹安排用于所属学校公用经费支出，要优先保障各学校冬季取暖及规模较小学校的正常运转。

2. 高校等所属义务教育学校经费保障机制，与所在县（市、区）同步完善，所需经费由原渠道予以保障。

3. 各地区对民办学校补助公用经费，可采取“先免后补”的方式。对按照基准定额免除学生学杂费的民办义务教育学校，各地区可按照同等标准对学校给予补助。加强对民办义务教育学校的精准管理，通过“建档立卡”，防止学校“先免后收”和“变相收费”。各地区也可结合实际制定本地区对民办义务教育学校的补助办法。

4. 大连市按照“国发〔2015〕67 号”有关要求，参照本文件制定实施方案，省财政对大连市不安排补助资金。

（牵头部门：各市政府，配合部门：省教育厅）

三、保障措施

（一）加强组织领导，强化统筹协调。

各市政府要高度重视，加强组织领导，统筹落实好本辖区内完善城乡义务教育经费保障机制所需资金，继续加大对困难地区的支持力度，按照已确定的家庭经济困难寄宿生生活费补助、统一城乡义务教育学校生均公用经费基准定额中市以下分担比例制定市县（市、区）两级政府间的经费分担比例。县级政府要按照义务教育“以县为主”的管理体制，落实管理主体责任，组织领导本地区有关部门具体负责落实城乡义务教育经费保障机制的责任。各市政府要将完善城乡义务教育经费保障机制中家庭经济困难学生生活费补助、统一城乡义务教育学校生均公用经费基准定额的市县（市、区）两级政府资金分担比例于 2016 年 3 月底前报省财政厅、省教育厅备案。

（责任部门：各市政府）

（二）优化教育布局，深化教育改革。

各市县（市、区）政府要适应新型城镇化和户籍制度改革新形势，结合人口流动的规律、趋势和城市发展规划，及时调整完善教育布局，将民办学校纳入本地区教育布局规划，科学合理布局义务教育学校。加快探索建立乡村小规模学校办学机制和管理办法，建设并办好寄宿制学校，慎重稳妥撤并乡村学校，努力消除城镇学校“大班额”，保障当地适龄儿童就近入学。按照教育领域综合改革的新要求，大力推进教育管理信息化，创新义务教育转移支付与学生流动相适应的管理机制，实现相关教育经费可携带，增强学生就读学校的可选择性。

（责任部门：各市政府）

（三）确保资金落实，强化绩效管理。

各市政府在落实完善城乡义务教育经费保障机制所需资金时，不能将资金分担责任层层下放，坚决避免省以上加大投入所产生的“挤出效应”。市县（市、区）政府按照经费分担责任足额落实应承担的资金，并确保及时足额拨付到位。各县（市、区）政府要加强辖区内教育经费的统筹安排，切实保障规模较小学校正常运转；加强义务教育学校预算管理，细化预算编制，硬化预算执行，强化预算监督。规范义务教育学校财务管理，创新管理理念，将绩效预算贯穿经费使用管理全过程，切实提高经费使用效益。

（责任部门：各市政府）

（四）推进信息公开，强化监督检查。

各级政府要加大信息公开力度，将义务教育经费投入情况向同级人民代表大会报告，并向社会公布，接受社会监督；强化教育督导工作，把落实好完善城乡义务教育经费保障机制工作作为今后教育督导的重要内容。各级财政、教育、价格、审计、监察等有关部门要齐抓共管，加强对义务教育经费保障机制资金使用管理、学校收费等情况的监督检查。各级教育部门要加强义务教育基础信息管理工作，确保学生学籍信息、学校基本情况、教师信息等数据真实准确。

（责任部门：各市政府）

本实施意见自2016年1月1日起执行。凡以往规定与本实施意见不一致的，按本实施意见规定执行。《辽宁省人民政府关于深化农村义务教育经费保障机制改革的实施意见》（辽政发〔2006〕22号）、《辽宁省人民政府关于免除城市义务教育阶段学生学杂费的实施意见》（辽政发〔2008〕32号）、《辽宁省教育厅　辽宁省财政厅关于实施农村初中进县城就读学生生活费交通费补助政策的通知》（辽教发〔2012〕90号）、《辽宁省教育厅　辽宁省财政厅关于实施特殊教育学生生活费补助政策的通知》（辽教发〔2012〕226号）和《辽宁省教育厅　辽宁省财政厅关于做好全省特殊教育学校、涉农地区少数民族学校及工读学校2008年秋季教科书征订发行工作的紧急通知》（辽教电〔2008〕59号）等文件同时废止。

浙江省财政厅　浙江省教育厅关于印发浙江省义务教育学校家庭经济困难寄宿学生生活补助资金管理办法（暂行）的通知

（2016 年 9 月 1 日　浙财教〔2016〕79 号）

各市、县（市、区）财政局、教育局：

根据国务院《关于进一步完善城乡义务教育经费保障机制的通知》（国发〔2015〕67 号）和《浙江省人民政府关于进一步完善城乡义务教育经费保障机制的通知》（浙政发〔2016〕16 号）等文件要求，我省自 2016 年秋季学期起，实施城乡义务教育学校家庭经济困难寄宿生生活费补助政策。为规范资金管理，我们制定了《浙江省义务教育学校家庭经济困难寄宿学生生活补助资金管理办法（暂行）》。现印发给你们，请遵照执行。

附件：

浙江省义务教育学校家庭经济困难寄宿学生生活补助资金管理办法（暂行）

第一条　为规范义务教育学校家庭经济困难寄宿学生生活补助管理，根据《关于进一步完善城乡义务教育经费保障机制的通知》（国发〔2015〕67 号）和《浙江省人民政府关于进一步完善城乡义务教育经费保障机制的通知》（浙政发〔2016〕16 号）等有关规定，制定本办法。

第二条 本办法所称义务教育学校（以下简称学校）是指根据国家有关规定批准设立并备案、实施义务教育的全日制学校（含民办学校），包括义务教育阶段的特殊教育学校。

第三条 政府对学校家庭经济困难寄宿学生给予生活费补助（以下简称“寄宿生生活费补助”）。基本补助标准为：小学生每生每年 1000 元、初中生每生每年 1250 元。

第四条 补助对象为全省义务教育阶段在学校寄宿的低保家庭子女、烈士子女、福利机构监护的未成年子女、五保供养的未成年子女和残疾学生。

按照民主、公平、公开的原则，补助对象每学年在秋季学期评定一次，春季学期根据情况变动进行个别调整。

第五条 每年 9 月 20 前，符合条件的学生，可向学校提出寄宿生生活费补助申请。学校按照公开、公平、公正的原则进行审核，将拟资助学生名单以适当方式在校内公示 5 个工作日，接受学校师生的监督。经公示无异议后，由学校填写《浙江省义务教育学校家庭经济困难寄宿学生生活补助经费资助分校情况表》（详见附件 1），于 10 月 15 日前报送所属市、县（市、区）教育局学生资助管理中心审核，并将审核后的资助情况录入全国学生资助管理信息系统。

第六条 市、县（市、区）学生资助管理中心应在 5 个工作日内完成直属学校申请名单书面和系统审核工作，将审核结果通知学校，于 10 月底前填写《浙江省义务教育学校家庭经济困难寄宿学生生活补助经费资助地区情况表》（详见附件 2），报省教育厅，其中设区市应汇总所辖区情况后上报。

第七条 寄宿生生活费补助资金按学校隶属关系和属地原则筹措落实。各市、县（市、区）应将资金列入年度财政预算，根据资助人数和标准足额安排，按部门预算管理要求和财政支付管理规定进行拨付。

第八条 省财政对寄宿生生活费补助按公用经费补助比例进行分担。省级补助资金年初按上年资助情况预拨全年金额，次年按实际资助情况结算。

第九条 学校应确保生活补助经费及时足额发放到位，创造条件，将补助资金打入学生就餐卡或以银行存折（卡）形式足额发放给受助学生或家长，不得以任何理由抵顶收费或抵扣欠款等。

第十条 市、县（市、区）财政和教育部门要切实加强对义务教育学校家庭经济困难寄宿生生活补助经费发放工作的管理与监督，确保公开、公平和公正。学校校长作为第一责任人负责家庭经济困难寄宿生生活补助经费评审和发放等管理工作。学校要建立资助学生档案，定期记录学生家庭经济状况变动情况，关心家庭经济困难寄宿生的生活和学习。

第十一条 各级财政、教育部门和学校要加强义务教育学校家庭经济困难寄宿生生活补助经费管理，确保专款专用，并接受审计、监察部门和社会的监督检查。对弄虚作假、套取骗取或挤占、挪用、滞留资金的行为，将按照《财政违法行为处罚处分条例》等规定予以处理。

第十二条 本办法由省财政厅和省教育厅负责解释。

第十三条 本办法自2016年秋季学期起执行。

附件：1. 浙江省义务教育学校家庭经济困难寄宿学生生活补助经费资助分校情况表（略）

2. 浙江省义务教育学校家庭经济困难寄宿学生生活补助经费资助地区情况表（略）

北京市财政局　北京教育委员会
关于完善义务教育阶段“三免两补”等政策的通知

（2017年1月18日　京财教育〔2017〕140号）

各区财政局、教委，燕山财政分局、教委：

为贯彻落实《北京市人民政府关于进一步完善城乡义务教育经费保障机制实施方案》（京政发〔2016〕16号）、《北京市人民政府关于进一步推进户籍制度改革的实施意见》（京政发〔2016〕143号）精神，完善本市义务教育阶段“三免两补”政策，促进基本教育公共服务均等化，现将有关事项通知如下。

一、积极落实义务教育阶段“三免”政策，对具有本市学籍的义务教育学生免除学杂费、免费提供教科书，对进城务工人员随迁子女免除义务教育借读费。

1. 将义务教育阶段免学杂费、免借读费政策落实到公共财政对义务教育阶段生均公用经费的保障中，各区财政部门要及时、足额核拨义务教育阶段生均公用经费，确保义务教育学校的日常运行。公共财政对民办义务教育学校按照全市生均公用经费基准定额给予补助，所需资金由各区财政负担，市级财政参照补助各区公办义务教育生均公用经费的比例给予补助。

2. 为义务教育阶段学生提供免费教科书所需资金由公共财政全额承担。其中，国家规定课程和全市统一的地方课程教科书（含为一年级新生配备新华字典）由市级财政统筹中央资金全额承担，区级地方课程等其他课程由区级财政承担。对具有本市正式学籍的在民办校就读的学生，参照本区同类型公办校学生标准给予补助。公办学校循环使用教科书的日常更新、补充所需经费纳入学校公用经费保障。各区、各学校要严格落实为学生配备教科书的种类、数量，不得选用《北京市普通中小学教学用书目录》之外的教科书。市财政局、市教委根据课程设置变化、教科书价格调整等因素适时调整补助标准。

3. 各公办义务教育学校除按规定收取伙食费等代收费外，不得再向学生收取任何费用，要按照《教育收费公示制度》的要求，做好教育收费公示工作。各区教委、义务教育学校不得再以任何名目向学生收取涉及教材的费用，严禁向学生统一收费征订各种教辅材料。

二、进一步完善义务教育“两补”政策，对义务教育阶段家庭经济困难寄宿生提供生活补助，对城乡低保家庭学生提供助学补助。

1. 对具有本市学籍，在本市义务教育学校及相应学段特殊教育学校、专门教育学校就读的城乡低保家庭寄宿生、残疾寄宿生（含随班就读学生）和工读寄宿生按照每人每月240元的标准给予生活补助，每年按10个月计发，同时免收住宿费。

2. 对具有本市学籍，在本市义务教育学校及相应学段特殊教育学校、专门教育学校就读的城乡低保家庭学生、残疾学生（含随班就读学生）、工读学生按照每人每年300元的标准给予助学补助。

3. 生活补助、助学补助所需资金由市级财政承担，免住宿费所需资金由各区财政承担。

三、上述政策自2017年春季开学起执行，由市财政局、市教委负责解释。《北京市教育委员会　北京市财政局关于进一步完善义务教育阶段“两免一补”政策的通知》（京教财〔2006〕21号）、《北京市教育委员会　北京市财政局　北京市发展和改革委员会关于进一步完善义务教育阶段“两免一补”政策的通知》（京教财〔2007〕33号）、《北京市教育委员会　北京市财政局关于进一步落实向全市义务教育阶段在校学生免费提供教科书和更换部分学科循环使用教科书政策的通知》（京教财〔2010〕15号）同时废止。此前规定与本通知不一致的，按本通知执行。

特此通知。

（五）学前教育资助政策

财政部　教育部关于建立学前教育资助制度的意见

（2011 年 9 月 5 日　财教〔2011〕410 号）

各省、自治区、直辖市财政厅（局）教育厅（教委）：

为贯彻落实《国务院关于当前发展学前教育的若干意见》（国发〔2010〕41 号）和《财政部　教育部关于加大财政投入支持学前教育发展的通知》（财教〔2011〕405 号），完善国家资助政策体系，积极发展学前教育，切实解决家庭经济困难儿童入园问题，现就建立学前教育资助制度提出如下意见。

一、基本原则

按照“地方先行，中央补助”的原则，各地要从 2011 年秋季学期起建立学前教育资助政策体系，具体资助方式和资助标准由省级政府自行制定。中央财政根据地方出台的资助政策、经费投入及实施效果等因素，予以奖补。

二、资助内容

地方政府对经县级以上教育行政部门审批设立的普惠性幼儿园在园家庭经济困难儿童、孤儿和残疾儿童予以资助。

幼儿园要从事业收入中提取 3%—5% 比例的资金，用于减免收费、提供特殊困难补助等，具体比例由各地自行确定。

各地进一步建立和完善相关优惠政策措施，积极引导和鼓励企业、社会团体及个人等捐资，帮助家庭经济困难儿童、孤儿和残疾儿童接受普惠性学前教育。

三、工作要求

（一）制定方案，加强宣传。各级财政、教育部门要结合当地实际，制定切实可行的实施方案，落实资助资金，确保资助政策落实到位。幼儿园要把学前教育资助作为重要工作，实行园长负责制。采取多种形式，广泛宣传，为学前教育资助制度的实施创造良好的社会氛围，确保学前教育资助工作顺利实施。

（二）完善信息，夯实基础。教育部将建立全国学前教育资助工作信息管理系统。各级教育行政部门、有关幼儿园要根据要求建立学前教育资助工作信息管理系统，做好在园儿童信息和受助儿童信息基础管理工作，实行动态管理，确保受助幼儿信息真实、可靠。

（三）通力合作，狠抓监督。各级财政、教育部门要与审计、监察等有关部门密切合作，齐抓共管，加强学前教育资助政策落实情况的监督检查。对虚报在园儿童人数等骗取财政补助资金的违规行为，按照《财政违法行为处罚处分条例》（国务院令第427号）等有关规定严肃处理，并追究相关责任人的责任。公办幼儿园不得因免除保教费而提高其他收费标准，或擅自设立收费项目乱收费。要加强民办幼儿园收费管理，完善备案程序，加强分类指导。幼儿园要实行收费公示制度，接受社会监督，坚决查处乱收费。

财政部　教育部关于印发《中央财政支持学前教育发展资金管理办法》的通知

（2015年7月1日　财教〔2015〕222号）

各省、自治区、直辖市、计划单列市财政厅（局）、教育厅（教委、教育局），新疆生产建设兵团财务局、教育局：

为规范和加强中央财政支持学前教育发展资金管理，提高资金使用效益，扩大学前教育资源，提高幼儿资助水平，根据国家有关规定，财政部、教育部制定了《中央财政支持学前教育发展资金管理办法》，现予印发，请遵照执行。

附件：

中央财政支持学前教育发展资金管理办法

第一章　总　则

第一条　为规范和加强中央财政支持学前教育发展资金（以下简称学前教育发展资金）管理，提高资金使用效益，根据《国务院关于当前发展学前教育的若干意见》（国发〔2010〕41号）及国家有关规定，制定本办法。

第二条　本办法所称学前教育发展资金，是由中央财政设立、通过一般公共财政预算安排、用于奖补支持各地扩大学前教育资源、开展幼儿资助的资金。

第三条　学前教育发展资金由财政部和教育部共同管理。财政部负责组织学前教育发展资金中期财政规划和年度预算编制，会同教育部分配及下达资金，对学前教育发展资金使用情况进行监督检查；教育部负责制定学前教育专项计划，为预算编制和资金分配提供基础数据，会同财政部对项目执行情况进行专项检查，共同做好项目管理。

第四条 学前教育发展资金分配使用管理遵循“总量控制，突出重点，省级统筹，规范透明”的原则。

第二章 资金使用范围

第五条 学前教育发展资金支持的范围为各省、自治区、直辖市、计划单列市及新疆生产建设兵团（以下简称各省份），重点支持中西部和东部困难省份，并向农村、边远、贫困和民族地区倾斜。

第六条 学前教育发展资金分为两类，即“扩大资源”类项目资金和“幼儿资助”类项目资金。前者用于奖补支持地方多种渠道扩大普惠性学前教育资源，后者用于奖补支持地方健全幼儿资助制度。

第七条 “扩大资源”类项目资金由地方财政和教育部门统筹用于以下几方面支出：

（一）支持在农村和城乡结合部新建、改扩建公办幼儿园、改善办园条件等；

（二）通过政府购买服务、奖励等方式支持普惠性民办幼儿园发展；

（三）支持企业事业单位、城市街道、农村集体举办的幼儿园向社会提供普惠性服务；

（四）支持农民工随迁子女在流入地接受学前教育；

（五）支持在偏远农村地区实施学前教育巡回支教试点。

第八条 “幼儿资助”类项目资金用于资助普惠性幼儿园在园家庭经济困难儿童、孤儿和残疾儿童接受学前教育。

第九条 学前教育发展资金严禁用于偿还债务；严禁用于平衡预算。

第三章 资金分配与拨付

第十条 财政部和教育部根据资金总量和学前教育改革发展工作需要，分别确定“扩大资源”和“幼儿资助”两类项目资金的规模。

第十一条 “扩大资源”类项目资金按照因素法进行分配。根据学前教育基本情况和财力状况分别确定中西部和东部地区资金规模后，按因素法分配到各省份，由各省级财政和教育部门统筹安排，合理使用。“扩大资源”类项目资金分配因素包括基础与绩效因素、投入与努力因素和改革与管理因素三类。其中：

基础与绩效因素，指学前教育事业发展目标及其实现情况。主要包括在园幼儿数、民办幼儿园在园幼儿数、人均可用财力等子因素。各子因素数据根据相关事业发展统计资料获得。

投入与努力因素，指学前教育投入情况。主要包括上年度地方学前教育生均一般公共财政预算支出、社会力量投入（主要是民办学校举办者投入、社会捐赠等）总量等子因素。各子因素数据通过相关教育经费统计数据获得。

改革与管理因素，指推进学前教育改革、加强资金管理等情况。主要根据推进学前教育综合改革、中央财政学前教育发展资金管理和使用、制度建设、工作总结材料上报等情况综合核定，由教育部会同财政部组织考核获得计量数据。

第十二条 “幼儿资助”类项目资金按因素法进行分配。具体分配时，先按中西部省份和东部省份分别确定分配资金规模，再分别按在园幼儿规模、资助制度建立健全、地方财政幼儿资助投入及实施效果等因素进行分配。

第十三条 财政部和教育部每年 9 月底前提前下达各省份下一年度部分学前教育发展资金预算指标；每年在全国人民代表大会批准预算后 90 日内，正式核定全年学前教育发展资金预算，并下达剩余部分，同时抄送财政部驻各省财政监察专员办事处。

第十四条 省级财政和教育部门接到中央财政学前教育发展资金预算（含提前通知预算指标）后，应当在 30 日内按预算级次分解下达，提出明确的资金管理和使用要求，并抄送财政部驻当地财政监察专员办事处。

第十五条 县级财政和教育部门应当在收到上级预算文件后的 30 日内，将资金分配落实到具体项目或者幼儿园，资金分配结果应当同时录入学前教育相关管理信息系统。

第十六条 各级财政部门拨付学前教育发展资金，要严格执行国库集中支付制度，确保专款专用。

第十七条 项目实施完成后，若有结余资金，由县级财政部门统筹安排。另有规定的，按有关规定执行。

第四章 资金申报

第十八条 省级财政和教育部门应当在每年 3 月 15 日前，向财政部和教育部报送当年学前教育发展资金申报材料，并抄送财政部驻当地财政监察专员办事处。

第十九条 学前教育发展资金申报材料主要内容包括：

（一）上年度学前教育“扩大资源”类项目资金使用情况工作总结及当年工作计划，工作总结内容包括上年度学前教育事业发展工作基础，综合改革及相关制度建立情况，为扩大资源所采取的措施、学前教育发展资金安排使用情况、工作成效及存在问题，省级及省级以下财政学前教育投入及增长情况（不含幼儿资助资金投入）等；工作计划内容包括工作目标、重点任务、主要措施和资金安排计划等。

（二）上年度“幼儿资助”类项目资金使用情况工作总结及当年工作计划，包括幼儿资助制度建立健全和落实、中央财政学前教育发展资金安排、地方财政幼儿资助投入、工作成效等情况，以及当年完善制度、工作措施和资金安排等方面的计划。

（三）上年度省级财政对学前教育各项投入的预算文件。

第二十条 学前教育发展资金申报材料是资金分配的重要依据。逾期不提交申报材料的省份，在分配当年资金时，“扩大资源”类项目资金中的“改革与管理”因素作零分处理。

第五章 资金管理和监督

第二十一条 财政部和教育部对学前教育发展资金分类实施目标管理，根据各省工作进展情况，适时组织开展绩效评价。

“扩大资源”类项目资金，地方财政和教育部门要根据学前教育发展目标和各地实际，统筹确定扩大学前教育资源的方式和资金比例，采取适宜的资金管理方式，厉行勤俭节约，反对铺张浪费。加强项目库建设和管理。属于基本建设的项目，要严格履行基本建设程序，项目完成后要及时办理竣工决算和资产移交等手续。属于政府采购范围的项目，应该严格执行政府采购法律制度规定。

“幼儿资助”类项目资金，地方财政和教育部门要向贫困地区倾斜，合理确定资助范围和资助标准，建立幼儿资助管理信息系统和动态调整机制，通过减免保育教育费、补助伙食费等方式，确保家庭经济困难幼儿接受普惠性学前教育。

第二十二条 地方财政和教育部门要明确职责，分级管理，加强监督，提高资金使用效益。

地方财政部门主要负责制定适合当地实际的专项资金管理办法、相关支出补助标准、多渠道扩大资源和幼儿资助等管理制度，安排专项资金预算并按时拨付、会同有关部门和单位按规定实施政府采购，监督检查专项资金使用情况，对本地资金管理中的重大事项组织调研、核查和处理。

地方教育部门主要负责指导本地和幼儿园编制学前教育发展规划，提出年度专项资金预算建议，参与制定专项资金管理办法、相关支出补助标准、多渠道扩大资源和幼儿资助等管理制度。建立健全相关管理信息系统，提供学前教育基础数据，负责指导项目实施和管理工作，指导督促幼儿园建立健全财务管理制度和专项资金管理办法。检查专项资金使用情况，

第二十三条 地方教育和财政部门应定期沟通交流项目实施成效，及时采取措施，解决项目实施中存在的困难，加快项目实施进度，确保项目质量。

第二十四条 地方各级财政部门要按照财政预算公开的总体要求做好信息公开工作。地方特别是县级教育部门应当通过当地媒体、部门网站等方式，向社会公示扩大学前教育资源总体规划、年度资金安排等情况。

获得学前教育发展资金支持的幼儿园，应当将支持项目名称、立项时间、实施进展、经费使用和验收等信息通过园内公告栏予以全程公开，有条件的还可通过幼儿园门户网站公开。

第二十五条 对于滞留、截留、挤占、挪用、虚列、套取学前教育发展资金以及疏于管理的，按照《财政违法行为处罚处分条例》等有关规定给予严肃处理。

第六章 附 则

第二十六条 省级财政和教育部门应当依据本办法，结合本地实际，制定学前教育发展资金具体使用管理办法。

第二十七条 本办法自2015年8月1日起施行。

第二十八条 《财政部 教育部关于印发支持中西部地区利用农村闲置校舍改建幼儿园实施方案的通知》(财教〔2011〕406号)、《财政部 教育部关于印发支持中西部地区利用农村小学增设附属幼儿园实施方案的通知》(财教〔2011〕407号)、《财政部 教育部关于印发支持中央财政扶持民办幼儿园发展奖补资金管理暂行办法的通知》(财教〔2011〕408号)、《财政部 教育部关于印发支持中央财政扶持城市学前教育发展奖补资金管理暂行办法的通知》(财教〔2011〕409号)等4个文件同时废止。

北京市财政局　北京市教育委员会　北京市民政局
关于印发北京市学前教育资助管理办法的通知

（2012 年 8 月 14 日　京财文〔2012〕1549 号）

各区县财政局、教委、民政局：

为进一步贯彻落实国务院《关于当前发展学前教育的若干意见》（国发〔2010〕41 号）和财政部　教育部《关于加大财政投入支持学前教育发展的通知》（财教〔2011〕405 号）精神，完善我市教育资助体系，根据财政部　教育部《关于建立学前教育资助制度的意见》（财教〔2011〕410 号）要求，市财政局、市教委、市民政局共同制定了《北京市学前教育资助管理办法》，现印发给你们，请遵照执行。

附件：

北京市学前教育资助管理办法

为进一步贯彻落实国务院《关于当前发展学前教育的若干意见》（国发〔2010〕41 号）和财政部　教育部《关于加大财政投入支持学前教育发展的通知》（财教〔2011〕405 号）精神，根据财政部　教育部《关于建立学前教育资助制度的意见》（财教〔2011〕410 号）要求，为完善我市教育资助政策体系，使家庭经济困难的儿童能够接受普惠性学前教育，减轻家庭经济压力，特制定本办法。

一、适用范围

（一）公办性质幼儿园，包括教育行政部门、乡镇中心、街道举办的幼儿园及其附属分园、其他部门办园。

（二）民办普惠性幼儿园（根据北京市教育委员会界定范围确定）。

二、资助条件

适用范围内在园儿童符合下列条件之一的，可享受学前教育资助：

（一）持有民政部门确认并核发的《北京市城市（农村）居民最低生活保障金领取证》《北京市城市居民生活困难补助金领取证》《农村五保供养证》和《北京市低收入家庭救助证》的城乡特困适龄儿童。

（二）持有民政部门核发的《中华人民共和国烈士证明书》的烈士子女。

（三）持有民政部门核发的《儿童福利证》的适龄儿童。

（四）残疾儿童。

三、资助标准

学前教育资助标准分为甲、乙两等。

甲等资助标准：凡持有《北京市城市（农村）居民最低生活保障金领取证》《北京市城市居民生活困难补助金领取证》《农村五保供养证》《中华人民共和国烈士证明书》《儿童福利证》的适龄儿童和残疾儿童，入园后免交保教费。

乙等资助标准：凡持有《北京市低收入家庭救助证》的适龄儿童，入园后免交50%的保教费。

四、资助申报、审查及相关手续

（一）学前教育资助按学年申请和评定，幼儿园应在每年招生时将本办法通知每位入园儿童家长或其他监护人，并在幼儿园明显位置公布本办法。

（二）符合学前教育资助条件的适龄儿童，由其父母或其他监护人向所在幼儿园提出申请，并由其父母或其他监护人如实填写《北京市学前教育资助申请表》（见附件一）。

（三）申请人将填写完整的《北京市学前教育资助申请表》、符合资助条件的证明材料及户口本在每年9月办理幼儿入园时一并交至入托的幼儿园。证明材料包括：

城（乡）居民最低生活保障金领取证、农村五保供养证、生活困难补助金领取证或低收入家庭救助证，以及烈士证明书、儿童福利证和残疾证复印件等。

（四）幼儿园复核后，将符合条件的幼儿名单予以公示，公示期为5个工作日，期满后将汇总名单于每年9月底前报区（县）教委审定，区（县）教委于15个工作日内完成最终资格审定并书面通知审定合格的幼儿家长。

五、经费安排

（一）学前教育资助所需经费纳入市、区（县）两级财政预算。公办幼儿园资助所需经费由市、区（县）两级财政按照1∶1比例分担。民办普惠性幼儿园资助所需经费由市级财政从民办幼儿园奖励经费中统筹安排。2012—2013学年度资助所需经费由市级财政全额负担。

（二）申请区（县）财政补助的，区（县）教委于每年10月底前将最终审定表报区（县）财政，区（县）财政按照预算管理程序将补助资金拨付至幼儿园。

（三）申请市级财政补助的，区（县）教委会同区（县）财政局于每年10月底前将最终审定汇总表（见附件二）报送至市教委，市教委对区（县）教委上报的最终审定表审核后，报市财政局审批。市财政局根据审批结果按照预算管理程序核拨经费。各区（县）在收到市级补助资金后的15个工作日内将经费拨付至幼儿园。

（四）各类幼儿园要从事业收入中提取3%比例的资金，专项用于在园儿童特殊困难补助。提取的资金要实行专账核算，专款专用。

六、管理与监督

（一）各区（县）教委及幼儿园要充分认识做好资助政策宣传工作的重要性和必要性，突出重点，把握节奏，创新形式，加大力度，扎实做好学前教育资助政策的宣传工作，务求使每位在园儿童家长知晓。

（二）各区（县）相关部门要加强对幼儿园申报材料的审核，对虚报人员情况等骗取资助经费的违规行为，按照《财政违法行为处罚处分条例》（国务院令第427号）等有关规定严肃处理，并追究相关责任人的责任。

（三）各区（县）教委应当在当年学前教育资助工作结束后，将区（县）符合资助条件适龄儿童的受助情况抄送同级财政部门、民政部门（见附件三）。

七、此办法自2012年9月1日起执行，北京市财政局、北京市教育委员会、北京市民政局按各自职责负责解释。

附件一：北京市学前教育资助申请表（略）

附件二：______年学前教育市级资助经费申请汇总表（略）

附件三：______年______区（县）学前教育资助情况统计表（略）

辽宁省财政厅　辽宁省教育厅关于印发辽宁省学前教育发展资金管理办法的通知

(2015年9月2日　辽财教〔2015〕734号)

各市（不含大连）、绥中县、昌图县财政局、教育局：

现将《辽宁省学前教育发展资金管理办法》印发给你们，请遵照执行。执行中遇到问题，请及时反馈。

附件：

辽宁省学前教育发展资金管理办法

第一章　总　则

第一条　为规范和加强学前教育发展资金管理，提高资金使用效益，根据财政部、教育部印发的《中央财政支持学前教育发展资金管理办法》（财教〔2015〕222号）及相关规定，制定本办法。

第二条　本办法所称学前教育发展资金，由省财政预算资金并统筹中央财政相关转移支付资金安排。

本办法所称普惠性幼儿园，是指在自愿申请的原则下，质量达标、面向大众、实行政府定价或执行协议约定收费标准的幼儿园，包括公办幼儿园和民办幼儿园。

第三条　学前教育发展资金由省财政厅和省教育厅共同管理。省财政厅负责按照国家要求组织学前教育发展资金中期财政规划和年度预算编制，会同省教育厅分配并及时下达资金，对学前教育发展资金使用情况进行监督检查；省教育厅负责制定学前教育发展专项计划，为预算编制和资金分配提供基础数据，会同省财政厅提出资金的分配方案，对项目执行情况进行专项检查，共同做好项目管理工作。

第四条 学前教育发展资金分配使用管理遵循“总量控制，突出重点，省级统筹，规范透明”的原则。

第二章 资金使用范围

第五条 学前教育发展资金支持的范围为全省（不含大连）各地区，并向农村、边远、贫困和民族地区倾斜，重点支持普惠性幼儿园可持续发展。

第六条 中央财政安排的学前教育发展资金分为两类，即“扩大资源”类项目资金和“幼儿资助”类项目资金。前者用于奖补支持市县多种渠道扩大普惠性学前教育资源，后者用于奖补支持市县健全幼儿资助制度。

省财政安排的学前教育发展资金，由省财政厅和省教育厅结合我省实际，用于学前教育教师培训和补充中央两类项目以及我省开展的其他相关项目等。

第七条 “扩大资源”类项目资金由市县财政和教育部门统筹用于以下几方面支出：

（一）支持在农村和城乡结合部新建、改扩建公办幼儿园、改善办园条件等；

（二）通过政府购买服务、奖励等方式支持普惠性民办幼儿园发展；

（三）支持企业事业单位、城市街道、农村集体举办的幼儿园向社会提供普惠性服务；

（四）支持农民工随迁子女在流入地接受学前教育；

（五）支持在偏远农村地区实施学前教育巡回支教试点。

第八条 “幼儿资助”类项目资金用于资助普惠性幼儿园在园家庭经济困难儿童、孤儿和残疾儿童接受学前教育。

第九条 学前教育发展资金严禁用于偿还债务；严禁用于平衡预算。

第三章　资金分配与拨付

第十条　省财政厅和省教育厅根据资金总量和学前教育改革发展工作需要，分别确定“扩大资源”、“幼儿资助”和“教师培训”等项目资金的规模。

第十一条　“扩大资源”类项目资金按照因素法进行分配。分配因素包括基础与绩效因素、投入与努力因素和改革与管理因素三类。其中：

基础与绩效因素（权重70%），指学前教育事业发展目标及其实现情况。主要包括在园幼儿数、普惠性幼儿园在园幼儿数、人均可用财力等子因素。各子因素数据根据相关事业发展统计资料获得。

投入与努力因素（权重20%），指学前教育投入情况。主要包括上年度地方学前教育生均一般公共财政预算支出、社会力量投入（主要是民办学校举办者投入、社会捐赠等）等子因素。各子因素数据通过相关教育经费统计数据获得。

改革与管理因素（权重10%），指推进学前教育改革、加强资金管理等情况。主要根据推进学前教育综合改革、上年学前教育发展资金管理和使用、制度建设、工作总结材料上报等情况综合核定，由省教育厅会同省财政厅组织考核获得计量数据。

“扩大资源”类项目资金由各市县财政和教育部门按照第七条有关要求，统筹安排，合理使用。

第十二条　“幼儿资助”类项目资金按因素法进行分配。分配因素包括：在园幼儿规模、资助制度建立健全、地方财政幼儿资助投入及实施效果等。

第十三条　学前教育发展资金应当按照预算管理有关要求及时下达。

第十四条　市级财政和教育部门接到上级学前教育发展资金预算（含提前通知预算指标）后，应当在30日内按预算级次分解下达，提出明确的资金管理和使用要求。

第十五条　县级财政和教育部门应当在收到上级预算文件后的30日内，将资金分配落实到具体项目或者幼儿园，资金分配结果应当同时录入学前教育相关管理信息系统。

第十六条　各级财政部门拨付学前教育发展资金，要严格执行国库集中支付制度，确保专款专用。

第十七条 项目实施完成后，若有结余资金，由县级财政部门统筹安排。另有规定的，按有关规定执行。

第四章 资金申报

第十八条 市级财政和教育部门应当在每年3月1日前，向省财政厅和省教育厅报送当年学前教育发展资金申报材料。

第十九条 学前教育发展资金申报材料主要内容包括：

（一）上年度学前教育“扩大资源”类项目资金使用情况工作总结及当年工作计划，工作总结内容包括上年度学前教育事业发展工作基础，综合改革及相关制度建立情况，为扩大资源所采取的措施、学前教育发展资金安排使用情况、工作成效及存在问题，市级及市级以下财政学前教育投入及增长情况（不含幼儿资助资金投入）等；工作计划内容包括工作目标、重点任务、主要措施和资金安排计划等。

（二）上年度“幼儿资助”类项目资金使用情况工作总结及当年工作计划，包括幼儿资助制度建立健全和落实、学前教育发展资金安排、市县财政幼儿资助投入、工作成效等情况，以及当年完善制度、工作措施和资金安排等方面的计划。

（三）上年度市级财政对学前教育各项投入的预算文件。

第二十条 学前教育发展资金申报材料是资金分配的重要依据。逾期不提交申报材料的市县，在分配当年资金时，“扩大资源”类项目资金中的“改革与管理”因素作零分处理。

第五章 资金管理和监督

第二十一条 省财政厅和省教育厅对学前教育发展资金分类实施目标管理，根据国家要求，适时组织开展绩效评价。

“扩大资源”类项目资金，市级财政和教育部门要根据学前教育发展目标和各地实际，统筹确定扩大学前教育资源的方式和资金比例，采取适宜的资金管理方式，厉行勤俭节约，反对铺张浪费。加强项目库建设和管理。属于基本建设的项目，要严格履行基本建设程序，项目完成后要及时办理竣工决算和资产移交等手续。属于政府采购范围的项目，应该严格执行政府采购法律制度规定。“幼儿资助”类项目资金，市级财政和教育部门要向贫困地区倾斜，合理确定资助范围和资助标准，建立幼儿资助管理信息系统和动态调整机制，通过减免保育教育费、补助伙食费等方式，确保家庭经济困难幼儿接受普惠性学前教育。

第二十二条 市县财政和教育部门要明确职责，分级管理，加强监督，提高资金使用效益。市县财政部门主要负责制定适合当地实际的专项资金管理办法、相关支出补助标准、多渠道扩大资源和幼儿资助等管理制度，会同教育部门安排专项资金预算并按时拨付，会同有关部门和单位按规定实施政府采购，监督检查专项资金使用情况，对本地资金管理中的重大事项组织调研、核查和处理。

市县教育部门主要负责指导本地和幼儿园编制学前教育发展规划，会同财政部门负责年度资金实施总体计划和具体项目遴选，参与制定专项资金管理办法、相关支出补助标准、多渠道扩大资源和幼儿资助等管理制度。建立健全相关管理信息系统，提供学前教育基础数据，负责指导项目实施和管理工作，指导督促幼儿园建立健全财务管理制度和专项资金管理办法，检查专项资金使用情况。

第二十三条 市县教育和财政部门应定期沟通交流项目实施成效，及时采取措施，解决项目实施中存在的困难，加快项目实施进度，确保项目质量。

第二十四条 市县各级财政部门要按照财政预算公开的总体要求做好信息公开工作。特别是县级教育部门应当通过当地媒体、部门网站等方式，向社会公示扩大学前教育资源总体规划、年度资金安排等情况。

获得学前教育发展资金支持的幼儿园，应当将支持项目名称、立项时间、实施进展、经费使用和验收等信息通过园内公告栏予以全程公开，有条件的还可通过幼儿园门户网站公开。

第二十五条 对于滞留、截留、挤占、挪用、虚列、套取学前教育发展资金以及疏于管理的，按照《财政违法行为处罚处分条例》等有关规定给予严肃处理。

第六章　附　则

第二十六条　市级财政和教育部门应当依据本办法，结合本地实际，制定学前教育发展资金具体使用管理办法。

第二十七条　本办法自发布之日起施行。

第二十八条　以往规定与本办法相抵触的，以本办法为准。

河南省学生资助管理中心
关于落实学前教育资助政策有关问题的通知

（2017年3月9日　豫教资〔2017〕13号）

各省辖市、省直管县（市）教育局，省实验幼儿园：

为落实河南省教育脱贫专项方案和我省学前教育学生资助相关政策，现将有关事项通知如下：

一、做好家庭经济困难学生认定工作

各地幼儿园要按照《关于印发〈河南省高中阶段教育义务教育和学前教育家庭经济困难学生认定工作暂行办法〉的通知》（豫教资〔2016〕23号）（以下简称“认定办法”）要求做好包括建档立卡家庭经济困难学生在内的所有家庭经济困难学生认定工作。困难认定和资助申请工作需填写《河南省学前教育家庭经济困难学生认定及资助申请表》（详见附件1）和《河南省家庭经济困难学生认定承诺书》（详见附件2）。

二、做好资助对象评定工作

资助对象必须是在经县级以上教育行政部门审批设立的幼儿园就读的家庭经济困难儿童，其中，建档立卡贫困家庭儿童为全覆盖资助对象。2016年秋季学期我省已建立了建档立卡贫困学生库，已经认定的学生可不再重复认定。除此之外还应至少覆盖认定办法中规定的第一类其他6种在园儿童。

根据教育部的统一要求，各地要使用好学前教育学籍和资助系统，从今年起拟采用在籍在园儿童、受资助儿童和建档立卡儿童加权的办法确定资助奖补经费。所有接受国家资助的对象均要求有正式学籍，并能在全国学生资助管理信息系统学前资助子系统内查询到和实施在线管理，不能满足该条件的学生一律不得享受国家资助。

三、资助标准

家庭经济困难的在园儿童资助标准为年生均不低于400元（每年按200天计算）的生活补助，在此基础上再对建档立卡贫困家庭儿童按照年生均600元的标准补助保教费。原生活补助等资助标准高于400元的地区可维持不变，不得抵顶保教费。

四、资助金发放方式

国家资助资金要以银行转账方式发放到受助儿童家长银行卡上，不允许以现金形式发放。各地可选择一种本地家长普遍持有的银行卡作为发放媒介，并将资金发放银行凭证（含名单明细）存档备查。资助资金不能作为补助资金直接补给幼儿园。

五、全面推动全国学生资助管理信息系统学前子系统的使用，做好系统应用培训工作

根据教育部《关于全面启用全国学生资助管理信息系统学前资助子系统的通知》（教助中心〔2016〕180号）要求，从今年起全面启用全国学生资助管理信息系统学前资助子系统，市级培训后（另文通知），各地要认真组织所属县区及幼儿园的系统应用培训工作，做到“不漏一县、不漏一园”，并要在4月底前完成培训工作。全省各幼儿园要在春季学期结束前完成学前教育子系统资助数据的录入、审核工作，各级学生资助管理部门完成对所属幼儿园资助信息的审核工作。

附件：1. 河南省学前教育家庭经济困难学生认定及资助申请表（略）

2. 河南省家庭经济困难学生认定承诺书（略）

【社会公益组织类】

国务院关于促进慈善事业健康发展的指导意见

（2014年11月24日　国发〔2014〕61号）

各省、自治区、直辖市人民政府，国务院各部委、各直属机构：

改革开放以来，我国慈善事业蓬勃兴起，以慈善组织为代表的各类慈善力量迅速发展壮大，社会慈善意识明显增强，各类慈善活动积极踊跃，在灾害救助、贫困救济、医疗救助、教育救助、扶老助残和其他公益事业领域发挥了积极作用。但是，我国慈善事业依然存在政策法规体系不够健全、监督管理措施不够完善、慈善活动不够规范、社会氛围不够浓厚、与社会救助工作衔接不够紧密等问题，影响了慈善事业的健康发展。根据党的十八大、十八届三中、四中全会精神和国务院决策部署，为进一步加强和改进慈善工作，统筹慈善和社会救助两方面资源，更好地保障和改善困难群众民生，现提出以下意见。

一、总体要求

（一）指导思想。以邓小平理论、"三个代表"重要思想、科学发展观为指导，坚持政府推动、社会实施、公众参与、专业运作，鼓励支持与强化监管并重，推动慈善事业健康发展，努力形成与社会救助工作紧密衔接，在扶贫济困、改善民生、弘扬中华民族传统美德和社会主义核心价值观等方面充分发挥作用的慈善事业发展新格局。

（二）基本原则。

突出扶贫济困。鼓励、支持和引导慈善组织和其他社会力量从帮助困难群众解决最直接、最现实、最紧迫的问题入手，在扶贫济困、为困难群众救急解难等领域广泛开展慈善帮扶，与政府的社会救助形成合力，有效发挥重要补充作用。

坚持改革创新。在慈善事业体制机制、运行方式、慈善事业与社会救助对接等方面大胆探索，畅通社会各方面参与慈善和社会救助的渠道，大力优化慈善事业发展环境，使各类慈善资源、社会救助资源充分发挥作用。

确保公开透明。慈善组织以及其他社会力量开展慈善活动，要充分尊重捐赠人意愿，依据有关规定及时充分公开慈善资源的募集、管理和使用情况。慈善组织要切实履行信息公开责任，接受行政监督、社会监督和舆论监督。

强化规范管理。加快完善相关法规政策，规范和引导慈善事业健康发展。依法依规对自然人、法人和其他组织开展的慈善活动进行监管，及时查处和纠正违法违规活动，确保慈善事业在法制化轨道上运行。

（三）发展目标。到2020年，慈善监管体系健全有效，扶持政策基本完善，体制机制协调顺畅，慈善行为规范有序，慈善活动公开透明，社会捐赠积极踊跃，志愿服务广泛开展，全社会支持慈善、参与慈善的氛围更加浓厚，慈善事业对社会救助体系形成有力补充，成为全面建成小康社会的重要力量。

二、鼓励和支持以扶贫济困为重点开展慈善活动

扶贫济困是慈善事业的重要领域，在政府保障困难群众基本生活的同时，鼓励和支持社会力量以扶贫济困为重点开展慈善活动，有利于更好地满足困难群众多样化、多层次的需求，帮助他们摆脱困境、改善生活，形成慈善事业与社会救助的有效衔接和功能互补，共同编密织牢社会生活安全网。

（一）鼓励社会各界开展慈善活动。

鼓励社会各界以各类社会救助对象为重点，广泛开展扶贫济困、赈灾救孤、扶老助残、助学助医等慈善活动。党政机关、事业单位要广泛动员干部职工积极参与各类慈善活动，发挥带头示范作用。工会、共青团、妇联等人民团体要充分发挥密切联系群众的优势，动员社会公众为慈善事业捐赠资金、物资和提供志愿服务等。各全国性社会团体在发挥自身优势、开展慈善活动时，要主动接受社会监督，在公开透明、规范管理、服务困难群众等方面作出表率。各类慈善组织要进一步面向困难群体开展符合其宗旨的慈善活动。倡导各类企业将慈善精神融入企业文化建设，把参与慈善作为履行社会责任的重要方面，通过捐赠、支持志愿服务、设立基金会

等方式，开展形式多样的慈善活动，在更广泛的领域为社会作出贡献。鼓励有条件的宗教团体和宗教活动场所依法依规开展各类慈善活动。提倡在单位内部、城乡社区开展群众性互助互济活动。充分发挥家庭、个人、志愿者在慈善活动中的积极作用。

（二）鼓励开展形式多样的社会捐赠和志愿服务。

鼓励和支持社会公众通过捐款捐物、慈善消费和慈善义演、义拍、义卖、义展、义诊、义赛等方式为困难群众奉献爱心。探索捐赠知识产权收益、技术、股权、有价证券等新型捐赠方式，鼓励设立慈善信托，抓紧制定政策措施，积极推进有条件的地方开展试点。动员社会公众积极参与志愿服务，构建形式多样、内容丰富、机制健全、覆盖城乡的志愿服务体系。倡导社会力量兴办公益性医疗、教育、养老、残障康复、文化体育等方面的机构和设施，为慈善事业提供更多的资金支持和服务载体。加快出台有效措施，引导社会公众积极捐赠家庭闲置物品。广泛设立社会捐助站点，创新发展慈善超市，发挥网络捐赠技术优势，方便群众就近就便开展捐赠。

（三）健全社会救助和慈善资源信息对接机制。

要建立民政部门与其他社会救助管理部门之间的信息共享机制，同时建立和完善民政部门与慈善组织、社会服务机构之间的衔接机制，形成社会救助和慈善资源的信息有效对接。对于经过社会救助后仍需要帮扶的救助对象，民政部门要及时与慈善组织、社会服务机构协商，实现政府救助与社会帮扶有机结合，做到因情施救、各有侧重、互相补充。社会救助信息和慈善资源信息应同时向审计等政府有关部门开放。

（四）落实和完善减免税政策。

落实企业和个人公益性捐赠所得税税前扣除政策，企业发生的公益性捐赠支出，在年度利润总额12%以内的部分，准予在计算应纳税所得额时扣除；个人公益性捐赠额未超过纳税义务人申报的应纳税所得额30%的部分，可以从其应纳税所得额中扣除。研究完善慈善组织企业所得税优惠政策，切实惠及符合条件的慈善组织。对境外向我国境内依法设立的慈善组织无偿捐赠的直接用于慈善事业的物资，在有关法律及政策规定的范围内享受进口税收优惠。有关部门要大力宣传慈善捐赠减免税的资格和条件。

（五）加大社会支持力度。

鼓励企事业单位为慈善活动提供场所和便利条件、按规定给予优惠。倡导金融机构根据慈善事业的特点和需求创新金融产品和服务方式，积极探索金融资本支持慈善事业发展的政策渠道。支持慈善组织为慈善对象购买保险产品，鼓励商业保险公司捐助慈善事业。完善公益广告等平台的管理办法，鼓励新闻媒体为慈善组织的信息公开提供帮助支持和费用优惠。

三、培育和规范各类慈善组织

慈善组织是现代慈善事业的重要主体，大力发展各类慈善组织，规范慈善组织行为、确保慈善活动公开透明，是促进慈善事业健康发展的有效保证。

（一）鼓励兴办慈善组织。优先发展具有扶贫济困功能的各类慈善组织。积极探索培育网络慈善等新的慈善形态，引导和规范其健康发展。稳妥推进慈善组织直接登记，逐步下放符合条件的慈善组织登记管理权限。地方政府和社会力量可通过实施公益创投等多种方式，为初创期慈善组织提供资金支持和能力建设服务。要加快出台有关措施，以扶贫济困类项目为重点，加大政府财政资金向社会组织购买服务力度。

（二）切实加强慈善组织自我管理。慈善组织要建立健全内部治理结构，完善决策、执行、监督制度和决策机构议事规则，加强内部控制和内部审计，确保人员、财产、慈善活动按照组织章程有序运作。基金会工作人员工资福利和行政办公支出等管理成本不得超过当年总支出的10%，其他慈善组织的管理成本可参照基金会执行。列入管理成本的支出类别按民政部规定执行。捐赠协议约定从捐赠财产中列支管理成本的，可按照约定执行。

（三）依法依规开展募捐活动。引导慈善组织重点围绕扶贫济困开展募捐活动。具有公募资格的慈善组织，面向社会开展的募捐活动应与其宗旨、业务范围相一致；新闻媒体、企事业单位等和不具有公募资格的慈善组织，以慈善名义开展募捐活动的，必须联合具有公募资格的组织进行；广播、电视、报刊及互联网信息服务提供者、电信运营商，应当对利用其平台发起募捐活动的慈善组织的合法性进行验证，包括查验登记证书、募捐主体资格证明材料。慈善组织要加强对募捐活动的管理，向捐赠者开具捐赠票据，开展项目所需成本要按规定列支并向捐赠人说明。任何组织和个人不得以慈善名义敛财。

（四）严格规范使用捐赠款物。慈善组织应将募得款物按照协议或承诺，及时用于相关慈善项目，除不可抗力或捐赠人同意外，不得以任何理由延误。未经捐赠人同意，不得擅自更改款物用途。倡导募用分离，制定有关激励扶持政策，支持在款物募集方面有优势的慈善组织将募得款物用于资助有服务专长的慈善组织运作项目。慈善组织要科学设计慈善项目，优化实施流程，努力降低运行成本，提高慈善资源使用效益。

（五）强化慈善组织信息公开责任。

公开内容。慈善组织应向社会公开组织章程、组织机构代码、登记证书号码、负责人信息、年度工作报告、经审计的财务会计报告和开展募捐、接受捐赠、捐赠款物使用、慈善项目实施、资产保值增值等情况以及依法应当公开的其他信息。信息公开应当真实、准确、完整、及时，不得有虚假记载、误导性陈述或者重大遗漏。对于涉及国家安全、个人隐私等依法不予公开的信息和捐赠人或受益人与慈善组织协议约定不得公开的信息，不得公开。慈善组织不予公开的信息，应当接受政府有关部门的监督检查。

公开时限。慈善组织应及时公开款物募集情况，募捐周期大于6个月的，应当每3个月向社会公开一次，募捐活动结束后3个月内应全面公开；应及时公开慈善项目运作、受赠款物的使用情况，项目运行周期大于6个月的，应当每3个月向社会公开一次，项目结束后3个月内应全面公开。

公开途径。慈善组织应通过自身官方网站或批准其登记的民政部门认可的信息网站进行信息发布；应向社会公开联系方式，及时回应捐赠人及利益相关方的询问。慈善组织应对其公开信息和答复信息的真实性负责。

四、加强对慈善组织和慈善活动的监督管理

（一）加强政府有关部门的监督管理。民政部门要严格执行慈善组织年检制度和评估制度。要围绕慈善组织募捐活动、财产管理和使用、信息公开等内容，建立健全并落实日常监督检查制度、重大慈善项目专项检查制度、慈善组织及其负责人信

用记录制度，并依法对违法违规行为进行处罚。财政、税务部门要依法对慈善组织的财务会计、享受税收优惠和使用公益事业捐赠统一票据等情况进行监督管理。其他政府部门要在各自职责范围内对慈善组织和慈善活动进行监督管理。

（二）公开监督管理信息。民政部门要通过信息网站等途径向社会公开慈善事业发展和慈善组织、慈善活动相关信息，具体包括各类慈善组织名单及其设立、变更、评估、年检、注销、撤销登记信息和政府扶持鼓励政策措施、购买社会组织服务信息、受奖励及处罚信息、本行政区域慈善事业发展年度统计信息以及依法应当公开的其他信息。

（三）强化慈善行业自律。要推动建立慈善领域联合型、行业性组织，建立健全行业标准和行为准则，增强行业自我约束、自我管理、自我监督能力。鼓励第三方专业机构根据民政部门委托，按照民政部门制定的评估规程和评估指标，对慈善组织开展评估。相关政府部门要将评估结果作为政府购买服务、评选表彰的参考依据。

（四）加强社会监督。畅通社会公众对慈善活动中不良行为的投诉举报渠道，任何单位或个人发现任何组织或个人在慈善活动中有违法违规行为的，可以向该组织或个人所属的慈善领域联合型、行业性组织投诉，或向民政部门及其他政府部门举报。相关行业性组织要依据行业自律规则，在职责范围内及时协调处理投诉事宜。相关政府部门要在各自职责范围内及时调查核实，情况属实的要依法查处。切实保障捐赠人对捐赠财产使用情况的监督权利，捐赠人对慈善组织、其他受赠主体和受益人使用捐赠财产持有异议的，除向有关方面投诉举报外，还可以依法向人民法院提起诉讼。支持新闻媒体对慈善组织、慈善活动进行监督，对违法违规及不良现象和行为进行曝光，充分发挥舆论监督作用。

（五）建立健全责任追究制度。民政部门作为慈善事业主管部门，要会同有关部门建立健全责任追究制度。对慈善组织按照“谁登记、谁管理”的原则，由批准登记的民政部门会同有关部门对其违规开展募捐活动、违反约定使用捐赠款物、拒不履行信息公开责任、资助或从事危害国家安全和公共利益活动等违法违规行为依法进行查处；对于慈善组织或其负责人的负面信用记录，要予以曝光。对其他社会组织和个人按照属地管辖的原则，由所在地的民政部门会同有关部门对其以慈善为名组织实施的违反法律法规、违背公序良俗的行为和无正当理由拒不兑现或不完全兑现捐赠承诺、以诽谤造谣等方式损害慈善组织及其从业人员声誉等其他违法违规行为依法及时查处。对政府有关部门及其工作人员滥用职权、徇私舞弊或者玩忽职守、敷衍塞责造成严重后果的，要依法追究责任。

五、加强对慈善工作的组织领导

（一）建立健全组织协调机制。各级政府要将发展慈善事业作为社会建设的重要内容，纳入国民经济和社会发展总体规划和相关专项规划，加强慈善与社会救助、社会福利、社会保险等社会保障制度的衔接。各有关部门要建立健全慈善工作组织协调机制，及时解决慈善事业发展中遇到的突出困难和问题。

（二）完善慈善表彰奖励制度。国家对为慈善事业发展作出突出贡献、社会影响较大的个人、法人或者组织予以表彰。民政部要根据慈善事业发展的实际情况，及时修订完善“中华慈善奖”评选表彰办法，组织实施好评选表彰工作，在全社会营造良好的慈善氛围。各省（区、市）人民政府可按国家有关规定建立慈善表彰奖励制度。要抓紧出台有关措施，完善公民志愿服务记录制度，按照国家有关规定建立完善志愿者嘉许和回馈制度，鼓励更多的人参加志愿服务活动。

（三）完善慈善人才培养政策。要加快培养慈善事业发展急需的理论研究、高级管理、项目实施、专业服务和宣传推广等人才。加强慈善从业人员劳动权益保护和职业教育培训，逐步建立健全以慈善从业人员职称评定、信用记录、社会保险等为主要内容的人力资源管理体系，合理确定慈善行业工作人员工资待遇水平。

（四）加大对慈善工作的宣传力度。要充分利用报刊、广播、电视等媒体和互联网，以群众喜闻乐见的方式，大力宣传各类慈行善举和正面典型，以及慈善事业在服务困难群众、促进社会文明进步等方面的积极贡献，引导社会公众关心慈善、支持慈善、参与慈善。要着力推动慈善文化进机关、进企业、进学校、进社区、进乡村，弘扬中华民族团结友爱、互助共济的传统美德，为慈善事业发展营造良好社会氛围。

各省（区、市）人民政府要根据本意见要求，结合实际，研究制定配套落实政策。国务院相关部门要根据本部门职责研究制定具体政策措施。民政部要会同有关部门加强对本意见执行情况的监督检查，及时向国务院报告。

财政部　教育部关于印发《中央专项彩票公益金教育助学项目管理和实施暂行办法》的通知

（2008年10月21日　财教〔2008〕292号）

有关省、自治区、直辖市财政厅（局）、教育厅（教委），新疆生产建设兵团财务局、教育局：

经国务院批准，财政部从中央集中彩票公益金中安排教育助学项目，用资助中西部县镇和农村普通高中家庭经济特别困难学生完成学业。教育助学项目由中国教育发展基金会负责各项日常工作，并由各相关省份（兵团）和县级财政、教育部门和相关普通高中共同组织实施。为规范项目的管理和实施，保证资助工作顺利进行，根据国家有关法律、法规和财政部有关项目资金管理的要求与规定，我们制定了《中央专项彩票公益金教育助学项目管理和实施暂行办法》。现印发给你们，请遵照执行。

附件：

中央专项彩票公益金教育助学项目管理和实施暂行办法

第一章　总　则

第一条　为规范中央专项彩票公益金教育助学项目资金（以下简称项目资金）的使用和管理，确保中西部地区普通高中学生资助工作的顺利实施，根据国家有关法律、法规和财政部有关项目资金管理要求和规定，特制定本办法。

第二条　中央专项彩票公益金教育助学项目是国家资助家庭经济困难学生政策

体系的组成部分，财政部、教育部委托中国教育发展基金会（以下简称基金会）负责具体操作。

第三条 中央专项彩票公益金教育助学项目的执行和操作要坚持“公开公正透明、量入为出、专款专用”的原则。

第二章 资助范围、对象、申请办法和标准

第四条 中央专项彩票公益金教育助学项目的资助范围与对象，为我国中西部地区各省份和新疆生产建设兵团县镇农村公办普通高中家庭经济特别困难的在校1—3年级学生。

第五条 申请项目资金的学生必须具备下列条件：

1. 热爱社会主义祖国；
2. 遵守学校的各项规章制度；
3. 诚实守信，品德优良；
4. 勤奋学习，积极上进；
5. 生活俭朴，家庭经济特别困难。

第六条 中央专项彩票公益金教育助学项目应优先资助：孤残学生、父母丧失劳动能力学生、少数民族学生、烈士子女与单亲家庭经济特别困难学生、农村绝对贫困家庭学生、享受城镇居民最低生活保障政策家庭和因突发事件导致家庭经济特别困难学生、农村计划生育独生子女和双女户家庭学生。

第七条 凡符合上述要求、愿意申请资助的学生均可向所在学校以书面形式提出申请，并须由学生本人如实填写“中央专项彩票公益金教育助学项目家庭经济特别困难学生申请表”（见附表1）。填写后的申请表一律报所在学校设定的相关专门机构。

第八条 项目资金主要用于资助家庭经济特别困难学生的生活费，资助标准为每生每学年1000元。

第三章 项目资金的分配与资助对象的核定

第九条 项目资金的拨付程序为：财政部拨款至教育部，教育部再拨款至基金

会，基金会拨付学校，学校发放给学生。

第十条 基金会每年根据项目资金总额和普通高中在校生人数，经财政部、教育部同意后将分配额度分配到各地有关省（自治区、直辖市）和新疆生产建设兵团教育行政部门，并抄送省级财政部门备案；省级教育行政部门根据上述额度和人数，参照本地区家庭经济困难学生的实际分布情况，通过相关县级教育行政部门，将资助额度和人数分配到相关公办普通高中，并抄送县级财政部门备案。

第十一条 相关公办普通高中具体负责本校学生的申请工作，并严格按照公开、公平、公正的原则，对申请学生的资格、条件进行初审。经初审通过的学生名单必须在校内进行为期不少于5天的公示。公示中，如有异议，学校必须及时进行调查、核实，并做出相应处理；对经公示无异议的学生名单，则由学校填写“中央专项彩票公益金教育助学项目受助学生所在学校相关信息表”（见附表2），按规定时间报县级教育行政部门复核。

第十二条 县级教育行政部门对本县有关学校上报的学生名单进行复核，复核通过后，则填写“中央专项彩票公益金教育助学项目资助学生名单县级汇总表”（见附表3）和“中央专项彩票公益金教育助学项目相关信息县级汇总表”（见附表4）。附表3、附表4填写后，凡有条件的，均应将这两张表格的电子版刻录成光盘，同时打印出纸质表格；无条件制作光盘的，则可提供两张表格的电子版。光盘（或电子版）和纸质表格各一式两份，上报省级教育行政部门汇总和再审核。

第十三条 省级教育行政部门对全省中央专项彩票公益金教育助学项目资助的学生名单进行汇总和再核后，填写“中央专项彩票公益金教育助学项目省级汇总表”（见附表5），连同各相关县（团场）上报的上述光盘（电子版）和纸质表格（各一份），按基金会规定时间寄送中国教育发展基金会终审（基金会的地址是：北京市西城区西单大木仓胡同35号，邮编100816；并在信件封面醒目位置注明“中央专项彩票公益金教育助学项目”，联系电话是：66097966）。电子版可通过电子邮件发送到cedf@moe.edu.cn，邮件名称为“中央专项彩票公益金教育助学项目——××省（自治区、直辖市）”。

第四章 项目资金的发放

第十四条 基金会收到相关各省（自治区、直辖市）和新疆生产建设兵团上述

第十三条的有关材料后，对上报的申请资助的学生名单按地区组织终审，并在基金会网站上公布终审结果。如无异议，基金会在15个工作日内通过基金会的银行拨款批量处理系统，将每所公办高中每学年应得的项目资金，分两学期核拨到相关学校。

第十五条　相关公办普通高中收到项目资金后，按资助标准（每人每年1000元，每人每学期500元）在5个工作日内发放到每位受助学生手上，并组织学生签收。

第十六条　各相关公办普通高中均要建立中央专项彩票公益金教育助学项目受资助学生档案，由受助学生本人签字的签收单一律要造册登记并保存3年，以备基金会和上级部门检查。

第五章　项目资金管理

第十七条　基金会和相关公办普通高中均要建立专账予以反映，保障项目资金的安全和正确使用。任何人、任何部门都不得截留、挤占、挪作他用或拖延支付。项目资金只用于解决学生的生活困难，必须专款专用，各学校不得以任何借口抵扣为受助学生上交的学费等费用。

第十八条　各相关普通高中的校长为本校实施中央专项彩票公益金教育助学项目工作的直接责任人，对本校受助学生评定的公正性及项目资金的专款专用负责。

第十九条　基金会接受相关部门审计并将审计结果报财政部和教育部。

第二十条　基金会定期向财政部、教育部汇报中央专项彩票公益金教育助学项目执行、落实、检查、评估等有关情况。

第六章　监督检查

第二十一条　财政部、教育部将加强对基金会项目执行情况的监督检查。监督检查的重点内容为：

1. 基金会是否建立专账予以反映项目资金情况，项目资金是否专款专用；
2. 基金会是否在规定时间内将项目资金拨付到相关学校；
3. 基金会在项目执行过程中是否有其他违反本办法规定的情况。

第二十二条　基金会必须加强对中央专项彩票公益金教育助学项目执行、落实情况的日常检查与监督。监督检查的重点内容为：

1. 项目资金是否真正落实到应该受资助学生身上；

2. 项目资金在相关公办普通高中是否专款专用，是否存在违背本办法规定的行为；

3. 相关公办普通高中对项目资金的使用情况和相关档案制度是否建立和健全，具体操作方面是否达到本办法的要求。

第二十三条 接到对经终审接受资助学生名单的举报，基金会将及时查清原因，并做出认真、严肃处理，处理结果亦在网站上公布。

第二十四条 在中央专项彩票公益金教育助学项目的执行过程中，如发现截留、挤占、挪用、拖延支付、扣抵项目资金，或弄虚作假、资助学生名不副实等问题，基金会将会同有关方面严肃查处，并将根据情节轻重，做出如下处理：责任在校领导的，除依法依规追究该领导的责任外，一律暂停中央专项彩票公益金教育助学项目在该校的执行，责其限期整顿；责任在县级或省级教育行政部门的，除依法依规追究相关人员的责任外，一律暂停中央专项彩票公益金教育助学项目在该县、该省的执行，责其限期整顿；对上述违规行为，一律通过网上公布或内部通报的形式，予以批评。

第七章 附 则

第二十五条 本办法由财政部、教育部负责解释。

第二十六条 本办法自印发之日起执行。

附表：1. 中央专项彩票公益金教育助学项目家庭经济特别困难学生申请表（略）

2. 中央专项彩票公益金教育助学项目受助学生所在学校相关信息表（略）

3. 中央专项彩票公益金教育助学项目资助学生名单县级汇总表（略）

4. 中央专项彩票公益金教育助学项目相关信息汇总表（略）

5. 中央专项彩票公益金教育助学项目省级汇总表（略）

中国教育发展基金会　全国学生资助管理中心关于印发《普通高校家庭经济困难新生入学资助项目暂行管理办法》的通知

(2012 年 5 月 23 日　教基金会〔2012〕10 号)

各有关省、自治区、直辖市学生资助管理部门：

中国教育发展基金会利用中央专项彩票公益金润雨计划部分专项资金，设立普通高校家庭经济困难新生入学资助项目，用于资助普通高校家庭经济困难新生到校报到。

为规范项目的管理和实施，保证项目顺利开展，提高资金使用效益，根据《中央专项彩票公益金润雨计划管理和实施暂行办法》和财政部有关项目资金管理的要求与规定，我们制定了《普通高校家庭经济困难新生入学资助项目暂行管理办法》。现印发给你们，请遵照执行。

附件：

普通高校家庭经济困难新生入学资助项目暂行管理办法

第一章　总　则

第一条　为规范普通高校家庭经济困难新生入学资助项目（以下简称入学资助项目）的管理和实施，确保资金使用安全高效，根据国家有关法律法规和《中央专项彩票公益金润雨计划管理和实施暂行办法》有关规定，制定本办法。

第二条 本办法所称入学资助项目，是指中国教育发展基金会（以下简称基金会）使用中央专项彩票公益金润雨计划专项资金资助普通高校家庭经济困难新生到校报到。

第三条 入学资助项目的管理和实施坚持“公开透明、量入为出、突出重点、专款专用”的原则。

第四条 有关入学资助项目的所有宣传材料，均需注明“彩票公益金资助——中国福利彩票和中国体育彩票”的字样。

第二章 资助范围、对象和标准

第五条 入学资助项目的资助范围与对象为中西部地区每年高考考入全日制普通高等院校的家庭经济困难新生。在实施过程中，基金会每年商全国学生资助管理中心重点选取部分省（自治区、直辖市）作为当年项目的资助地域，并向集中连片特殊困难地区倾斜。

第六条 申请资助的学生需具备以下条件：

1. 热爱祖国，拥护中国共产党领导；
2. 遵守宪法和法律，遵守学校规章制度；
3. 普通高中应届毕业生；
4. 参加高考并被全日制普通高等院校（含高职）录取；
5. 家庭经济困难，生活俭朴。

第七条 入学资助项目应优先资助孤残学生、父母丧失劳动能力学生、少数民族学生、烈士子女、单亲家庭经济困难学生、农村绝对贫困家庭学生、享受城镇居民最低生活保障政策家庭和因突发事件导致家庭经济困难学生、农村计划生育独生子女和双女户家庭学生等。

第八条 入学资助项目的资助标准为：省（自治区、直辖市）内院校录取的新生每人500元，省（自治区、直辖市）外院校录取的新生每人1000元。资助款用于一次性补助家庭经济困难新生从家庭所在地到被录取院校之间的交通费及入学后短期的生活费用。

第三章 名额分配及资金拨付

第九条 基金会根据各省（自治区、直辖市）当年高三学生在校生人数，确定项目实施方案并商全国学生资助管理中心后，于每年 5 月将资助额度分配到有关省级学生资助管理部门。

第十条 省级学生资助管理部门综合考虑各地的贫困程度、上年度各地高考新生录取人数的情况以及录取院校的地域分布等因素，将资助额度逐级分配到各县级教育行政部门并将“家庭经济困难大学新生入学资助项目资助额度分配方案及县级教育行政部门相关信息表”（附表1）上报基金会。

第十一条 基金会按照各省上报的资助额度分配方案，于每年 7 月将资助款拨付相关县级教育行政部门。

第四章 申请程序及资金发放

第十二条 相关县级教育行政部门负责本县（区、市）学生的申请工作。凡符合第二章中相关要求的学生均可向当地县级教育行政部门以书面形式提出申请，并由学生本人如实填写“家庭经济困难大学新生入学资助项目申请表”（附表2）。县级教育行政部门收到学生申请表后，须严格按照公开、公平、公正的原则，对申请学生资格、条件进行评审。经评审通过的学生名单必须在本县（区、市）进行为期不少于 5 天的公示。公示过程中，如有异议，县级教育行政部门必须及时进行调查、核实，并作出相应处理；经公示无异议后，由相关县级教育行政部门在 10 个工作日内，按规定的资助标准将资助款发放到每位受资助的学生手中，并组织学生签收。

第十三条 相关县级教育行政部门按有关规定将受资助学生名单逐级报送省级学生资助管理部门，省级学生资助管理部门将学生名单汇总后填写“家庭经济困难大学新生入学资助项目学生名单表”（附表3），于每年 9 月报送基金会（纸质及电子文档）。

第十四条 相关县级教育行政部门均要建立入学资助项目受资助学生档案并将相关情况录入普通高中资助项目电子信息管理系统，申请表、录取通知书复印件和由受资助学生本人签字的签收单一律要造册登记并保存 3 年以上，以备基金会和有关部门检查。如发现有领取资助款后，不到高校报到注册的，县级教育行政部门要负责追回资助款。

第五章　资金管理

第十五条　入学资助项目资金的使用应当严格执行国家有关法律、法规和财务规章制度，确保专款专用。任何人、任何部门都不得截留、挤占、挪用、抵扣、拖延支付。

第十六条　相关县级教育行政部门均要建立入学资助项目专账，实行独立核算，分账管理，不得与其他资金混合管理使用。

第十七条　入学资助项目资金由各县级教育行政部门根据实际情况全部安排支出，如因特殊原因有结余则和追回的资助款一起结转至下一年度使用，并在上报受资助学生名单时一并说明情况，省级学生资助管理部门向基金会报送名单时一并说明情况。

第十八条　入学资助项目资金使用情况接受国家审计部门或社会中介机构专项审计，基金会向社会公告项目资金的具体使用情况。

第十九条　相关县级教育行政部门主要负责人为本县（区、市）实施入学资助项目工作的直接责任人，对本县（区、市）受资助学生评定的公正性及资金的专款专用负全责。

第六章　监督检查

第二十条　基金会和全国学生资助管理中心将对入学资助项目的执行和落实情况进行监督与检查。监督检查的重点内容为：

1. 相关县级教育行政部门是否建立专账管理项目资金，是否专款专用，是否有截留、挤占、挪用、抵扣、拖延支付等情况；

2. 相关县级教育行政部门是否将资助款及时发放给真正应该受资助的学生；

3. 相关县级教育行政部门具体操作程序和项目资金使用情况是否符合本办法的要求，相关档案制度是否建立和健全；

4. 相关县级教育行政部门在项目执行过程中是否有其他违反本办法规定的情况。

第二十一条　在入学资助项目执行过程中，如发现截留、挤占、挪用、抵扣、拖延支付或弄虚作假、资助学生名不副实等问题，基金会和全国学生资助管理中心将会同有关方面严肃查处，并根据情节轻重，作出如下处理：责任在县级教育行政部门的，除依法依规追究相关人员责任外，一律暂停入学资助项目在该县（区、市）的执行，责其限期整顿；责任在省级学生资助管理部门的，除依法依规追究相关人员的责任外，一律暂停入学资助项目在该省（自治区、直辖市）的执行，责其限期整顿；对上述违规行为，一律通过网上公布或内部通报的形式，予以批评。

第七章　附　则

第二十二条　本办法由中国教育发展基金会和全国学生资助管理中心负责解释。

第二十三条　本办法自印发之日起执行。

附表：1. 家庭经济困难大学新生入学资助项目资助额度分配方案及县级教育行政部门相关信息表（略）

2. 家庭经济困难大学新生入学资助项目申请表（略）

3. 家庭经济困难大学新生入学资助项目学生名单表（略）

联合国儿童基金会

【机构背景】

联合国儿童基金会（*United Nations International Children's Emergency Fund*，缩写：*UNICEF*），原名“联合国国际儿童紧急救助基金会”，于1946年12月11日创建，最初目的是满足第二次世界大战之后欧洲与中国儿童的紧急需求。1950年起，其工作扩展到满足全球所有发展中国家儿童和母亲的长期需求。1953年，UNICEF成为联合国系统的永久成员，并受联合国大会的委托致力于实现全球各国母婴和儿童的生存、发展、受保护和参与的权利。1965年，联合国儿童基金会由于“促进国家间的手足情谊”而获得诺贝尔和平奖。

【理念】

联合国儿童基金会的资金完全来自政府、个人和企业以及其他基金会的自愿无偿捐赠。其中，每年资金来源中有三分之一来自私营企业。在中国募集的善款将全部用于联合国儿童基金会在中国的项目。联合国儿童基金会共有37个国家委员会，它们主要负责在其所在的发达国家和地区进行宣传和与资金的募集。这些国家委员会开展慈善募捐，组织社会活动，建立信息数据库，召开研讨会，通过直接邮寄，贺卡销售募集善款，旨在提高公众意识，使他们更清楚地了解发展中国家所面临的挑战。

【成果】

联合国儿童基金会与合作伙伴一道进行教育系统的建设，为全世界条件最艰苦的儿童提供可以改变他们及其子女的生活的学习机会。在 2016 年，联合国儿童基金会：

（1）为 1570 万儿童和超过 33 万间教室提供学习资料。

（2）为 3 万 9 千所学校社区提供培训，使他们的学校更加健康、计划管理更加完善，并且更方便残疾儿童就读。

（3）为 1170 万处于人道主义局势下的儿童提供教育支持。

【项目概况】

- 创建爱生学校，创造安全、快乐、包容的参与式环境；
- 通过家长教育及外展服务，为儿童早期发展提供支持；
- 提高高质量的学龄前教育和幼儿园的入学率；
- 增强青少年对健康、负责任的社会行为和就业准备的认识；
- 推动学校的安全教育和防灾教育以及突发事件下的快速反应。

中国教育发展基金会

【机构背景】

中国教育发展基金会（*China Education Development Foundation*，缩写：*CEDF*），是由中华人民共和国教育部、财政部支持发起的全国性公募基金会，面向公众募捐的地域是中国以及许可本基金会募捐的其他国家和地区。原始注册基金数额为人民币5000万元，由中央财政安排。登记管理机关是中华人民共和国民政部，业务主管单位是中华人民共和国教育部。

【宗旨】

开展经常性的全国助学、助教、改善办学条件及其他有关活动，促进教育及其他有关事业的健康发展，并遵守中华人民共和国宪法、法律、法规和政策，遵守社会道德。

【活动领域】

（1）组织资助中国内地贫困家庭学生，帮助他们完成学业；

（2）组织资助赴中国内地学习、进修的香港、澳门、台湾地区家庭困难学生，帮助他们完成学业；

（3）支持一些贫困地区解决在改革发展教育事业过程中遇到的特殊困难；

（4）奖励对中国教育事业改革和发展做出特殊贡献的个人和单位；

（5）接受海内外热心支持中国教育事业的政府、组织和个人提供的资金、财产捐赠及无偿技术援助；

（6）通过多种渠道，面向海内外开展符合本基金会宗旨的募捐活动；

（7）接受政府委托或指定开展的与教育或其他有关与教育事业相关的各类扶持、资助项目；

（8）接受委托管理国内外其他基金机构用于中国教育事业的资金；开展与国内外同类基金会的合作、交流活动；

（9）该基金会章程规定或许可的其他活动。

【部分项目】

- 中国教育发展基金会吉利控股集团“资助贫困大学生完成学业”项目
- 中国教育发展基金会中国移动“爱心图书馆（室）”项目
- 中国教育发展基金会中国移动“西部农村中小学校长培训”项目
- 中国教育发展基金会人民教育出版社“援助陕西省杨上小学建设”项目
- 中国教育发展基金会、教育部体育卫生与艺术教育司和广州高露洁棕榄有限公司合作开展“中国口腔健康教育促进活动”项目
- 中国教育发展基金会中国民生银行股份有限公司“资助河南省滑县、封丘县用于修缮和建造校舍”项目
- 中国教育发展基金会人民教育出版社为纪念朱德诞辰120周年，向其家乡——“四川省仪陇县中小学校捐赠图书”项目
- 中国教育发展基金会和民政部合作“资助百名孤儿上学”项目
- 中国教育发展基金会内蒙古蒙牛乳业（集团）股份有限公司“资助农村小学生改善营养状况，增强体质健康”项目

附：

中国教育发展基金会助学计划实施暂行办法

第一条 为资助贫困家庭学生完成学业，根据中国教育发展基金会章程，特制定本办法。

第二条 助学计划的资助对象：

（一）在内地（祖国大陆）义务教育阶段学习的贫困家庭在校学生；

（二）在内地（祖国大陆）中等教育阶段学习的贫困家庭在校学生（含普通高中、职业高中和中专、中技学校的学生）；

（三）在内地（祖国大陆）高等教育阶段学习的贫困家庭在校学生（含普通高校本科生、专科生和高等职业技术学院的学生）；

（四）在内地学习、进修的香港、澳门、台湾地区家庭困难的上述各类学生。

第三条 助学计划的资助标准：

（一）义务教育阶段小学生每人每学年400—600元（人民币，下同），初中生每人每学年600—800元；

（二）中等教育阶段学生每人每学年800—1200元；

（三）高等教育阶段学生每人每学年3000—6000元。

第四条 资助以学年为单位，享受资助的学生在学年结束后仍符合受助条件的，可继续申请资助。

第五条 助学计划不受理有下列情形之一的在校学生的资助申请：

（一）国外机构或个人已向其提供资助的；

（二）国内机构或个人已向其提供资助的；

（三）所在学校已向其提供奖（助）学金或减免学费的。

第六条 申请资助程序：

（一）凡既符合本办法第二条规定，又无第五条情形的在校学生，均可向中国教育发展基金会书面申请资助；

（二）书面申请必须由学生本人提出。提出申请时必须使用学生本人真实姓名，如实反映家庭情况，提供家庭确切地址及联系方式；

（三）上述书面申请材料必须附上相关证明，并由所在学校主要负责人在相关证明上签字、盖章；

（四）书面申请径寄中国教育发展基金会。

联系地址：北京市西城区西单大木仓胡同35号

邮政编码：100816

联系电话：010—66097788

传　真：010—66097755

第七条　享受资助学生的资格确定：

（一）中国教育发展基金会邀请有关人员成立助学计划资格评审委员会（以下简称评审委员会），先对学生书面申请进行初审；

（二）对经初审通过的申请学生，视情况再由中国教育发展基金会通过下列部分或全部程序进行核实：

1. 请申请学生家庭所在地的乡或县级政府主管部门核实；

2. 请申请学生所在学校核实；

3. 委托志愿者到申请学生学校或家庭所在地进行实地核实；

4. 委托中国教育报驻各地的记者进行实地核实；

5. 委托各地的教育基金会进行核实；

6. 由中国教育发展基金会指定可靠人员进行核实；

7. 由中国教育发展基金会直接派员核实。

（三）经上述程序核实合格的申请者，提交评审委员会最后确定。

第八条　中国教育发展基金会按评审委员会最后确定的申请学生名单，在7个工作日内，通过各种办法，将资助款汇到当地教育主管部门或受资助学生所在学校，并通知本人领取。

第九条　享受中国教育发展基金会资助的学生名单，按学年向社会公布。

第十条　享受中国教育发展基金会资助的学生所在学校，应配合中国教育发展基金会建立本校受资助学生的长期档案，认真考察受资助学生本人的日常表现，如实向中国教育发展基金会反映有关情况，并接受中国教育发展基金会及其委托机构的检查。

第十一条　享受资助的学生本人必须努力做到德、智、体全面发展。中国教育发展基金会将定期组织对受资助学生的情况进行调查。

第十二条　出现下列情形之一者，终止资助：

（一）书面申请材料弄虚作假的；

（二）家庭经济状况明显改善，已能支付继续学习费用的；

（三）资助款项被享受资助学生的家庭或他人挪作他用的；

（四）受资助学生个人生活铺张浪费的；

（五）受资助学生违反校规受到处分的。

第十三条 终止资助的决定权在中国教育发展基金会。因各种情况中止资助的学生名单，必要时也向社会公布。

第十四条 建立中国教育发展基金会助学计划项目管理评估制度。为不断提高助学计划的实施效果，中国教育发展基金会组织节约、高效的评估机构，及时采集各种相关数据，定期进行分析评估并发布评估报告。

第十五条 本办法的解释权和修订权属于中国教育发展基金会。

第十六条 本办法自发布之日起实行。

中国青少年发展基金会

【机构背景】

中国青少年发展基金会（以下简称中国青基会）是5A级基金会，1989年3月由共青团中央发起成立。中国青基会是全国性公募基金会，其面向公众募捐的地域是中国以及许可中国青基会募捐的国家和地区。

中国青基会于1989年10月发起实施希望工程，是我国社会参与最广泛、最富影响的民间公益事业。希望工程 是中国青基会创立的公益品牌，是我国社会参与最广泛、最富影响的民间公益事业。希望工程学生资助是为农村贫困家庭的学生提供学习、生活补助，改善受助学生的学习、生活条件，促进政府和社会关注农村贫困家庭学生在学习、生活中遇到的问题。

【宗旨】

多年来，基于共同使命、共同价值观、共同的道德标准及共同行动，中国青基会与全国37家地方青基会形成全国青基会共同体。通过资助服务、利益表达和社会倡导，帮助青少年提高能力，改善青少年成长环境。

【部分项目】

• 希望工程1+1（资助义务教育阶段的学生）•

（一）孩子们上学困难重重

《义务教育法》规定：国家鼓励社会组织和个人向义务教育捐赠。在农村贫困地区，虽然国家实行了“两免一补”，但由于家庭贫困，加上大量乡村学校被撤并，许许多多农村的孩子要上学，还要支付交通、住宿和伙食等费用。他们的上学路，困难重重！

（二）资助对象农村家庭经济困难的义务教育阶段的学生（含进城务工农民工子女）。

（三）目标：希望工程1+1助学金继续为贫困家庭义务教育阶段学生提供学习生活费用的资助，缓解他们家庭的经济困难，改善学生学习、生活条件，帮助他们完成学业，促进社会关注农村贫困家庭学生遇到的困难。

（四）捐赠、资助标准：捐款500元，为一名义务教育阶段学生提供一学期的学习生活补助；捐款1000元，为一名义务教育阶段学生提供一学年（两个学期）的学习生活补助。

• 希望之星（资助高中阶段的学生）•

（一）高额的高中收费成为贫困家庭的沉重负担

目前，各地高中阶段教育收费较高，而助学制度还不完善，高额的高中收费成为贫困家庭的沉重负担。高中致贫现象非常明显，尤其在偏远贫困地区，甚至出现因学致贫、因贫失学现象，严重影响了教育公平的实现。“希望之星”助学项目通过连续三年助学金资助，帮助贫困高中生顺利完成高中学业。

（二）资助对象

农村家庭经济困难的高中学段的学生（含职高学生）。

（三）目标

为受助学生提供学习生活补助，缓解他们家庭的经济负担，帮助他们顺利读完高中。

（四）捐赠、资助标准

捐款1000元，为一名高中学段的学生提供一年的学习生活补助（其中10%为中国青基会项目服务、管理和行政成本）。

• 希望工程圆梦行动（资助大学新生）•

（一）高昂的学费与生活费，是贫困大学生的沉重负担

教育部有关部门统计结果显示：2011年，全国在校大学生2300多万人，贫困大

学生的绝对数字和比例呈增长趋势，其中绝大多数来自农村贫困地区。对于许多经济困难大学生，高昂的学费与生活费，是他们的沉重负担。

（二）资助对象

当年参加高考，并被全日制普通高等院校录取的、农村家庭经济困难、品学兼优的大学新生。

（三）目标

希望工程圆梦行动为农村家庭经济有困难的、品学兼优的大学新生提供从家门到校门的交通与生活费的资助，帮助他们圆梦大学。

（四）捐赠、资助标准

捐赠标准：4400元，4000元为资助款，400元为中国青基会项目服务、管理和行政成本；

资助标准：一次性4000元/人。

附：

希望工程学生资助管理规则

第一章　总　则

第一条　坚持助农民的后代人人有书读的使命，资助来自农村贫困地区家庭经济困难、品学兼优的学生继续学业，是希望工程资助服务工作的组成部分。

第二条　中国青少年发展基金会（以下简称中国青基会）是希望工程服务商标所有权人，依法拥有希望工程服务商标专用权。为保证希望工程学生资助工作在合法、诚信、公开、高效的原则下开展，依据《公益事业捐赠法》《基金会管理条例》等法律法规和《中国青少年发展基金会章程》，制定本规则。

第三条　中国青基会及希望工程服务商标被许可人设立希望工程助学金，长期实施希望工程学生资助。

第四条　中国青基会及希望工程服务商标被许可人以希望工程学生资助名义开

展的筹款、助（奖）学金管理和资助服务等活动，适用本规则。

第五条 希望工程学生资助采取捐赠人与受助人结对资助的方式。

第六条 希望工程学生资助包括“希望工程1+1”（资助小学生、初中生）、“希望之星”（资助高中生）和“希望工程圆梦行动”（资助大学生）等项目。

第二章 资金的募集与管理

第七条 资金的募集

（一）为希望工程学生资助所开展的资金募集活动须遵循合法、自愿的原则。

（二）希望工程学生资助的捐助标准由中国青基会确定并向社会公布，希望工程服务商标被许可人参照执行。对捐款数额较大、有长期捐助意愿的捐赠人，可设立以捐赠人指定名称命名的专项基金。学生资助专项基金的资助方式和标准可根据本规则另行确定。

（三）接受捐款须履行捐赠手续，开具由财政部门监印的《公益事业捐赠统一票据》。捐赠人凭此票据可申请免税。

（四）捐赠人如以义卖、义演等方式面向社会为希望工程学生资助筹款，须经中国青基会或希望工程服务商标被许可人授权。

第八条 资金的管理

（一）中国青基会对希望工程学生资助资金的使用制定统一规则，进行指导、检查和监督。

（二）接受社会捐赠的中国青基会及希望工程服务商标被许可人必须执行财政部制定的《民间非营利机构会计制度》，对希望工程学生资助资金进行严格、规范管理。

（三）希望工程学生资助捐款总额中的10%作为中国青基会或希望工程服务商标被许可人的项目管理和行政费用。

第三章 资助对象及申请条件、程序

第九条 资助对象

希望工程学生资助的对象为来自农村贫困地区品学兼优、家庭经济困难的小学生（包括进城务工农民工子女），初中生、高中生（包括职业教育），以及考入高等院校的全日制本科大学生。

第十条 申请条件及程序

（一）申请条件

1. 家庭经济困难，家庭人均收入符合政府确定的扶贫标准；

2. 品学兼优；

3. 符合上述条件的少数民族学生、孤儿、单亲家庭学生、残疾学生及其他符合社会优抚条件家庭的学生在同等条件下享有优先受资助的权利。

（二）受资助学生产生程序

1. 受资助小学生、初中生和高中生的产生程序

（1）县（市）希望工程实施机构根据中国青基会或希望工程服务商标被许可人（以下简称安排资助名额的机构）的具体要求将资助学生名额分配至各学校；

（2）学校将资助名额、资助金额、申请资助条件及申请受理时限等信息在校园公布；

（3）小学生、初中生和高中生的资助实行本人申请制（小学低年级学生可在家长或老师的帮助下申请），符合受助条件的学生向学校提出申请，填写中国青基会制定的申请表，小学生、初中生填写《“希望工程1+1”学生资助申请表》，高中生填写《“希望之星”学生资助申请表》（以下称《申请表》），申请表中须有学校及村委会意见，申请人信息须准确无误；

（4）学校初审后将待资助学生信息在校园内公示，公示期不低于7天，公示文中须注明县级希望工程实施机构及安排资助名额的机构监督电话；公示无异议后，报县（市）希望工程实施机构；

（5）县（市）希望工程实施机构须对上报的待资助学生的《申请表》进行审核，按不低于10%的比例进行抽样调查，填写《“希望工程学生资助”受助生抽样调查表》（以下称《调查表》）。县（市）希望工程实施机构对待资助学生的真实性负责；

（6）县（市）希望工程实施机构将《申请表》《调查表》上报至安排资助名额的机构；

（7）安排资助名额的机构对上报的名单进行最终核准，通过希望工程学生资助管理信息系统进行捐赠人与受益人的“一助一”结对处理。

2. 受资助大学生的产生程序

(1) 大学生的资助实行本人年度申请制;

(2) 当年参加高考并被全日制普通高等院校录取的应届高中毕业生，通过生源地申请，全日制在校大学生通过所在高校申请;

(3) 通过生源地申请的待资助大学生产生程序如下:

①县(市)希望工程实施机构根据安排资助名额的机构的具体要求将资助学生名额分配至各学校;

②学校将资助名额、资助金额、申请资助条件及申请受理时限等信息及时告知当年高考成绩达到二本录取线以上的学生;

③符合受助条件的学生凭高校录取通知书及村委会出具的家庭经济困难证明向学校提出申请，并填写中国青基会制定的《"希望工程圆梦行动"大学新生资助申请表》(以下称《申请表》);

④学校须对上报的待资助学生的《申请表》进行审核，初审无异议后，报县(市)希望工程实施机构;

⑤县(市)希望工程实施机构须对上报的待资助学生的《申请表》进行审核，按不低于10%的比例进行抽样调查，填写《"希望工程学生资助"受助生抽样调查表》(以下称《调查表》)。县(市)希望工程实施机构对待资助学生的真实性负责;

⑥县(市)希望工程实施机构将通过审核的《申请表》及《调查表》上报安排资助名额的机构;

⑦安排资助名额的机构对上报的名单进行最终核准，通过希望工程学生资助管理信息系统进行捐赠人与受益人的"一助一"结对处理。

(4) 通过所在高校申请的全日制在校大学生产生程序如下:

①安排资助名额的机构将资助名额及资助要求通知各学校;

②学校将资助名额、资助金额、申请资助条件及申请受理时限等信息在大学校园公布;

③符合受助条件的学生向学校提出申请，并填写中国青基会制定的《"希望工程圆梦行动"大学新生资助申请表》，申请连续资助项目的填写《"希望工程圆梦行动"连续资助项目申请表》(以下称《申请表》);

④学校须对申请学生的《申请表》进行审核，提出初审意见；

⑤学校将待资助学生信息公示，公示期不低于7天，公示文中须注明安排资助名额机构的监督电话；公示无异议后，将通过审核的《申请表》上报至安排资助名额的机构；

⑥安排资助名额的机构对上报的名单进行最终核准，通过希望工程学生资助管理信息系统进行捐赠人与受益人的“一助一”结对处理。

第四章　资助方式、资助管理及助学金的发放

第十一条　希望工程学生资助分为一次性资助和连续资助两种类型，资助类型根据捐赠人意愿及捐款金额确定。

第十二条　受助学生须向捐赠人复信反馈受资助后的学习生活情况；如发现连续资助项目中学生不复信，安排资助名额的机构有权对该学生终止资助。小学低年级无写信能力的受助学生，可由班主任代写（代写时须在信中写明由老师代写），学生签名；小学三年级以上的受助学生须由本人写信。

第十三条　受助学生所在学校要加强对受助学生的管理，建立健全受助学生档案，当受助学生本人出现转学、休学、退学等情况时，应及时向安排资助名额的机构报告。

第十四条　终止及调换

出现以下情形之一，终止对受助学生的资助：

（一）不能继续学业；

（二）家庭经济状况明显改善，能支付继续学习费用；

（三）受法纪处分；

（四）不向捐赠人写信反馈情况；

（五）学习成绩明显下降；

（六）弄虚作假。

受助学生的资助终止和调换由学校提出，由安排资助名额的机构通知捐赠人，听取捐赠人意见后决定。

第十五条　助学金的用途及发放

希望工程学生资助的助学金主要用于受助学生的学习生活费用，其发放分为按学期和学年两种方式。助学金发放采取“直通车”方式，小学、初中阶段的助学金直拨至受助学生家庭的农村信用社“一本通”账户；高中、大学阶段的助学金直拨至受助学生的个人银行账户。

第十六条 希望工程资助公开课

助学金划拨到账后，学校应组织受助学生参加希望工程资助公开课，内容为宣讲希望工程公益理念，发放《希望工程学生资助结对卡》（以下简称《结对卡》），指导受助学生在课堂上给捐赠人复信等。

第五章 权利与义务

第十七条 希望工程学生资助工作各相关方享有以下权利和义务：

1. 受助学生

（1）获得希望工程资助；

（2）遵纪守法，勤奋学习，诚实守信；

（3）个人长期保存《结对卡》；

（4）通过书信等方式与捐赠人进行沟通反馈，汇报学习和生活情况；

（5）接受捐赠人、希望工程实施机构和社会的监督；

（6）参加社会公益活动，在有能力的时候帮助需要帮助的人。

2. 学校

（1）在校内公布希望工程助学金申请条件，宣传希望工程“助农民的后代人人有书读”的使命；

（2）对申请人的申请资格进行审核，对符合条件者择优推荐，并在校园内公示待资助名单；

（3）做好希望工程助学金的项目管理，组织受助学生参加希望工程资助公开课；

（4）建立本校受助学生档案，档案期限为永久；

（5）督促希望工程受助学生履行义务；

（6）接受捐赠人、希望工程实施机构和社会各界的检查和监督。

3. 县（市）希望工程实施机构

（1）与县级教育部门合作，按照本规则和具体项目要求，落实所有相关资助工作；

（2）审核希望工程助学金申请资料，深入学校调查学校此项工作运作程序是否规范；

（3）及时、准确、规范地收集整理本县申请资料以及助学金发放登记等资料，并上报安排资助名额的机构；

（4）督促学校严格按照项目要求做好助学金的管理工作，确保希望工程资助公开课和学生复信工作得到落实；

（5）按年度建立本县受助学生档案，档案期限为永久；

（6）接受捐赠人和安排资助名额的机构的检查和监督。

4. 希望工程服务商标被许可人

（1）根据本规则制定本地区希望工程学生资助实施细则；

（2）执行本规则，落实好上一级青基会安排的学生资助名额，做好受助学生确定、助学金划（转）拨等各项工作；

（3）根据中国青基会《希望工程品牌授权管理规定》和希望工程服务商标使用许可合同的约定，在本地区开展希望工程学生资助的筹款、基金管理和资助服务工作；

（4）接受捐赠人、上级青基会和社会各界的监督。

5. 中国青基会

（1）制定希望工程学生资助管理规则、资助标准和管理流程；

（2）指导、监督希望工程学生资助实施管理工作；

（3）建立受助学生档案，档案有效期为永久；

（4）按时、按要求拨付希望工程助学金；

（5）定期公布希望工程助学金实施报告，接受捐赠人和社会各界的监督。

第六章　附　则

第十八条　本规则自颁布之日起执行，此前有关希望工程学生资助的相关规则自行废止。

第十九条　本规则解释权、修订权归中国青基会。

中国儿童少年基金会

【机构背景】

中国儿童少年基金会（简称中国儿基会）成立于1981年7月28日，是新中国成立后的第一家国家级公募基金会，隶属于全国妇联，在中国基金会序列中，被民政部评定为最高等级——5A级。彭丽媛同志担任中国儿童少年基金会春蕾计划促进女童教育特使。

【宗旨】

抚育、培养、教育儿童少年，辅助国家发展儿童少年教育福利事业。春蕾计划、安康计划、儿童快乐家园、HELLO小孩是中国儿基会培育出的四大公益品牌。

【成果】

1989年，中国儿基会推出并实施了旨在救助我国贫困地区女童的公益项目——“春蕾计划”。目前“春蕾计划”已经培育成为促进儿童发展的著名公益品牌。

2000年，为呼吁全社会给孩子们提供安全健康成长的良好社会环境，中国儿基会又推出了“中国儿童安全健康成长计划”大型公益项目，简称“安康计划”，主要在儿童安全、儿童健康与救助等方面提供帮扶。

2014年，由全国妇联与中国儿基会共同推出“儿童快乐家园”项目，目标是解决农村留守儿童由于长期分离，在生活照顾、亲情关爱、安全保护、心理健康等方面的问题。

2015年，“HELLO小孩”项目成立。通过爱心套餐的形式为贫困弱势儿童和受灾害影响的儿童送去社会各界的关爱和问候。

附：

中国儿童少年基金会
“春蕾计划——春蕾女童班”项目管理办法

第一条 为保障中国儿童少年基金会“春蕾计划——春蕾学校”项目科学高效运行，实现慈善捐款效益最大化，真正造福于贫困地区教育事业发展，特制定本办法。

第二条 开办“春蕾女童班”的基本要求

（一）根据国家不同时期教育发展的规划和“重点支持少数民族、边疆、贫困地区儿童工作的发展”的要求，主要在贫困地区、少数民族地区，特别是国家级贫困县开办春蕾女童班，并根据国家政策不断拓展和深化春蕾计划资助项目。

（二）各省的“春蕾计划女童班”由省妇联牵头，各县妇联负责组织实施。

（三）春蕾女童班要在当地政府及教育部门解决教室、学生宿舍、食堂、教师的前提下开办，并要采取有力措施保证学生不中途退学。

（四）实施“春蕾计划”和执行国家计划生育政策相结合，优先救助符合国家计划生育政策的贫困家庭的失辍学女童。

第三条 春蕾女童班资助对象

符合下列条件的，将被确定为春蕾女童班资助对象：

（一）家庭贫困、品学兼优、刻苦勤奋的小学、初中、高中、大学女生。

（二）被资助学生家庭收入需在当地贫困线以下。被资助学生家庭情况需由学校和当地妇联进行了解核实，并在申请表上盖章证明，大学生需有大学录取通知书。

（三）中国儿童少年基金会将资助少部分下列情况的优秀春蕾女童继续升学：

（1）考入初中、高中直至大学的“全国十佳春蕾女童”。

（2）各界人士已捐助的春蕾女童升学后，捐助者自愿继续给予捐助。

第四条 申办及审批工作程序

（一）各县妇联提出申请，向省妇联提出书面报告，省妇联审核后报送中国儿基会。申请报告的基本内容包括当地女童教育状况、贫困女童基本情况、家庭贫困原因、项目实施方案等。

（二）中国儿基会计划资助或捐助者确定资助地区的春蕾女童班，所在地省妇联负责组织项目地区妇联组织对项目地进行考察、摸底，并组织学生填写春蕾生登记表，与学校配合核实资料并盖章，经省妇联审核盖章后报送中国儿基会。中国儿基会审核后方可进行资助。

（三）省妇联负责对所属县报送的《申办春蕾女童班的报告》进行考察、评估。可利用本省募集的款项，有计划地资助，也可向中国儿童少年基金会申请资助。

（四）申报材料必须真实、准确。

第五条　春蕾女童班资助事项

（一）春蕾生资助金额

小学班：6 万元/学年（每班 50 人）

初中班：9 万元/学年（每班 50 人）

高中班：20 万元/学年（每班 50 人）

大学生：1500 元/学年/人

（二）资助款用途

1. 课本费、服装被褥补助费、卫生保健补助费、学生伙食住宿补助费；

2. 学校可在上述范围内，在当地妇联监督下，根据各地学生所需，适当调剂使用金额，期末将决算表报送至中国儿童少年基金会审核，所有资助款必须保证用于所资助女童。

（三）资助时间

按学习阶段资助，一般为三年。小学生从三或四年级开始资助，大学本科为四年。

（四）春蕾女童班资助人数

每个春蕾女童班最多为 50 人，可按照当地情况及学生学习情况，分散学校资助，可同级不同班。

第六条　资助款拨付

（一）拨付时间

每年 9 月初，中国儿童少年基金会收到完整的申报资料、学期汇报资料，并批准拨款后方可拨出资助款。

（二）拨付方式

按照项目省妇联申报的单位账号拨付，由当地妇联把资助款转发给春蕾生所在学校，并监督学校统一发放和使用。收款单位须开具行政事业单位正式发票，并寄回中国儿童少年基金会。

第七条 项目执行反馈要求

（一）受助春蕾生和项目负责单位每个学期须汇报项目执行情况，并于每学期期末寄送至中国儿童少年基金会；

（二）受助学生向捐助者每学期写一封汇报信，汇报学习生活情况；

（三）学校对每个受助学生做学习和思想评定；

（四）省妇联每学年报一份工作总结；

（五）每学期项目省妇联需申报财务结算表、资助确认表；

（六）当地妇联充分利用平时积累素材，从文字、图像、影像多角度，多方面反馈项目执行情况。

未尽事宜在执行中逐步完善。

中国妇女发展基金会

【机构背景】

中国妇女发展基金会，简称“中国妇基会”（*China Women's Development Foundation*，缩写：*CWDF*）。中国妇基会是5A级基金会，1988年12月由全国妇联发起成立。中国妇基会是全国性公募基金会，其面向公众募捐的地域是中国以及许可中国妇基会募捐的国家和地区。

【宗旨】

维护妇女权益，提高妇女素质，促进妇女和妇女事业发展，为构建和谐社会作出应有的贡献。长期以来，中国妇基会着眼于妇女群众最关心、最直接、最现实的利益问题，在围绕妇女扶贫、妇女健康、女性创业等方面，实施了一系列公益慈善项目，取得了明显的社会成效，组织实施的“母亲小额循环”“母亲健康快车”“母亲水窖”“贫困英模母亲资助计划”“母亲邮包”5个项目分别获得中国政府最高慈善奖项——中华慈善奖。

【部分项目】

• 母爱书桌项目 •

为使贫困地区留守儿童能够拥有一张完好的书桌以及其他配套学习用品，中国妇女发展基金会发起“母爱书桌”项目。

项目以整校推进方式进行，按照“1 + N”综合模式组织实施，即以为学生更换破旧课桌椅为龙头，并将提供个人学习用具、学校体育器械、音乐器械、美术器械、教学实验仪器、教育及健康安全、家庭保障等问题统筹考虑。200 元一套书桌及一名学生的配套学习用品。

• 金宝奖学金

为鼓励高等院校在校贫困学生自强不息，帮助他们顺利完成学业，由香港金宝洋行总裁谢王寿鸰女士捐资，在中国妇女发展基金会设立了“金宝奖学金”专项教育基金。该奖学金的宗旨是“鼓励自强，倡导助人”。主要用于资助高校中家庭经济困难、品学兼优的在校贫困大学生，帮助他们解决部分学费和生活费用，缓解她们的生活压力，使他们能够安心完成学业。

项目地点：在北京地区的对外经济贸易大学、北京工商大学、首都师范大学、北京服装学院、中华女子学院五所高校实施（2008 年以前还有上海地区的东华大学）

中国扶贫基金会

【机构背景】

中国扶贫基金会（*China Foundation for Poverty Alleviation*，缩写：*CFPA*）成立于1989年，是在民政部注册、由国务院扶贫办主管的全国性扶贫公益组织，是中国扶贫公益领域规模大、具有一定影响力的公益组织之一。

28年来，中国扶贫基金会通过良好的内部治理、项目管理和社会绩效得到了公众的广泛认同，社会影响力不断提高。

2007年、2013年在民政部组织的全国基金会等级评审中，均被评为最高等级5A级基金会。

2016年9月，《慈善法》颁布后，被民政部首批认定为具有公开募捐资格的慈善组织。

在社会各界的支持下，截至2016年年底，累计筹措扶贫资金和物资248．67亿元，受益贫困人口和灾区民众2908．72万人次。

【活动领域】

（1）健康与卫生：贫困人群的保健水平、健康水平普遍较低。贫困地区的医疗服务不足，医疗保障水平偏低。在边远山区，许多儿童在膳食结构单一、营养不足的生活环境中成长，不但正常生长发育受到危害，学习成绩也难以提高。贫困人群的健康保障问题，是社会各界乃至全球关注的焦点之一。

中国扶贫基金会于2000年、2008年先后启动了“母婴平安120行动项目”、“爱加餐”等项目，通过救助贫困母婴，关注儿童卫生健康及营养等措施，提高孕产妇住院分娩率、降低孕产妇死亡率；提高贫困母婴生命保障水平和健康水平；改善贫困山区儿童营养状况和生长发育状况，减少儿童的营养不良率和贫血率；提升贫困地区人口的健康水平。

（2）教育与成长：我国老少边远地区因自然环境恶劣、地理位置偏僻等因素制约，经济发展缓慢，许多乡村小学宿舍年久失修，不仅存在隐患且不能满足学生住宿需求，近年来的撤点并校计划加剧了贫困地区学生住宿难的状况；贫困地区的学生学习用品缺乏；特困高中生和特困大学生日常生活费面临困难。

为此，中国扶贫基金会启动了筑巢行动、爱心包裹、新长城助学等项目，致力于促进贫困地区农村学生的综合发展，改善生活条件。通过为贫困地区乡镇完小援建学生宿舍、图书室，发放爱心包裹、组织音体美教师培训、志愿者支教及资助特困高中生和特困大学生等形式，解决贫困地区学生住宿难问题，改善贫困地区农村小学音体美教学现状和学习条件，帮助特困高中生和特困大学生完成学业，给贫困学生送去关爱。

（3）社区与生计：老少边贫的贫困弱势人群，由于缺乏金融支持，或是生产规模小，或是交通不便等原因，在市场竞争中处于劣势地位，改善生活质量的速度慢。为了让贫困地区、贫困人群在市场经济活动中有更多的发展受益机会，中国扶贫基金会努力改善贫困地区基础生产生活条件，帮助贫困农户转变经营模式。

（4）灾害救援：我国是自然灾害多发国家，因灾致贫和因灾返贫也是致贫成因之一。中国扶贫基金会于2003年开始实施紧急救援项目，减轻贫困灾区同胞的疾苦与不安，提升灾害响应的及时性和针对性；倡导和推动政府与非政府组织、非政府组织之间在灾害救援领域的合作，搭建人道救援网络，开展减防灾培训，加强相关方的能力建设和网络建设。

【部分项目】

• 新长城特困大学生自强项目 •

（一）“新长城”的含义

长城是中华民族的象征，新长城代表中国人在21世纪实现中华民族伟大复兴的光荣梦想。昨天，先辈用砖瓦、血汗、意志，筑造万里长城。今天，我们用关爱、知识、人才，共铸时代新长城。

（二）项目目标

1. 动员社会力量，为特困大学生提供帮助，将爱传递给他们，帮助他们实现成才之梦。

2. 组建受助大学生互助组织——自强社，通过自助、助人、拼搏、服务社会，传递社会关爱，锻造自强之才。

3. 建立受助学生、捐助人和社会的互动网络和平台，用关爱、知识、人才，共铸时代新长城。

（三）帮助对象

经济特困、品学兼优的全日制在校本科生（以新长城签约项目高校为主）。

（四）帮助内容

1. 经济资助：向受助学生提供新长城自强助学金，帮助他们解决部分经济困难；

2. 成才支持：以新长城高校自强社为组织实施平台，对受助学生提供成才支持。

（五）捐助标准

1. 统一的标准：每人每年 3300 元，其中 3000 元自强奖学金用于受助学生生活费及学习费用，300 元管理费用于项目执行、监测等费用；建议资助年限为 2 年或 4 年。

2. 捐助人自己设定的标准：一次性到账捐款额超过 20 万元的捐赠人，可申请在高于每人每年 2000 元且不超过 5000 元范围内自己设定标准。

（六）受益学生条件

1. 家庭经济特别困难，符合以下条件之一

（1）孤、残学生及烈士子女，且无固定经济来源的学生；

（2）遭遇自然灾害，家庭收入严重下降，正常学习、生活受较严重影响的学生；

（3）父母双双失业、且无正常经济来源的学生；

（4）父母一方失业，另一方收入不足以维持正常学习和生活的学生；

（5）家庭主要收入创造者，因故丧失劳动能力，导致正常学习生活危机的学生；

（6）家有危重病人，造成家庭经济异常拮据的学生；

（7）来自老、少、边、穷及偏远农村，家庭收入不足以支付正常的学习及生活

费用的学生；

（8）由于其他原因造成经济特困的学生。

2. 学习成绩及其他要求

（1）项目高校的本科生；

（2）上学期学习成绩未出现2门以上不及格课程；

（3）奋发向上，努力学习，遵守校规校纪；

（4）个人生活勤俭节约。

（七）候选学生的来源

1. 主要途径：签约项目高校认定并推荐；

2. 辅助途径：贫困县认定并推荐，后经项目高校核实。

中华慈善总会

【机构背景】

中华慈善总会成立于1994年，是经中国政府批准依法注册登记，由热心慈善事业的公民、法人及其他社会组织志愿参加的全国性非营利公益社会团体，目前在全国拥有366个会员单位。

【宗旨】

发扬人道主义精神，弘扬中华民族扶贫济困的传统美德，帮助社会上不幸的个人和困难群体，开展多种形式的社会救助工作。

中华慈善总会自成立至今，始终坚持恪守总会宗旨，积极倡导慈善意识，努力开拓慈善工作的服务领域，广泛动员社会力量，多方筹措慈善资金，配合政府有关部门在紧急救援、扶贫济困、安老助孤、医疗救助、助学支教等方面做了大量工作，取得了显著成绩。近几年来，中华慈善总会特别注意发挥其本身所特有的涵盖面较为宽泛的特点，开展了救灾、扶贫、安老、助孤、支教、助学、扶残、助医八大方面几十个慈善项目，逐步形成了遍布全国、规模巨大的慈善援助体系。

【部分项目】

• “为了明天——关爱儿童”项目 •

中华慈善总会与世界著名慈善组织全球联合之路合作发起“为了明天——关爱

儿童”长期慈善项目。项目以建立“关爱儿童之家”为载体，通过组织社会捐赠、志愿服务相结合的形式，利用全国四级慈善会网络，与各级慈善会搭建起社会组织为主导的合作平台，并联合包括企业、机构和爱心人士在内的各界力量，解决留守儿童普遍存在的亲情失落、学习失教、心理失衡及特殊困难等问题。

通过在学校、社区等合适的场所设立“关爱儿童之家”，让孩子们愿意到这里来接受各种学习、阅读、玩乐与交流分享。通过心灵关怀、亲情连线及素质培养等服务，重点解决当前存在的亲情失落、学习失教、心理失衡等问题，让他们获得应得的爱与关注，同时，提升学业表现、改善心理健康水平。平台还将为其他家庭成员提供帮助，以助于解决留守儿童面临的各种问题。

绘本阅读——引导带领阅读，帮助孩子培养阅读兴趣、提升学业表现以及积极的情绪表达。

心灵关怀——协助提供缺少父母陪伴的儿童心理支持，处理因儿童与家长间关系疏远导致的各种心理与行为上的反应。

亲情连线——让儿童与家长之间维持更为密切的联系，改善亲子关系。

志愿者能力培训——每年定期举办志愿者能力建设培训，帮助提升志愿者专业水平和能力，更好地为受助儿童服务。

巡回式服务——在不易招募到心理学、心理咨询与社工相关专家的地方，配置大型巴士一辆，作为“流动关爱儿童之家”，开展巡回式服务，巡回省内各偏远县市，协助当地“儿童之家”，并配合学校进行培训与重点对象的咨询服务。

预算需求——每个关爱儿童之家预算为10—25万元（根据项目点实际情况确定，包含建设费及一年活动费）。

• 儿童为本小区扶贫项目 •

儿童为本小区扶贫项目通过世界宣明会在国（境）外筹集善款后，在国内选定国家级贫困县作为项目实施地点，通过中华慈善总会与当地政府签订长期合作协议，开展综合性项目。

至2011年年底，双方合作在中国7个省份14个县城开展了18个“儿童为本小区扶贫”社区综合发展项目，为逾38500名贫困儿童提供资助以解决他们基本教育、免疫和营养等方面的需要，并透过社区综合发展项目，帮助这些儿童所在的家庭和社区走出贫困。在1998年至2011年间，累计投入资金超过7.3亿人民币，每年受益人数近200万人。

• 宝马爱心基金 •

宝马爱心基金主要项目包括以下几类：

1. “童悦之家”项目：关注欠发达地区留守儿童及城市打工子弟的成长、发掘儿童潜力，旨在为欠发达地区硬件条件差的学校及城市打工子弟学校捐建图书室，为孩子们及老师们购置图书、多媒体设备、文体用品等，以此提升学校基础设施建设及获取更好教育资源。该项目已在全国26个省、自治区及直辖市建立54家“童悦之家”，受益儿童超过5万名。

2. 助学金发放项目：项目旨在为考入二本以上的贫困学子提供助学金，以助他们圆大学梦，目前已资助来自四川、陕西、甘肃等全国12个省、自治区和直辖市学生1800余人；此外，还资助五所职业学院，即福建工业学校，广东交通职业技术学院，湖北交通职业技术学院，辽宁省交通高等专科学校的贫困学生助学金，已累计资助学生300余人。

3. “玉树物资援助项目”，为自2010年玉树地震以来，每年为玉树灾区学生购买过冬物资及学习用品，帮助改善他们的学习生活困难，累计捐赠额超过500万元。

4. 紧急救灾：基金自成立以来，为汶川地震、玉树地震、芦山地震以及鲁甸地震都开展了紧急救灾及灾后长期援助。

宋庆龄贫困大学生助学基金

【机构背景】

加拿大爱国华人陈辅唐先生捐款2000万元用于资助6所民族大学的贫困大学生，每年总共资助120人。由于近几年我国高等院校扩招步伐的加快，使全国55个少数民族优秀青年学子进入高等院校学习的机会增多了，他们将成为未来推动少数民族地区经济、文化发展的骨干力量。

【宗旨】

资助少数民族地区贫困大学生顺利完成学业，促进少数民族地区各项事业的建设与发展。

【主要任务】

通过与北京及五个少数民族自治区内的6所高校的合作，长期向这些在校的贫困大学生提供资助，帮助他们顺利完成学业，并宣传动员全社会更多地关注少数民族贫困大学生群体。

【项目概况】

（一）资助规模

1. 资助范围：在北京与五个少数民族自治区分别选择当地一所高校作为项目单位，从2006年起，每个学校每年资助20名贫困大学生，每期总共资助120人。

2. 资助额度：每人每学年人民币3000元。受助资格仅限当学年有效。

（二）资助原则

1. 公正：杜绝弄虚作假；由高校把关，保证助学金用于符合条件的贫困生；

2. 公开：受助生名单须在其所属学校公示，并适时通过成员媒体向公众公布；中国宋庆龄基金会中国宋庆龄基金会接受有关助学金的财务管理情况的审计，并适时向社会公布；

3. 公平：人均受助标准不变（3000元/人）。

（三）申请条件

1. 基本条件：

（1）申请者为在校本科生；

（2）申请者所在家庭经济困难，家庭收入不足以支付正常的学习费用；

（3）申请者未享受社会团体、个人提供的其他助学金。

2. 优先获准的条件：

（1）少数民族学生；

（2）烈士子女；

（3）孤、残学生，且无固定经济来源；

（4）遭遇自然灾害，家庭收入锐减，正常学习、生活受到严重影响的学生。

（四）受助资格的申请与确定

1. 申请人向项目高校提出申请，并提供有关经济情况证明；

2. 项目实施学校按受助条件审查申请受助的有关证明，并于每年10月15日前向中国宋庆龄基金会提交当年度初选受助生的情况；

3. 中国宋庆龄基金会汇总、核查初选受助生的情况，最终确定受助生正式名单。

（五）助学金的发放

1. 项目实施学校在受助学生名单确认后，中国宋庆龄基金会通过银行向项目高校拨付助学金，由高校将助学金划拨到各受助学生。该助学金每学期划款一次（分别为每年11月30日前和次年4月30日前），每人每次1500元人民币；

2. 受助学生收到助学金后，须在《受助学生收款确认表》上签字认可，《受助学生收款确认表》由项目高校盖章后寄至中国宋庆龄基金会；

3. 该助学金款项主要用于学生的生活补助，各项目高校不得擅自挪作他用；中国宋庆龄基金将抽查和审计受助学生领取助学金的情况。

（六）活动与宣传

1. 鼓励受助生积极投稿成员媒体，细诉心路历程与成长故事；成员媒体可设专栏（命名）刊登受助生来稿或即时报道有关活动；

2. 成员媒体以少数民族贫困大学生助学金为话题，推出（受助生、官员、专家）谈话、评论类节目；

3. 适时组织受助生联谊活动、才艺表演、志愿者活动等；

4. 建立专门论坛，加强受助生之间、受助生与基金会之间的沟通与联系。